前　言

青年是国家的未来和希望所在，大学生是青年群体的重要组成部分，大学生党员更是党和国家事业重要的后继力量。大学生党员的教育工作是高校坚持为党育人、为国育才，落实立德树人根本任务，培养社会主义建设者和接班人的重中之重。中国共产党党员教育是教育引导广大党员坚定共产主义远大理想和中国特色社会主义共同理想，增强党性、提高素质，永葆先进性和纯洁性，充分发挥先锋模范作用的重要手段。

党的十八大以来，习近平总书记统筹中华民族伟大复兴战略全局和世界百年未有之大变局，深刻总结党员教育宝贵经验，精准把握思想建党、理论强党、全面从严治党的内在逻辑和本质规律，就加强和改进新时代党员教育工作，提出了一系列新观点、新论断、新要求，开辟了马克思主义政党党员教育理论新境界。习近平总书记强调，加强党的建设，首要任务是加强思想政治建设，关键是教育管理好党员、干部，要加强党员教育管理，使广大党员在改革发展稳定中充分发挥先锋模范作用，等等。这些重要论述为新时代党员教育工作提供了根本遵循。以习近平同志为核心的党中央一直高度重视大学生党员教育工作。2013 年 7 月，《中共中央组织部　中共中央宣传部　中共教育部党组关于进一步加强高校学生党员发展和教育管理服务工作的若干意见》提出，要"以提高发展学生党员质量为核心，以加强教育培养为重点，以完善管理服务为基础，努力建设一支信念坚定、素质优良、规模适度、结构合理、纪律严明、作用突出的高校学生党员队伍"。2017 年 2 月，中共教育部党组印发《普通高等学校学生党建工作标准》，强调要"针对本（专）科生、研究生等不同类型学生的特点，构建以校、院党校为主体、基层组织专题学习为重点、网络学习教育为辅助、主题教育实践为支撑的多层次、多渠道的学生党员经常性学习教育体系"。党的二十大报告进一步强调"全党要把青年工作作为战略性工作来抓"，明确指出"教育、科技、人才是全面建设社会主义现代化国家的基础性、战略性支撑"①。中共中央办公厅印发的《全国党员教育培训工作规划（2024—2028年）》，进一步明确了开展党员教育培训的总体要求、主要目标和实践路径。高校作为教育、科技、人才最集中的交汇点，承担着立德树人根本任务，具有鲜明的政治属性和重要的政治功能，必须始终坚持社会主义办学方向，不断创新新时代大学生党员教育。

高校开展大学生党员教育应当注重把握当代大学生党员和积极分子的特点，做到因材施教，有的放矢。应当看到，大学生党员具有"学生"和"党员"的双重身份及双重属性。一方面，大学生党员要完成好自己的学习科研和社会实践任务；另一方面，他们更要以一名中国共产党党员的标准严格地要求自己，注重不断加强自身的党性修养，并在学习科研和社会实践中积极主动地发挥共产党员的先锋模范作用。当代大学生党员和入党积极分子规模庞大，他们总体上积极向上、热情洋溢，但是缺乏一些社会生活经验，人生阅历尚浅，容易受到不良社会思潮的影响。高校肩负为中国特色社会主义培养建设者和接班人的重任，有责任将大学生党员培养好，使他们步入社会后能够发挥应有的先锋模范的作用，推进社会主义建设。从根本来说，高校学生党员教育工作应当与高校人才培养、国家战略需要相辅相成、同向同行。新时代大学生党员教育是继往开来、不断发展的事业，高校应以习近平总书记关于党员教育的重要论述为指引，从建设马克思主义政党、以中国式现代化全面推进中华民族伟大复兴的战略高度，扎实推进，久久为功，不断开创大学生党员教育工作新局面，培养德智体美劳全面发展、堪当民族复兴重任的时代新人。

本书紧扣当代大学生党员教育创新的理论与实践，在深入分析当代大学生党员教育的重要意义、基本要求、本质特征以及存在问题的基础上，分为新时代大学生党员教育理念创新、新时代大学生党员教育机制创新、新时代大学生党员教育内容创新、新时代大学生党员教育方法创新、新时代大学生党员教育载体创新、新时代大学生党员教育评价创新等六个章节，深入探讨新时代大学生党员教育创新的若干基础性、关键性问题。首先，本书从大学生党员教育的育人理念、人本理念、发展理念和服务理念解析大学生党员教育理念创新，从领导机制、工作机

---

① 习近平.高举中国特色社会主义伟大旗帜 为全面建设社会主义现代化国家而团结奋斗——在中国共产党第二十次全国代表大会上的报告［M］.北京：人民出版社，2022：33.

江苏省习近平新时代中国特色社会主义思想研究中心南京理工大学基地、2022年江苏高校"青蓝工程"中青年学术带头人项目、中国高等教育学会"2023年度高等教育科学研究规划课题"（重点）："大思政"视阈下构建高校"三全育人"综合实践体系创新路径探析（23FD0219）阶段性研究成果。

新时代大学生党员教育创新研究

高希

何蔚超

著

九州出版社

JIUZHOUPRESS

图书在版编目（CIP）数据

新时代大学生党员教育创新研究 / 高希， 何蔚超著.
北京 ： 九州出版社， 2025. 1. -- ISBN 978-7-5225
-3598-2

Ⅰ. D261.42

中国国家版本馆CIP数据核字第20253C38S3号

新时代大学生党员教育创新研究

作　　者	高　希　何蔚超　著
责任编辑	杨鑫垚
出版发行	九州出版社
地　　址	北京市西城区阜外大街甲 35 号（100037）
发行电话	(010)68992190/3/5/6
网　　址	www.jiuzhoupress.com
印　　刷	北京星阳艺彩印刷技术有限公司
开　　本	720 毫米×1020 毫米　16 开
印　　张	14.5
字　　数	205 千字
版　　次	2025 年 4 月第 1 版
印　　次	2025 年 4 月第 1 次印刷
书　　号	ISBN 978-7-5225-3598-2
定　　价	68.00 元

制、保障机制以及党支部书记培育机制探讨新时代大学生党员教育机制创新，厘清高校大学生党员教育的顶层设计。其次，本书从党的创新理论教育、党内法规和国家法律教育、党的宗旨教育、革命传统教育、形势政策教育、人民至上理念教育、历史主动精神与忧患意识教育等方面归纳了新时代大学生党员教育内容创新，并对主要内容进行简要介绍。最后，本书结合高校大学生党员教育实践，从大学生党员教育的基本组织方式、一般组织形式、具体教学方式、创新开展方式凝练了新时代大学生党员教育方法创新，提出创新党课教育方式、开展联学共建活动、强化党建阵地建设、创新网络教育载体等新时代大学生党员教育载体创新，并从评价内容、基本方法、结果运用等方面探讨了新时代大学生党员教育评价创新的重点问题。全书共计 205 千字，高希贡献 153 千字，何蔚超贡献 52 千字。本书旨在紧密围绕新时代大学生党员教育的特点，结合理论和实践方面的感悟和经验，以期能够为不断提高新时代大学生党员教育质量提供有益参考和借鉴。

由于笔者水平有限，书中难免有不足之处，敬请读者批评指正。

目　录

绪论 大学生党员教育的时代意义和发展要求

第一节　大学生党员教育的重要意义

　　教育是国之大计、党之大计。坚持为党育人、为国育才，对加快建设教育强国、实现高等教育高质量发展具有重要意义。2024 年 3 月 1 日，教育部召开新闻发布会，公布了 2023 年全国教育事业发展基本情况。2023 年，我国各种形式的高等教育在学总规模达 4763.19 万人。根据 2024 年 6 月 30 日最新发布的《中国共产党党内统计公报》，截至 2023 年 12 月 31 日，中国共产党党员总数为 9918.5 万名，其中学生党员 277.1 万名。2023 年共发展党员 240.8 万名，其中学生党员 91.9 万名，占比 38.2%，仅次于在生产、工作一线发展党员数据（127.6 万名，占比 53.0%）[①]，远高于其他类别人员。作为教育强国建设的龙头，高等教育要培养一代又一代德智体美劳全面发展的社会主义建设者和接班人，培养一代又一代在社会主义现代化建设中可堪大用、能担重任的栋梁之才，重点要抓好新时代大学生党员教育，建设一支信念坚定、政治可靠、素质优良、纪律严明、作用突出的大学生党员队伍，不断夯实党长期执政基础，确保党的事业和社会主义现代化强国建设后继有人。

表 X-1　2023 年党员队伍的职业统计表

党员职业	人数（万人）	占比
工人（工勤技能人员）	664.3	6.70%
农牧渔民	2607.5	26.29%
企事业单位、社会组织专业技术人员	1619	16.32%
企事业单位、社会组织管理人员	1145.3	11.55%
党政机关工作人员	764.5	7.71%

---

① 中共中央组织部.中国共产党党内统计公报［EB/OL］.［2024-06-30］. https://www.gov.cn/yaowen/liebiao/202406/content_6960213.htm.

续表

党员职业	人数（万人）	占比
学生	277.1	2.79%
其他职业人员	776.4	7.83%
离退休人员	2064.4	20.81%

一、巩固党长期执政地位的基础性工程

培养什么人、怎样培养人、为谁培养人是教育的根本问题，也是建设教育强国的核心课题。习近平总书记指出，要把立德树人的成效作为检验学校一切工作的根本标准，真正做到以文化人、以德育人，不断提高学生思想水平、政治觉悟、道德品质、文化素养。新时代党员教育尤其是大学生党员教育，是党的自身建设的重要组成部分，肩负着提高党员党性修养和理论素养、保持党的先进性和纯洁性的重要使命，是巩固党长期执政地位的基础性工程。

党的十八大以来，习近平总书记坚持把党员教育工作摆在重要位置，亲自部署在全党开展党的群众路线教育实践活动、"三严三实"专题教育、"两学一做"学习教育、"不忘初心、牢记使命"主题教育、党史学习教育、学习贯彻习近平新时代中国特色社会主义思想主题教育、党纪学习教育和深入贯彻中央八项规定精神学习教育，亲自主持审议党的历史上第一部关于党员教育工作的基础主干法规《中国共产党党员教育管理工作条例》，亲自批准实施三轮全国党员教育培训工作五年规划，经常深入基层一线调研指导党员教育工作，深刻揭示了思想上的统一是党的团结统一最深厚最持久最可靠的保证，新时代党员教育是建设世界大党无可替代的基石、铸就千秋伟业不容动摇的根基。

中国共产党为什么能，中国特色社会主义为什么好，归根到底是马克思主义行，是中国化时代化的马克思主义行。加强党的长期执政能力建设、先进性和纯洁性建设是新时代党的建设的主线。党的执政地位不是与生俱来的，也不是一劳永逸的。始终保持党的先进性和纯洁性，历来是马克思主义政党建设的根本要求和永恒主题，也是党赢得人民信赖和拥护、巩固党长期执政地位的根本条件。而建设一支什么样的党员队伍，直接关系党的先进性和纯洁性，关系党的凝聚力和战斗力。回顾党百余年的奋斗历史，中国共产党之所以能够历经艰难困苦而不断发展壮大，能够在革命、建设、改革、新时代各个历史时期取得重大成就，能够领导人民完成中国其他

政治力量不可能完成的艰巨任务，很重要的一个原因就是党始终坚持思想建党、理论强党，使全党始终保持统一的思想、坚定的意志、协调的行动、强大的战斗力，只有这样才能永葆先进性、纯洁性，才能巩固党长期执政地位。重视思想建党、加强党员教育，是党的优良传统。大学生党员是青年当中最具有先进性的力量所在，也是党和国家的未来所在。为此，加强大学生党员教育管理，是关系巩固党长期执政地位的基础性、根本性、经常性任务，是马克思主义政党的鲜明特征。

二、抓好后继有人根本大计的战略性工作

党的二十大报告指出，全党要把青年工作作为战略性工作来抓 ①。这深刻指明了新时代新征程上青年工作在党和国家事业全局中的重要地位。"战略"最早来源于军事术语，后随着人类社会的发展被运用到现代管理领域，指的是面对激烈变化的内外环境，为求得主体长期生存和不断发展，为创造和保持竞争优势，对主体发展目标、达到目标的途径和手段的总体谋划。理解"战略性工作"这一概念，应当把握以下三个关键点。一是把整体的未来生存和发展问题作为制定战略的出发点和归宿。这就不仅需了解所处环境的过去和现在，而且尤其需要关注内外环境因素及未来发展变化的趋势。二是需要有一个可靠的战略实践主体。这个主体不仅有明确的实践目标，而且有源起于阶级的情感立场，能够主动积极协调行动，具有很强的凝聚力和战斗力。三是战略性工作的实质是创造和保持整体的竞争优势。在动态竞争环境下，不仅要想方设法保持已有的竞争优势，更要不断创造新的竞争优势。面对中华民族伟大复兴战略全局、世界百年未有之大变局这"两个大局"，将青年工作作为"国之大者"的战略高度加以谋划，是新时代新征程党对青年工作的宏伟擘画，是建设中国式现代化国家做好青年工作的重要部署。

中国共产党能够历经风雨仍然保持生机活力，正是因为有一代又一代的青年加入党的组织，为党组织不断输入新鲜血液。根据中国共产党党内统计公报，截至 2023 年 12 月 31 日，中国共产党党员总数为 9918.5 万名，35 岁及以下党员共 2360.8 万名，占党员总数的 23.8%。2023 年共发展党员 240.8 万名，发展 35 岁及以下党员 198.3 万名，占 82.4%；发展学生党员 91.9 万名，占全年发展党员总数

① 习近平.高举中国特色社会主义伟大旗帜 为全面建设社会主义现代化国家而团结奋斗——在中国共产党第二十次全国代表大会上的报告［M］.北京：人民出版社，2022：71.

的 38.2%，占全年发展 35 岁及以下党员的 46.3%①。通过这些数据不难得出如下结论，大学生是党的新鲜血液的重要来源，大学生党员作为青年群体的优秀分子，是党员队伍中最年轻、最具活力的一支队伍，是党员队伍的重要组成部分。

表 X-2　2023 年中国共产党党员的年龄统计表

党员年龄	人数（万人）	占比
30 岁及以下	1241.2	12.51%
31 至 35 岁	1119.6	11.29%
36 至 40 岁	1086.4	10.95%
41 至 45 岁	945.9	9.54%
46 至 50 岁	907.1	9.15%
51 至 55 岁	940.5	9.48%
56 至 60 岁	890.7	8.98%
61 岁及以上	2787.2	28.10%

表 X-3　2023 年发展党员的职业统计表

发展党员职业	人数（万人）	占比
工人（工勤技能人员）	15.8	6.56%
农牧渔民	37.5	15.57%
企事业单位、社会组织专业技术人员	35.1	14.58%
企事业单位、社会组织管理人员	26.7	11.09%
党政机关工作人员	11.9	4.94%
学生	91.9	38.16%
其他职业人员	21.8	9.05%

党的十九届六中全会通过的《中共中央关于党的百年奋斗重大成就和历史经验的决议》指出，党和人民事业发展需要一代代中国共产党人接续奋斗，必须抓好后继有人这个根本大计。习近平总书记强调，把青年一代培养造就成德智体美劳全面发展的社会主义建设者和接班人，是事关党和国家前途命运的重大战略任务，是全党的共同政治责任。当代中国青年生逢其时，施展才干的舞台无比广阔，实现梦想的前景无比光明。新时代青年工作的根本任务是培养青年，用党的科学

---

① 　中共中央组织部.中国共产党党内统计公报［EB/OL］.［2024-06-30］.https://www.gov.cn/yaowen/liebiao/202406/content_6960213.htm.

理论武装青年，用党的初心使命感召青年，使其在思想觉悟、政治素养上同党保持一致，引导青年树立远大理想，投身于党的事业之中，不断增强"四个意识"，坚定"四个自信"，做到"两个维护"，永葆青春活力。高校承担着为党育人、为国育才的重任，必须紧紧围绕后继有人这个根本大计，切实提高大学生党员教育实效和队伍建设质量。

三、加强高校基层党建工作的关键性举措

习近平总书记强调，要严格党员日常教育和管理，使广大党员平常时候看得出来、关键时刻站得出来、危急关头豁得出来，教育引导广大党员、干部按照忠诚干净担当的要求提高自己，努力培养斗争精神、增强斗争本领，使思想、能力、行动跟上党中央要求、跟上时代前进步伐、跟上事业发展需要，等等。习近平总书记的重要论述深刻指出了党员教育对于基层党组织建设和党员队伍建设的关键性作用。党员是党的肌体的细胞和党的活动的主体，而党员教育则是增强肌体活力的一剂"良药"。"应该看到，在党长期执政条件下，各种弱化党的先进性、损害党的纯洁性的因素无时不有，各种违背初心和使命、动摇党的根基的危险无处不在，党内存在的思想不纯、政治不纯、组织不纯、作风不纯等突出问题尚未得到根本解决。"① 只有通过更加严格有效的党员教育，对广大党员加强革命性锻造，推动不忘初心、牢记使命真正成为加强党的建设的永恒课题和全体党员的终身课题，才能不断增强党的政治领导力、思想引领力、群众组织力和社会号召力。

对于高校而言，习近平总书记专门指出，"我们的高校是党领导下的高校，是中国特色社会主义高校"，办好我国高等教育，必须坚持党的领导，使高校成为坚持党的领导的坚强阵地。抓好新时代大学生党员教育，做好高校学生党建工作，对于加强新时代党对高校的领导，加强和改进高校党的建设，落实立德树人根本任务，培养德智体美全面发展的中国特色社会主义事业合格建设者和可靠接班人，具有非常重要的意义。进入新时代，伴随着我国经济社会的快速发展和价值观念的多元化，我国大学生的思想意识、行为规范、精神状态、生活方式等都在发生着深刻的变化，他们面临的诱惑和挑战也在不断增多，这些都给高校大学生党建工作和大学生党员教育带来了新的问题、机遇和挑战，加强新时代大学生党员教育比以往任何时候都显得更加重要和迫切。因此，只有科学化、体系化、

① 习近平.在"不忘初心、牢记使命"主题教育总结大会上的讲话［J］.求是，2020（13）：10.

常态化地谋划并加强大学生党员教育工作，注重在潜移默化中增强大学生党员的党性修养，在日常教育管理服务中提高大学生党员的综合素质，才能培育出一支能够经风雨、长才干的大学生党员队伍，使其能够更好发挥大学生党员先锋模范作用，不断优化高校大学生党建质量，提升高校基层党建工作水平和人才培养水平。

第二节　大学生党员教育的基本要求

《全国党员教育培训工作规划（2024—2028 年）》明确指出，党员教育培训工作的总体要求是坚持以习近平新时代中国特色社会主义思想为指导，深入贯彻党的二十大和二十届二中、三中全会精神，全面贯彻习近平总书记关于党的建设的重要思想、关于党的自我革命的重要思想，深入落实新时代党的建设总要求和新时代党的组织路线，以用党的创新理论武装全党为首要政治任务，以增强党性、提高素质、发挥作用为重点，坚持政治引领、分类指导、守正创新、服务大局，教育引导全体党员深刻领悟"两个确立"的决定性意义，增强"四个意识"、坚定"四个自信"、做到"两个维护"，开拓进取、干事创业，为以中国式现代化全面推进强国建设、民族复兴伟业提供思想政治保证和能力支撑。做好新时代大学生党员教育工作，内蕴着深入学习领会习近平新时代中国特色社会主义思想，认真落实立德树人根本任务，在增强大学生党员教育的时代性、系统性、针对性和有效性上下功夫，不断推动大学生党员教育工作走深走实。

一、把强化理论武装作为首要任务

理论上清醒，政治上才能坚定。大学生党员坚定的理想信念，必须建立在对马克思主义的深刻理解之上，建立在对历史规律的深刻把握之上。加强大学生党员的理论武装，最重要、最关键的就是要教育引导广大学生党员用习近平新时代中国特色社会主义思想凝心铸魂，系好人生的第一粒扣子。习近平新时代中国特色社会主义思想是当代中国马克思主义、二十一世纪马克思主义，是中华文化和中国精神的时代精华，是马克思主义中国化的最新成果。学习贯彻习近平新时代中国特色社会主义思想是一个持续深化、永无止境的过程，是一项长期任务。习近平总书记强调："要持续加强理论武装，教育引导党员干部通过坚持学习党的创新理论，悟规律、明方向、学方法、增智慧，固本培元、凝心铸魂，进一步打牢党的团结统一的思想基础。"这就要求大学生党员以高度政治自觉持续深入学习马克思主义基本理论，学懂弄通做实习近平新时代中国特色社会主义思想，掌握贯穿其中的辩证唯物主义的世界观和方法论，努力把看家本领学到手。

党的理论创新每前进一步，理论武装就要跟进一步。新时代加强大学生党员教育理应要把学习贯彻习近平新时代中国特色社会主义思想作为首要政治任务，贯穿办学治校、立德树人全过程，推进习近平新时代中国特色社会主义思想"进教材，进课堂，进头脑"。为此，加强大学生党员教育就要教育引导大学生党员在读原著、学原文、悟原理上下真功夫、苦功夫、硬功夫，通过个人自学、集中研学、现场教学等多种方式，组织大学生党员深入学习《习近平谈治国理政》《习近平新时代中国特色社会主义思想学习纲要》《习近平著作选读》等，深刻领会习近平新时代中国特色社会主义思想的核心要义、基本精神、实践要求，掌握贯穿其中的马克思主义立场观点方法，增强政治自觉，坚定理论自信，推动学习践行习近平新时代中国特色社会主义思想入脑入心。高校应创新学习形式，建立习近平新时代中国特色社会主义思想学习专题网站，运用"共产党员""学习强国"等网络平台，通过举办大学生党员读书班、研讨交流会，开展"微党课""微视频"等方式，增强学习的灵活性，激发大学生党员学习宣传习近平新时代中国特色社会主义思想的热情，教育引导他们在坚实的马克思主义理论基础上，树立远大的共产主义理想，坚定信念信心，自觉做习近平新时代中国特色社会主义思想的坚定信仰者和忠实实践者。

二、把提升党性修养作为核心内容

党性是一个政党固有的本质属性，是区别于其他政党的本质特征，也是政党的生命所系、力量所在。党性是广大党员立身、立业、立言、立德的基石，也是党员的灵魂，综合体现了党员的信仰信念、大局观念、道德品行、作风形象等。党员是党性的直接体现者，因此党性不仅代表和反映着党的整体形象，同时也表现为党员个体的具体特性，体现在每一名党员的日常思想、言论和具体行动中。众所周知，一名优秀的党员不是天生的。同理，纯粹优良的党性也不可能与生俱来，更不可能一劳永逸、一步到位，必须在持续不断的党性教育中逐步形成、继续保持和不断增强。党的百余年奋斗历程充分证明，党性教育是中国共产党的优良传统和重要法宝。党性教育抓得好，党的建设和党的事业就会顺利发展；反之，党的建设和党的事业就会遭受挫折和损失。

中国共产党人的党性教育与党性修养密切相关。党性教育主要是借助外部的力量，是党组织通过一定的教育内容和形式，促使党的本质规定性内化为党员个体素质的过程。党性修养则是党员把政党的本质内化为个人素质，并在自己的言行中体现出来的过程，包括个人的理论修养、政治修养、道德修养、纪律修养、作风修养等。党的十八大以来，习近平总书记高度重视加强党性教育、提高党性修养，指出"党性教育是共产党人修身养性的必修课，也是共产党人的'心学'"①。在党的二十大报告中，习近平总书记把"坚持党性党风党纪一起抓""提高党性觉悟"②作为全面从严治党战略部署的重要内容，为我们在新时代新征程上继续修好共产党人的党性指明了方向、提供了根本遵循。提升大学生党员党性修养，高校可以通过外在的、有组织的、有规定性的党性教育来促进大学生党员内在的、积极主动的和自觉自愿的党性修养，锤炼其对党绝对忠诚的政治品质、切实筑牢其理想信念和思想根基。

习近平总书记深刻指出："对党忠诚，是共产党人首要的政治品质。我们党一路走来，经历了无数艰险和磨难，但任何困难都没有压垮我们，任何敌人都没能打倒我们，靠的就是千千万万党员的忠诚。对党忠诚，必须一心一意、一以贯之，必须表里如一、知行合一，任何时候任何情况下都不改其心、不移其志、不毁其节。"③对党忠诚，是共产党员崇尚的大德，蕴含着中国共产党党员始终忠于党、忠于党的信仰、忠于党的事业、忠于党的组织等一系列根本要求。新时代新征程，加强大学生党员的党性锻炼、提高大学生党员的党性修养，应把学懂弄通做实习近平新时代中国特色社会主义思想作为首要政治任务，教育引导广大学生党员始终以党的旗帜为旗帜、以党的方向为方向、以党的意志为意志，深刻领悟"两个确立"的决定性意义，增强"四个意识"、坚定"四个自信"、做到"两个维护"，自觉在思想上政治上行动上同以习近平同志为核心的党中央保持高度一致，永葆对党忠诚的政治品质。为此，应当把党的创新理论、法律法规、党的宗旨、革命传统、形势政策等作为党性教育主要内容，不断加强大学生党员的的综合素养。此外，结合时代特征和当代大学生的特点，笔者认为还应加强人民至上理念、历史主动精神与忧患意识教育，不断提高大学生党员的思想觉悟、精神境界、道德修养，坚定其对马克思主义的信仰、对中国特色社会主义的信念，以及对实现中华民族伟大复兴中国梦的信心。

---

① 习近平.在全国党校工作会议上的讲话［M］.北京：人民出版社，2016：17.

② 习近平.高举中国特色社会主义伟大旗帜 为全面建设社会主义现代化国家而团结奋斗——在中国共产党第二十次全国代表大会上的报告［M］.北京：人民出版社，2022：68.

③ 习近平在中央党校（国家行政学院）中青年干部培训班开班式上发表重要讲话强调立志做党光荣传统和优良作风的忠实传人在新时代新征程中奋勇争先建功立业［N］.人民日报，2021-03-02（01）.

三、把增强素质能力作为重点目标

大学生党员是青年大学生中最具有影响力的优秀群体，理所应当要在政治素质、专业学习、科技创新、社会实践、志愿奉献等方面做好表率，在学习工作生活等各个领域时刻发挥好合格的中国共产党党员的先锋模范和示范引领作用。要强化大学生党员在服务社会、奉献国家等方面的责任担当，首先应当提升他们的担当之能。此外，从永远始终保持中国共产党党员先进性的角度出发，大学生党员教育应当注重不断增强大学生党员的综合素质能力。

总体而言，大学生党员的综合素质能力可以概括为五个方面，分别为思想政治素质、道德品行素质、科学文化素质、工作能力素质、身体心理素质。那么，大学生党员教育就应有针对性地提升这五个方面的能力。一是增强大学生党员的思想政治素质，引导他们加强党的理论修养，纯洁入党动机，坚定共产主义远大理想，牢固树立正确的世界观、人生观、价值观，自觉加强党性锻炼，增强党的观念，践行党的宗旨，在思想上、政治上和行动上始终与党中央保持高度一致。二是增强大学生党员的道德品行素质，引导他们加强思想品德修养，积极践行社会主义核心价值观，自觉遵守爱国守法、明礼诚信、团结友善、勤俭自强、敬业奉献的基本道德规范，增强道德判断力和荣誉感，在学生中发挥良好的道德示范和引领作用。三是增强大学生党员的科学文化素质，引导他们树立科学态度，掌握科学方法，弘扬科学精神，夯实专业知识基础，保持优良的学习成绩，善于思考、勇于探索，不断提高创新思维能力，认识和掌握真知真理。四是增强大学生党员的工作能力素质，引导他们坚持理论联系实际，用马克思主义先进理论指导实践，积极参与大学生事务管理和志愿服务，踊跃投身志愿服务和社会实践，不断提高沟通协调、组织领导和创新创业能力，切实掌握建设国家、服务人民的过硬本领。五是增强大学生党员的身体心理素质，引导他们培养积极的生活态度、科学的生活方式、健康的生活情趣，锤炼良好的心理品质和强健的身体素质，培育自尊、自爱、自律、自强的优良品格，同时还要增强自身克服困难、经受考验、承受挫折的心理能力。

四、把引领建功立业作为价值追求

习近平总书记强调，"把党的中心任务作为中国青年运动和青年工作的主题和方向，这是一百多年来中国青年运动和青年工作的一条基本经验。"①百余年来，中国共产党始终把青年看作推动历史进步的重要力量，这既是马克思主义青年观的一个基本观点，也被中国革命、建设、改革新时代的实践的历史所证实。当今世界百年未有之大变局加速演进，中华民族伟大复兴进入关键时期，各种风险挑战层出不穷，必须持续进行具有许多新的历史特点的伟大斗争。我们正处在前所未有的变革时代，正在干着前无古人的伟大事业，实现第二个百年奋斗目标，任务更加艰巨、责任更加重大。新时代新征程，更加需要教育引导大学生党员坚定中国特色社会主义道路自信、理论自信、制度自信、文化自信，在全面建设社会主义现代化国家新征程中始终与祖国共进、与时代同行，把服务国家作为最高追求，全面融入民族复兴的伟大进程。

一是教育引导大学生党员将理想远大、信念坚定作为政治之魂。青年理想远大、信念坚定，是一个国家、一个民族无坚不摧的前进动力。理想因其远大而为理想，信念因其执着而为信念，大学生党员只有真正让对党的信赖、对马克思主义的信仰、对中国特色社会主义的信念、对中华民族伟大复兴的信心在心中生根发芽，不断增强做中国人的志气、骨气、底气，始终筑牢精神支柱、坚守政治灵魂，才能不为任何风险所惧、不被任何干扰所惑，坚定不移走在实现中华民族伟大复兴的正确道路上。

二是教育引导大学生党员将本领高强、勇于创新作为成事之基。当今时代，知识更新不断加快，社会分工日益细化，新技术新模式新业态层出不穷，既为大学生施展才华、竞展风采提供了广阔舞台，也对其能力素质提出了新的更高要求。这些新问题、新情况摆在面前，就迫切要求大学生党员摒弃一切不思进取、耽于安逸的思想，顺应时代潮流、矢志创新创造，使自己的思维视野、思想观念、认识水平跟上越来越快的时代发展，拿出逢山开路、遇水架桥的劲头和勇气，敢于打破条条框框的束缚，努力成为开拓创新的主力军，以真才实学服务人民、以创新创造贡献国家。

三是教育引导大学生党员把脚踏实地、永久奋斗作为终身之志。青春只有在为祖国、为民族、为人民、为人类的不懈奋斗中，才能真正绽放绚丽之花。"志不求易者成，事不避难者进"，要教育引导大学生党员擦亮奋斗这一青春最亮丽底色，不驰于空想、不骛于虚声，老实做人、踏实做事、埋头苦干，不怕苦、不畏难、不

---

① 习近平在同团中央新一届领导班子成员集体谈话时强调切实肩负起新时代新征程党赋予的使命任务充分激发广大青年在中国式现代化建设中挺膺担当［N］.光明日报，2023-06-27（01）.

退缩，拿出"干"字当头的精气神，以忠实、扎实、踏实、务实的优良作风和进取精神，踔厉奋发、笃行不怠，勇做走在时代前列的奋进者、开拓者、奉献者，以实干托起民族复兴的伟大梦想。

第三节 大学生党员教育的本质特征

习近平总书记强调，"要透过现象看本质，从零乱的现象中发现事物内部存在的必然联系，从客观事物存在和发展的规律出发，在实践中按照客观规律办事。"① 为此，大学生党员教育应当深入研究教育工作内在规律，切实把握提高大学生党员教育质量的本质特征。大学生党员教育有狭义和广义两种理解，狭义理解是指对大学生党员进行培训和提高的教育，广义理解是指围绕大学生党员所开展的一切教育。随着中国特色社会主义伟大事业的不断推进，中国特色社会主义理论体系必然不断丰富和发展，大学生党员理论武装的内容也必然不断丰富和发展。随着时代的发展和实践需要，大学生党员教育也在由过去集中教育、专题教育向分散教育、网络教育拓展。总的来看，更加凸显出政治属性、教育属性和实践属性。

一、大学生党员教育的政治属性

大学生党员教育因党而生、由党而兴，从属并服务于马克思主义执政党建设，姓党为党是天经地义的要求，讲政治是其百余年来全部理论和实践的主题。大学生党员教育不同于国民教育，政治性是其本质特征。如果对政治属性把握不准，政治功能就难以发挥，造成价值取向偏移，失去存在的意义。实践中，唯有毫不动摇坚持政治统领、姓党为党，把党性教育和理想信念教育贯穿始终，才能使大学党员教育站稳政治立场，坚定正确政治方向，有效落实立德树人根本任务，培养出一大批德智体美劳全面发展的社会主义建设者和接班人。从中国共产党的指导思想、性质、宗旨来看，主要涉及政治忠诚、政治信仰、政治品格的教育，在实施过程中要时刻注重保持教育的政治属性，不能仅仅把大学生党员教育混同于能力教育和素质教育。

第一，大学生党员教育是强化政治忠诚的教育。大学生党员教育的首要任务就是教育大学生党员对党绝对忠诚。入党誓词讲"对党忠诚"，就是唯一的、彻底的、无条件的、不掺任何杂质的、没有任何水分的对党忠诚。这是党对每一位党员的政治要求，也是每一位党员的应尽职责。在教育中，要始终把学习党章党规党纪作为

① 习近平. 论党的宣传思想工作 [M]. 北京：中央文献出版社，2020：42.

党员的必修课和终身课，持之以恒加强大学生党员经常性教育，引导他们自觉对标争先、坚定看齐，始终做到在党爱党、在党言党、在党忧党、在党为党。应该把学习贯彻习近平新时代中国特色社会主义思想作为首要政治任务，将其融入党员教育管理的全过程、各方面，引导大学生党员深刻领悟"两个确立"的决定性意义，坚定共产主义远大理想和中国特色社会主义共同理想，增强"四个意识"、坚定"四个自信"、做到"两个维护"，提高素质，增强党性，发挥先锋模范作用，自觉在政治上思想上行动上同以习近平同志为核心的党中央保持高度一致。

第二，大学生党员教育是坚定政治信仰的教育。信仰是一种精神追求、是一种崇高境界、是一种不竭的激情和动力。党员是党的肌体的细胞，大学生党员的信仰就是党的希望，政治信仰偏离了，方向就会出问题，如果不及时纠正，很容易走入歧途。坚定对马克思主义的信仰，对社会主义和共产主义的信念是共产党人的政治灵魂，是共产党人经受住任何考验的精神支柱。加强大学生党员的政治信仰教育，要教育他们坚持以马克思主义历史唯物主义和辩证唯物主义教育自己、对照自己、改造自己、提高自己、完善自己，让自己在任何形势、任何情况下都保持政治定力始终做到政治信仰不变、政治方向不偏、政治立场不移。对于新时代的大学生党员，坚定政治信仰，就是要学深悟透习近平新时代中国特色社会主义思想，牢牢把握蕴含其中的世界观和方法论，坚持好、运用好贯穿其中的立场观点方法，时刻不忘党的初心和使命，在新时代伟大实践中不断谱写马克思主义中国化时代化的青春篇章。

第三，大学生党员教育是塑造政治品格的教育。政治品格是党员通过自己的一言一行所表现出来的修养与情操，是其政治信仰、政治理想、政治立场、政治方向、政治目标、政治特质的最集中展现和体现，直接关乎一个政党的宗旨性质，直接体现一个政党的价值追求，直接影响一个政党的目标指引。塑造大学生党员的政治品格，就是要教育他们对党忠诚老实，表里如一；就是要教育他们始终牢记政治责任和政治使命，知敬畏、存戒惧、守底线，做到清清白白做人、干干净净做事；就是要教育他们敢于直面问题、敢于承担责任、敢于践行担当、敢于较真碰硬、敢于创新突破；就是要教育他们不忘初心、牢记使命，始终保持同人民群众的血肉联系，始终同人民站在一起、想在一起、干在一起，自觉把以人民为中心的发展思想贯彻落实到学习和工作之中。

二、大学生党员教育的教育属性

习近平总书记在党的二十大报告中寄语广大青年："要坚定不移听党话、跟党走，怀抱梦想又脚踏实地，敢想敢为又善作善成，立志做有理想、敢担当、能吃苦、肯奋斗的新时代好青年，让青春在全面建设社会主义现代化国家的火热实践中绽放绚丽之花。"① 当前，世界之变、时代之变、历史之变正以前所未有的方式展开，高校汇集着多种思想潮流，大学生的思想表现出多元性、多样性和多变性。因此，加强大学生党员教育不仅关乎他们个人的成长和发展，更紧密关系着党的事业、国家的未来和民族的复兴，更加突显了大学生党员教育工作的教育属性。

大学生党员教育说到底是一种有目的的培养人的活动，旨在提升大学生党员个体的素养，促进大学生党员实现人生价值，培养更多堪当民族复兴重任的时代新人。从对象来讲，大学生党员教育是一项基于党员、通过党员、为了党员发展的教育性活动，大学生党员是教育活动的基点，更是教育活动的目的。从目的来讲，大学生党员教育的直接目的在于提升党员的政治思想素质和政治实践能力，间接目的是建设一支信念坚定、政治可靠、素质优良、纪律严明、作用突出的大学生党员队伍。因此，作为一项以大学生党员培养为核心的特殊教育活动，大学生党员教育作为教育的内在范畴必然体现出其教育属性。当前，从新一代学生特点来看，他们普遍出生于新世纪后，是互联网和数字化的原生代，总体上自信开放、思维活跃，是平视世界的一代，这也对做好大学生党员教育，强化他们的政治引领和价值塑造提供了良好的条件。

第一，大学生党员教育是牢记"国之大者"的教育。党的二十大首次作出教育、科技、人才"三位一体"战略部署，赋予教育前所未有的重要地位。加强大学生党员教育，要深刻理解习近平总书记关于教育的重要论述，全面贯彻党的教育方针，要站在中国式现代化这个最大的政治上去思考大学生党员教育的作用和价值。要立足加强大学生党员教育，看清楚新时代以来教育取得的伟大成就，想明白如何主动担当作为、推进教育强国建设；看清楚当前国内外形势变化，想明白教育如何成为民族复兴伟业的战略先导和中国式现代化的重要支撑；看清楚全球教育变革、科技发展竞争趋势和教育发展规律，想明白如何建立健全高质量创新人才培养与高水平科技自立自强深度融合的体制机制。

第二，大学生党员教育是围绕"立德树人"的教育。立德树人关系党的事业后继有人，关系国家前途命运。习近平总书记反复强调，培养什么人、怎样培养人、

---

① 习近平.高举中国特色社会主义伟大旗帜 为全面建设社会主义现代化国家而团结奋斗——在中国共产党第二十次全国代表大会上的报告［M］.北京：人民出版社，2022：71.

为谁培养人是教育的根本问题，也是建设教育强国的核心课题。要突出抓好大学生党员教育这个关键点，引导青年学生"扣好人生第一粒扣子"，做到因事而化、因时而进、因势而新。在大学生党员教育的过程中，要持续增强立德树人的针对性和实效性，引导大学生党员坚定听党话、跟党走的政治信念，积极投身以中国式现代化全面推进强国建设、民族复兴伟业，立志扎根人民、奉献国家。

第三，大学生党员教育是注重"常态长效"的教育。大学生党员教育是政治思想教育和能力提升教育，是一项细水长流的工作，是一项久久为功的系统工程，不可能毕其功于一役，这与事业发展的长期性、艰巨性直接相关。一方面，党的初心和使命决定了执政的长期性，也决定了党员教育的长期性；另一方面，政治思想教育的复杂性决定了党员教育的长期性。要充分发挥党内政治生活的熔炉作用，严格执行"三会一课"、组织生活会、民主评议党员、主题党日等基本制度，常态化开展党史学习教育、党纪学习教育等，促使大学生党员不断提高思想政治觉悟，增强党员意识和组织观念，严守党的政治纪律和政治规矩。

三、大学生党员教育的实践属性

马克思和恩格斯在《共产党宣言》中就指出，在实践方面，共产党是各国工人政党中最坚决的，揭示了共产党人在历史发展中的实践责任和担当精神。实践性是马克思主义的显著特征。习近平总书记强调，"学到的东西，不能停留在书本上，不能只装在脑袋里，而应该落实到行动上"[①]。2023 年，在全党开展的学习贯彻习近平新时代中国特色社会主义思想主题教育，总要求是"学思想、强党性、重实践、建新功"，体现了中国共产党认识与实践相结合、理论与实际相联系、改造主观世界与改造客观世界相统一的一贯要求，彰显习近平新时代中国特色社会主义思想鲜明的实践品格。其中落实"重实践"的要求，就是要自觉践行习近平新时代中国特色社会主义思想，用以改造客观世界、推动事业发展，用以观察时代、把握时代、引领时代，积极识变应变求变，解决经济社会发展和党的建设中存在的各种矛盾问题，防范化解重大风险，推动中国式现代化取得新进展新突破。青年要成长为国家栋梁之材，既要读万卷书，又要行万里路，既多读有字之书，也要读无字之书，注重学习人生经验和社会知识。因此，积极为大学生党员搭建校外社会实践、志愿奉献等锻炼平台，让大学生党员在亲身参与中受教育、长才干、作贡献。比如，通过

---

① 习近平在北京大学师生座谈会上的讲话［N］.人民日报，2018-05-02（01）.

成立党员先锋队、设立党员示范岗、设定党员服务区，开展设岗定责、承诺践诺等活动，使大学生党员严格遵守党章与党纪党规，充分发挥先锋模范作用。

第一，大学生党员教育是注重实效的教育。其特点就是在知行合一中推动学习贯彻习近平新时代中国特色社会主义思想走深走实。开展教育的过程，就是在统一思想的过程中，进一步用党的科学理论武装头脑、指导实践、推动工作，需要的是实实在在的效果，要坚持"干什么学什么、缺什么补什么"的原则，改变传统课堂讲授型、灌输式的教学模式，立足大学生党员听得懂、学得会、用得上，推行"短、实、活"的教育方式，既让党员在课堂教学中学懂弄通政策理论，同时在参观现场教学点中学到先进经验，在实践锻炼中提升素质能力，在互动交流中提升学习实效。

第二，大学生党员教育是守正创新的教育。聚焦"教"与"育"融合推进、"供"与"需"精准匹配等实践课题，总结、把握、运用内在规律。增强创新理念，针对满足大学生党员差异化、多样化、互动式的学习需求，积极探索适应新形势下大学生党员教育培训的平台、阵地、载体和方式方法，充分利用广播、电视、手机、互联网等大众传媒，运用微信公众号、抖音等新媒体，打造一批叫得响、过得硬的工作品牌，推动大学生党员教育由单向灌输向双向交流转变、由封闭学习向开放教育转变、由传统模式向现代技术转变，使大学生党员教育不断守正创新。

第三，大学生党员教育是协同育人的教育。健全经常性教育与集中性教育协同机制，既及时总结集中性教育成功经验并运用到经常性教育之中，又着力抓实经常性教育巩固拓展集中性教育成果。坚持用好集中培训、集体学习、组织生活、实践锻炼等方式方法，持续开展"党课开讲啦""学习身边榜样"活动，因地制宜打造特色项目，提高大学生党员教育效果。

第四节 大学生党员教育存在的问题

大学生党员教育必须紧跟时代发展"鼓点"，摸准大学生党员需求"脉搏"，增强大学生党员教育"实效"，让党的创新理论成为更多大学生党员的"心头好"，让以学促干成为大学生党员的"新风尚"。当前，在大学生党员教育过程中，还不同程度存在一些困难和问题。具体包括以下四个方面。

一、教育实施主体有待扩大

当前，部分高校的大学生党员教育工作虽然已做到部门之间的联动合作，但育人机制尚未健全，仍需要进一步完善，在实施过程中，对大学生党员思想方向的引导和思想动态的把握不够，多主体合力教育仍面临多种挑战。同时，部分高校大学生党员教育与社会的合作不够紧密，大学生党员与社会组织的交流渠道不多，社会组织的主体作用并未充分发挥。大学生党员教育应以培养堪当民族复兴重任的时代新人为目标，为社会组织输送优质人才，社会组织也应兼顾技能培训和思想政治教育，强化大学生党员全心全意为人民服务的宗旨意识，发挥优秀专家学者、校友、企业家等先进典型人物的育人作用，坚定高校党员的理想信念，协助高校培养出社会需要的优质人才。

二、教育内容质量有待提升

部分高校大学生党员教育过程中，学习文件、听报告、发言交流等活动大多照本宣科，教学内容没有及时更新，未能做到与时俱进，没有结合国内外新形势、时代主题、社会焦点等前沿动态，对一些宏观的国际国内环境和政策方针了解不足，与大学生党员教育的目标存在很大差异性。大学生党员年龄不同、专业不同，但目前的教育工作中，部分高校并未做到针对不同受众群体对大学生党员教育内容进行相应的调整和修改，没有很好地满足不同受众群体的实际需求。此外，部分高校大学生党员教育缺乏针对性的复合式教学，不重视能力培养，对大学生党员的特点包括专业特征及职业生涯规划等缺乏深入了解，教学内容质量有待提升。

三、教育活动形式有待丰富

随着现代信息技术的不断发展，大学生党员获取相关理论知识的途径和方式也随之发生了翻天覆地的变化，其更倾向于通过更加直观的方式来获取有用的知识和信息，倾向于通过手机、平板电脑等移动设备来进行学习。但部分高校在大学生党员教育过程中，并未依此而做出相应的活动形式上的调整。在新时代，可以利用新媒体传播的优势，汲取传统党员教育教学方法的精华，与线下体验式教育相结合，不断革新教育教学理念，创新教育教学方式，运用大学生党员喜闻乐见的形式加强马克思主义、四史、社会主义核心价值观等的宣传教育，提高党建的实效性。比如，"微党课"这种灵活的教育形式可以大大拉近大学生党员与党课的距离，并且课程时长较短，其碎片化、灵活性的特征能够有效避免大学生党员工作和学习之间产生冲突，但该课程在大学生党员教育中的普及运用情况还不够。

四、教育工作成效有待提高

综合影响大学生党员教育实效性的因素来看，主要包括四个方面。首先，在日常教育工作中，党员教育的实践性还不够强，学习内容和实际工作结合起来还不够紧密，不能很好地提升党员的实践能力和综合素质。其次，对教育效果的评估和监测尚不到位，选用合适的方法和手段对教育效果进行定性和定量的评估和监测还不够到位，导致不能及时发现大学生党员教育工作中存在的问题，并及时对其进行调整和改进。再次，大学生党员的自主学习能力欠缺，被动灌输党的理论知识不利于自主学习能力的培养，导致大学生党员学习党的理论知识的自觉性不高，把理论知识应用到实践中的主动性不够强。最后，对大学生党员教育的长效性和系统性关注还有待提升，需要进一步建立起完善的大学生党员教育体系和机制，进而实现党员教育的长期规划和可持续发展，更加有利于对大学生党员教育的管理和监督，从而系统长远、行之有效地保证大学生党员教育工作的有效开展。

第一章 新时代大学生党员教育理念创新

第一节 大学生党员教育育人理念

党的十八大以来，习近平总书记围绕"培养社会主义建设者和接班人"作出了一系列重要论述，深刻回答了"培养什么人、怎样培养人、为谁培养人"这一根本性问题。在学校思想政治理论课教师座谈会上，习近平总书记强调，"我们党立志于中华民族千秋伟业，必须培养一代又一代拥护中国共产党领导和我国社会主义制度、立志为中国特色社会主义事业奋斗终身的有用人才"。^①这既为中国特色社会主义高等教育事业发展指明了前进方向，同时也为新时代大学生党员教育提供了根本遵循。学习贯彻习近平总书记的重要论述，大学生党员教育应当始终坚持高扬思想旗帜、深化铸魂育人的育人理念。

一、高扬思想旗帜

民族的发展离不开理论思维的指导。马克思主义是我们立党立国的根本指导思想，也是我国大学最鲜亮的底色。习近平总书记强调："办好我们的高校，必须坚持以马克思主义为指导，全面贯彻党的教育方针。"^②我国高校是中国共产党领导下的高校，独特的国情、独特的文化传统、独特的社会制度，决定了我国高等教育必须坚持以马克思主义为指导。回首过去，早在延安时期，党在创办陕北公学时就提出"七分政治，三分军事"^③的办学原则。解放战争时期，在华北大学等革命学校的立校办校中，马克思列宁主义、毛泽东思想和党的方针政策的教育也居于首要地位。中华人民共和国成立后，更是按照马克思主义的立场、观点和方法，明确了我国高等教育的性质，形成了具有中国特色的高等教育办学道路、办学模式。

① 习近平.思政课是落实立德树人根本任务的关键课程［J］.求是，2020（17）：1.
② 习近平.习近平谈治国理政：第2卷［M］.北京：外文出版社，2017：377.
③ 成仿吾.战火中的大学：从陕北公学到人民大学的回顾［M］.北京：人民出版社，2014：26.

我国高等教育肩负着培养社会主义建设者和接班人的重任，因此，坚持和巩固马克思主义在高校的指导地位，是加强大学生党员教育中的重大任务。理论是行动的先导，理论自信是道路自信、制度自信和文化自信的思想引领和行动指南。习近平新时代中国特色社会主义思想，坚持马克思主义立场观点方法，坚持科学社会主义基本原则，提出一系列具有开创性意义的新理念新思想新战略，以崭新的思想内容丰富和发展了马克思主义，是当代中国马克思主义、21世纪马克思主义，是全党全国人民为实现中华民族伟大复兴而团结奋斗的行动指南、思想武器。当前，中国正处于世界百年未有之大变局的时代洪流中，党中央正带领全国各族人民踏上全面建设社会主义现代化国家新征程、进入以中国式现代化全面推进中华民族伟大复兴新阶段。

高举中国特色社会主义伟大旗帜，加强党的创新理论武装，是统一全党思想意志行动、保持党的凝聚力战斗力的内在要求。因此，加强大学生党员教育首先应当在学习宣传贯彻上下真功夫，以更大的力度、更有效的措施、更丰富多样的手段形式推进马克思主义创新理论的宣传阐释，引导大学生党员真学、真懂、真信、真用，深刻领悟"两个确立"的决定性意义，把新时代以来的伟大变革与党的百余年奋斗历程联系起来、贯通起来，立足理论和实际、历史和现实的结合，把握贯穿其中的理论逻辑、历史逻辑、现实逻辑，不断推动大学生党员教育中的重要一环——理论学习宣传贯彻往深里走、往实里走、往心里走。

二、深化铸魂育人

习近平总书记指出"育人的根本在于立德"①，强调"要把立德树人的成效作为检验学校一切工作的根本标准"②。现代大学通过人才培养、科学研究、社会服务、文化传承创新、国际交流合作等职能服务社会发展，但其中最根本、最核心的任务是人才培养。"德者，本也。"德才兼备、以德为先、全面发展，这是育人的真谛，也是人才培养的辩证法。古人把立德、立功、立言视为"三不朽"，立德居于首位。把德育摆在教育的突出位置，也是中国共产党教育工作的独特品质和宝贵经验。新时代以来，党的教育方针始终坚持德育为先，突出教育立德，党的十八大把"立德树人"明确为教育的根本任务，党的十九大强调要"落实立德树人根本任务"，党

---

① 习近平.高举中国特色社会主义伟大旗帜　为全面建设社会主义现代化国家而团结奋斗———在中国共产党第二十次全国代表大会上的报告［M］.北京：人民出版社，2022：34.

② 习近平在北京大学师生座谈会上的讲话［N］.人民日报，2018-05-02（01）.

的二十大报告强调全面贯彻党的教育方针、落实立德树人根本任务，"办好人民满意的教育"。全面建成社会主义现代化强国、实现中华民族伟大复兴，归根到底需要培养一大批能够担当民族复兴大任的时代新人，需要加快建设教育强国，始终把立德树人作为教育发展的重中之重。加强大学生党员教育，就是要用红色基因铸魂育人，彰显立德树人鲜亮底色，教育引导大学生党员把人生理想追求融入党和国家事业中，努力成为社会主义现代化建设的合格接班人。

建设教育强国，高等教育重任在肩，应当始终坚持以立德树人为根本任务，以为党育人、为国育才为根本目标。大学生党员教育应把习近平新时代中国特色社会主义思想的世界观和方法论贯彻和运用到教育工作中，增强工作的科学性、预见性、主动性、创造性，努力培养一代又一代德智体美劳全面发展的社会主义建设者和接班人。在落实立德树人根本任务的过程中，抓好大学生党员教育至关重要。加强大学生党员教育，扎实推进立德树人，就是要坚持用习近平新时代中国特色社会主义思想铸魂育人，引导大学生党员坚定理想信念、补足精神之钙，增进其对新时代党的创新理论的政治认同、思想认同、理论认同、情感认同。教育引导大学生党员树立高远志向，历练敢于担当、不懈奋斗的精神，把个人奋斗融入全面推进强国建设、民族复兴伟业之中。坚定人才自主培养的决心和信心，厚植有利于创新人才成长的土壤，尊重人才培养规律，不断增强教育面向未来的竞争力。锚定为党育人、为国育才的根本目标，以改革创新为动力，把立德树人融入大学生党员政治理论、思想道德、文化知识、社会实践教育各环节，既关注立德树人相关课程教育教学质量的提升，也要推进立德树人外部支撑要素的调整优化，统筹教育资源，提升大学生党建教育工作质量。从顶层设计、课程协同、教学方式、评价激励等多个方面持续深化思政课程、课程思政改革创新，增强思政课的思想性、理论性和亲和力、针对性，挖掘专业课程蕴含的思政教学元素，将价值塑造、知识传授和能力培养紧密融合，提高大学生党员教育的实效性。

当前正在实施的新时代立德树人工程，是习近平总书记在全国教育大会上作出的一项重大部署，是《教育强国建设规划纲要（2024—2035年）》开篇提出的重大举措，是建设教育强国的"一号工程"，更是高校胸怀"国之大者"，坚守为党育人、为国育才初心，是勇担"国之大计、党之大计"使命的职责所在。在这个过程中，如何更好地统筹谋划、协调资源，加强新时代大学生党员教育，一是始终坚持党对高校的全面领导，提高政治站位、强化顶层设计，全面加强大学生的党建和思想政治工作，以系统观念完善"三全育人"体制机制，实现时间上全过程、空间上全覆盖、要素上全动员。二是搭建大平台，全力构筑党建引领下的课程育人、科研育人、实践育人、管理育人、服务育人、文化育人、组织育人、网络育人、心理育人、资助育人平台，持续发力人才培养、科学研究、社会服务、文化传承创新、国际交流合作等平台建设，以大平台全面统筹办学治校各领域、教育教学各环节、人才培养各方面的育人资源和育人力量，推动实现知识教育与价值塑造、能力培养有机融合。三是培育大情怀，牢牢把握理想信念教育这一主线，教育引导大学生党员坚定对马克思主义的信仰、对中国特色社会主义的信念、对实现中华民族伟大复兴中国梦的信心，深入把握好习近平新时代中国特色社会主义思想的世界观和方法论，以厚植家国情怀、践行"强国有我"目标为引领，坚定不移听党话、跟党走，传承好弘扬好以伟大建党精神为源头的中国共产党人精神谱系，将"小我"融入"大我"，践行"有理想、敢担当、能吃苦、肯奋斗"的时代要求，将知与行的足迹刻在祖国大地上，肩负起强国建设、民族复兴的时代重任。

第二节 大学生党员教育人本理念

"以人为本"体现了马克思主义历史唯物论的基本原理，更反映了中国共产党全心全意为人民服务的根本宗旨。从马克思主义经典著作中不难发现，马克思和恩格斯主要是从人本身的全面发展、人作为社会和历史中的重要因素、人的民主权利思想和人道主义精神这几个方面着手，详细展开阐述"以人为本"思想的。马克思主义学说体系坚持以人为本，把重视人、发展人、成就人贯穿其中。做好大学生党员教育，要立足大学生党员的成长发展，强化大学生党员主体地位，推动实现人人都有人生出彩的机会，都能成为贡献社会的重要力量。

一、关爱教育主体

党的十九届六中全会审议通过的《中共中央关于党的百年奋斗重大成就和历史经验的决议》，把"坚持人民至上"概括为党百年奋斗的十条历史经验之一，深刻揭示了中国共产党永葆旺盛生命力和强大战斗力、始终立于不败之地的成功密码。在党的二十大报告中，习近平总书记再次强调"必须坚持人民至上"，指出"人民性是马克思主义的本质属性，党的理论是来自人民、为了人民、造福人民的理论，人民的创造性实践是理论创新的不竭源泉"[①]。这些重要论述，对坚持和发展大学生党员教育的人本理念提供了重要遵循。在大学生党员教育过程中，我们的工作对象是大学生党员。因此，"以人为本"也就是高校基层党组织始终心系大学生党员这一主体，以学生成长成才为目标，着力培养中国特色社会主义事业的建设者和接班人。

大学生党员教育视域下的"以人为本"就是要围绕大学生党员的成长发展开展工作。一方面要扎根育人实际，主动研究学生成长规律和教师育人规律。另一方面要扎根学生实际，主动研究学生特点和学生需求。大学生党员教育也需要对育人规律、学生成长规律、学生特点、学生需求等进行深入研究，在开展教育的各个环节深刻把握其特点与规律，才能更好地提升教育效果。大学生党员教育是基于"研

---

① 习近平.高举中国特色社会主义伟大旗帜 为全面建设社会主义现代化国家而团结奋斗——在中国共产党第二十次全国代表大会上的报告 [M].北京：人民出版社，2022：19.

究大学生党员—认识大学生党员—满足大学生党员—教育大学生党员—教育成果反思"五个阶段的不断循环，这也体现出对教育规律和学生特点的探索研究并非一次性的，而是要在大学生党员教育中始终坚持"以人为本"思想，进行不断探索研究和反馈提升。

在"以人为本"这个理念中，"人"既可以是个体名词，也可以是集体名词。按个体来理解的话，"以人为本"即以个体大学生党员为本，尊重个体的特点，满足个体的需求。按集体来理解的话，"以人为本"即为以全体大学生党员为本，尊重群体共有特点，满足群体共同需求。这两个理解，就涉及教育者在开展教育工作的过程中，需要科学处理教育对象个性化与群体化问题。因此，践行"以人为本"思想开展好大学生党员教育，应当要坚持以下三点。

第一，大学生党员教育应坚持集体原则。马克思认为，"只有在集体中，个人才能获得全面发展其才能的手段，也就是说，只有在集体中才可能有个人自由。"[①] 毛泽东同志在党的七大的总结报告中指出："党性是共同的性质、普遍的性质，全党每一个人都有的性质"，"一致的行动，一致的意见，集体主义，就是党性"[②]。习近平总书记在党的二十大报告中指出："深化爱国主义、集体主义、社会主义教育，着力培养担当民族复兴大任的时代新人。"[③] 在中国共产党百余年发展历程中，集体主义始终是中国共产党鲜明的道德原则和行动标准。比如，民主集中制高度体现了集体主义思想，"四个服从"是党的民主集中制原则的重要内容，即党员个人服从党的组织，少数服从多数，下级组织服从上级组织，全党各个组织和全体党员服从党的全国代表大会和中央委员会。"四个服从"是建立党内生活正常秩序、保证全党意志统一和行动一致的根本原则。加强大学生党员教育要将集体主义原则贯穿始终、融入各个环节。

第二，大学生党员教育应坚持个性化原则。马克思主义深刻表明，矛盾的特殊性使得一个事物区别于其他事物。大学生党员也是如此，每一个大学生党员都有自己的特点，也就表现出不同的思想、行为特点。因此，要想更好地教育和引导大学生党员，就应当先尊重他们，采取个性化的教育方法，满足他们个性化的需求。近年来，伴随着西方思想的不断渗透，个人主义思潮在高校青年学生中不断蔓延。

---

① 马克思恩格斯全集：第 3 卷 [M].北京：人民出版社，2005：84.

② 毛泽东文集：第 3 卷 [M].北京：人民出版社，1996：340.

③ 习近平.高举中国特色社会主义伟大旗帜 为全面建设社会主义现代化国家而团结奋斗——在中国共产党第二十次全国代表大会上的报告 [M].北京：人民出版社，2022：44.

第三，大学生党员教育应坚持关心关爱原则。面对新形势新任务，大学生党员教育工作者还要增强受教育主体的明辨是非的能力，增强其纠错止错的能力，将对大学生党员的关心关爱转化为增强教育引导他们的能力，不断强化对大学生党员的教育管理。

二、注重面向人人

教育要面向现代化、面向世界、面向未来。《中国教育现代化 2035》将"更加注重面向人人"作为推进教育现代化的八大基本理念之一。虽然"面向人人"，在国家重要的教育文件政策中第一次出现，但教育要"面向全体学生"，从 1993 年第一次出现在《中国教育改革和发展纲要》中之后，其后的每一个国家重大文件，都会将其作为明确要求而提出。实施素质教育的重点就是要面向全体学生，促进学生的全面发展。

"更加注重面向人人"就是努力发展适合每一个人的教育，使不同性格禀赋、不同兴趣特长、不同素质潜力的人都能接受符合自己成长需要的教育。从"面向所有人"到"面向每个人"，是教育公平理念的发展，是教育公平内涵的丰富，更是教育公平本质的回归。"面向所有人"的教育着眼于社会宏观层面，把教育公平作为社会公平的重要基础和表现，主张"有教无类"，强调所有学生平等的教育权利、公平的教育机会，致力于消除教育差距，均等配置教育资源，促进教育均衡发展。"面向每个人"的教育则着眼于微观教育过程，把教育公平作为促进人的发展、实现人的价值的重要途径和手段，主张"因材施教"，尊重受教育者的独特性和多样性，更关注教育过程公平和教育结果公平，重视每一个人对教育过程的有效参与和在教育过程中得到的应有发展，致力于发展"公平而又有差别"的教育、适合每一个人的教育。

习近平总书记指出，"实现中华民族伟大复兴，人才越多越好，本事越大越好"[①]。教育是培养人的事业，促进每一个人"充分而自由地发展"是教育的终极目标。大学生党员教育本质仍然是立德树人，就是要实现人人都有人生出彩的机会，而不只是集中优势资源输送给少数精英人才。因此，大学生党员教育应当树立"面向人人"的理念，既强调统一性，即基本标准，又强调差异性，即多样性和选择性，使

---

① 习近平. 在中国科学院第十七次院士大会、中国工程院第十二次院士大会开幕会上发表重要讲话［M］. 北京：人民出版社，2014：8.

每一个大学生党员接受到适合自身特点的教育，得到自身最大限度的发展。在大学生党员教育过程中，进一步转变教育观念，树立"人人成才"理念，把教育的目标及教育评价定位在促进人的全面发展上，破除唯考试分数、只追求升学率的积弊，杜绝给学生"贴标签"、等级化现象。注重教育过程参与机会公平，把有助于大学生党员成长与发展的机会，比如课堂表达、与教师互动、担任管理角色、组织活动、代表集体等公平地给予所有大学生党员，甚至将教育效果覆盖到全体大学生。

第三节 大学生党员教育发展理念

党的二十大报告指出："教育、科技、人才是全面建设社会主义现代化国家的基础性、战略性支撑。必须坚持科技是第一生产力、人才是第一资源、创新是第一动力，深入实施科教兴国战略、人才强国战略、创新驱动发展战略，开辟发展新领域新赛道，不断塑造发展新动能新优势。"[①] 高校是教育、科技、人才的集中交汇点，承担着为党育人、为国育才的重任。加快建设世界重要人才中心和创新高地，高校在大学生党员教育过程中，也应始终坚持德智体美劳"五育"并举，强化以德立人、以智启人、以体健人、以美化人、以劳塑人，做到知行合一，着力促进大学生党员全面进步、全面发展。

一、坚持"五育并举"

2023 年 5 月，习近平总书记在中共中央政治局第五次集体学习时强调，"要紧扣建设教育强国目标，深化新时代教育评价改革，构建多元主体参与、符合我国实际、具有世界水平的教育评价体系"[②]。落实立德树人根本任务，深化新时代教育评价改革，需要构建实现德智体美劳全面培养的教育体系。"五育并举"已然成为大学生党员教育的题中之义、大学生党员全面发展的应然之选、实现中华民族伟大复兴的时代之需。

德智体美劳是一个完整的要素体系，是相互联系的内容体系，是涉及多层面、多系统的综合体系，是分阶段连续、渐进发展的过程体系，加强大学生党员教育要确保五个要素完整落实。德智体美劳全面发展，既是对人的素质定位的基本准则，也是人类社会教育的目标。德智体美劳五个方面是相辅相成、不可或缺的有机整体。只有德智体美劳全面发展了，"立德树人"的目标才能真正实现。从本质上说，让大学生党员德智体美劳全面发展，归根到底就是"立德树人"，这是教育事业发展必须始终牢牢抓住的灵魂。德智体美劳五个要素在目标定位上，就是"德"定方向、"智"长才干、"体"健身躯、"美"塑心灵、"劳"助梦想，这"五位一体"的

---

① 中国共产党第二十次全国代表大会文件汇编［M］.北京：人民出版社，2022：28.
② 习近平.扎实推动教育强国建设［J］.求是，2023（18）：4-9.

培养路径充分结合了人的精神和身体成长需要，有机统一了人的个体性和社会性的辩证关系，是对马克思主义"人的全面发展"思想的继承和深化。从内容要求来看，加强德育，就是要在加强品德修养上下功夫，教育引导大学生党员培育和践行社会主义核心价值观，踏踏实实修好品德，成为有大爱大德大情怀的人；加强智育，就是要在增长知识见识上下功夫，教育引导大学生党员珍惜学习时光，心无旁骛求知问学，增长见识，丰富学识，沿着求真理、悟道理、明事理的方向前进；加强体育，就是要树立健康第一的教育理念，开足开齐体育课，帮助大学生党员在体育锻炼中享受乐趣、增强体质、健全人格、锻炼意志；加强美育，就是要全面加强和改进学校美育，坚持以美育人、以文化人，提高大学生党员审美和人文素养；加强劳动教育，就是要在大学生党员中弘扬劳动精神，教育引导大学生党员崇尚劳动、尊重劳动，懂得劳动最光荣、劳动最崇高、劳动最伟大、劳动最美丽的道理，始终能够辛勤劳动、诚实劳动、创造性劳动。

在全国教育大会上，习近平总书记提出了落实立德树人根本任务的实施路径，通过系统设计、整体规划，为构建全新的教育体系和更高水平的人才培养体系提供了一种整体观的方法论，搭建了一个科学的实践框架。构建德智体美劳全面培养的大学生党员教育体系，必须把德智体美劳作为一个涉及多层面、多系统的完整体系，进行整合设计，促进同向发力。

第一，是各个体系整合设计。紧紧围绕立德树人根本任务，把德智体美劳等素质要素融入到学科体系、教学体系、教材体系、管理体系中，在人才培养体系中形成整体、产生合力。以"双一流"建设为契机，突出特色优势，统筹好高峰、高原和基础学科之间的关系，建设高水平的学科体系，并充分发挥学科育人功能。切实把立德树人摆在教育教学工作的核心位置，渗透到各个学科的教学工作中去，有效解决教学与教育、教书和育人的衔接与融合问题。积极推进招生、培养、就业一体化，教学、科研一体化，本科生、研究生培养一体化，德育、学业教育一体化建设。

第二，是各个环节一起发力。习近平总书记强调，"要把立德树人融入思想道德教育、文化知识教育、社会实践教育各环节"①。当今教育绝非只是单纯的知识传授，而是传授知识、培养能力和提高品德修养的系统整合。大学生党员教育也要注重教育各环节整体协同，通过课程育人、制度建设、活动育人、文化育人等各

---

① 习近平在全国教育大会上强调：坚持中国特色社会主义教育发展道路培养德智体美劳全面发展的社会主义建设者和接班人［N］.人民日报，2018-09-11（01）.

种途径，强化课程育人、学科育人、活动育人、实践育人、环境育人的综合功能，优化落实立德树人的氛围、环境和机制，将德智体美劳教育融入教育全过程、教育教学各个环节，在立德树人实践中实现新突破。

第三，是各个主体同向而行。培养德智体美劳全面发展的社会主义建设者和接班人的主体责任虽然在教育系统，但也是全社会的任务和使命，理应得到全社会的高度认同和大力支持。在大学生党员教育培育过程中，需要更好统筹高校、政府、家庭、企业、社会组织等多方育人资源，深化教育改革创新，加快教育现代化，帮助大学生党员扣好人生第一粒扣子，并且努力实现他们的综合素质提升，推动德智体美劳全面培养在大学生党员教育实践过程中的循序稳步推进、接续全面展开。

二、强化"知行合一"

习近平总书记在中国人民大学考察时，勉励同学们坚定中国特色社会主义道路自信、理论自信、制度自信、文化自信，在全面建设社会主义现代化国家新征程中勇当开路先锋、争当事业闯将。我们必须清醒地认识到，当今世界百年未有之大变局加速演进，中华民族伟大复兴进入关键时期，各种风险挑战层出不穷，必须持续进行具有许多新的历史特点的伟大斗争。当前，我们正处在前所未有的变革时代，正在推进着前无古人的伟大事业，实现第二个百年奋斗目标摆在我们面前，任务更加艰巨、责任更加重大。新时代大学生党员将来走上社会要能够勇挑大梁、唱主角、担重任，就必须要在知行合一上下功夫。

青年人的精气神，在书本中涵养，更在实践中砥砺。实事求是、知行合一的哲学思想，一直是中华优秀传统文化的重要元素。从"纸上得来终觉浅，绝知此事要躬行"，到"读万卷书，行万里路"，从"知者行之始，行者知之成"，到"一语不能践，万卷徒空虚"，崇尚实践、重视实践的精神品格，以知促行、以行求知的辩证方法，滋养着一代代青年勇于将知识和实践有机融合。大学生党员教育要坚持知行合一，就是要引导当代大学生党员"行而不辍，履践致远"，在实践中学真知、悟真谛、长真才。课本是平面的，而世界立体生动，将"有字之书"和"无字之书"结合起来，在博万物中广其识，在涉世道中明其理，才能让青年人更好地汲取智慧、丰富思想、淬炼精神。

第一，大学生党员教育应当教育引导大学生党员把本领高强、勇于创新作为基础之能。当今时代，知识更新不断加快，社会分工日益细化，新技术新模式新业态层出不穷，这既为青年施展才华、竞展风采提供了广阔舞台，也对大学生党员能力素质提出了新的更高要求。面对新问题、新形势，大学生党员必须摒弃任何存在的不思进取、耽于安逸的思想和幻想，积极顺应时代潮流，矢志创新创造，使自己的思维视野、思想观念、认识水平跟上越来越快的时代发展，拿出逢山开路、遇水架桥的劲头和勇气，敢于打破条条框框的束缚，努力成为开拓创新的主力军，以真才实学服务人民，以创新创造贡献国家。

第二，大学生党员教育应当教育引导大学生党员把敢于斗争、善于斗争作为锻炼之要。青年一代敢不敢于斗争、善不善于斗争，事关重大、事关长远。大学生党员只有在与困难角力、与阻力对垒中，才能真正锻炼成长起来，也只有在困难面前迎难而上、攻坚克难，在斗争面前敢于较真、敢于亮剑，才能锤炼出顽强的斗争精神、坚强的斗争意志、高超的斗争本领，在党和国家需要的关键时刻站得出、冲得上，真正成为让党放心的接班人。

第三，大学生党员教育应当教育引导大学生党员把脚踏实地、永久奋斗作为终身之志。青春只有在为祖国、为民族、为人民、为人类的不懈奋斗中，才能真正绽放绚丽之花。"志不求易者成，事不避难者进"。新时代大学生党员要擦亮奋斗这个青春最亮丽的底色，不驰于空想、不骛于虚声，踏实做人、勤勉做事、埋头苦干，不怕苦、不畏难，不退缩，拿出"干"字当头的精气神，以忠实可靠、勤勉务实的优良作风和进取精神，踔厉奋发、笃行不怠，以实际行动践行"社会主义是干出来的"，才能真正为强国建设贡献力量和智慧。

第四节 大学生党员教育服务理念

马克思主义政党只有赢得青年，才能赢得未来。马克思曾高度评价青年在社会生活中的作用，始终将青年视为推动社会进步的重要力量，强调"最先进的工人完全了解，他们阶级的未来，从而也是人类的未来，完全取决于正在成长的工人一代的教育"[①]。党的二十大报告指出，"青年强，则国家强。当代中国青年生逢其时，施展才干的舞台无比广阔，实现梦想的前景无比光明。全党要把青年工作作为战略性工作来抓，用党的科学理论武装青年，用党的初心使命感召青年，做青年朋友的知心人、青年工作的热心人、青年群众的引路人"[②]。抓好大学生党员教育，就是要把"四为"方针作为根本要求，教育引导大学生党员将"小我"成长融入"大我"奋斗，争做有理想、敢担当、能吃苦、肯奋斗的新时代好青年，奋力书写为中国式现代化挺膺担当的青春篇章。

一、坚持"四为"方针

习近平总书记在全国高校思想政治工作会议上提出"四为"方针，即大学要"为人民服务，为中国共产党治国理政服务，为巩固和发展中国特色社会主义制度服务，为改革开放和社会主义现代化建设服务"。

"四为"方针，对中国特色社会主义大学的办学目标和价值取向做了明确的界定和要求，彰显了我国大学的人民立场和政治属性，揭示了我国大学的办学目标和初心使命，是新时代我国大学发展的基本遵循。

第一，为人民服务是党的根本宗旨，因此为人民服务，让人民满意是我国教育的根本宗旨。党中央作出加快建设世界一流大学和一流学科的战略决策，就是要提高我国高等教育发展水平，增强国家核心竞争力，为实现中国梦提供源源不断的人才。

第二，为中国共产党治国理政服务是党实现长期执政的需要。中国共产党是中国特色社会主义事业的领导核心，我们的高校是党领导下的高校，是中国特色社

---

① 马克思恩格斯全集：第 16 卷［M］.北京：人民出版社，1964：217.

② 习近平.高举中国特色社会主义伟大旗帜 为全面建设社会主义现代化国家而团结奋斗——在中国共产党第二十次全国代表大会上的报告［M］.北京：人民出版社，2022：71.

会主义高校。高校教育也必须坚持以马克思主义为指导，全面贯彻党的教育方针。坚持不懈地传播马克思主义科学理论，并与中国实践相结合，用马克思主义中国化理论奠定学生一生的思想基础。

第三，为巩固和发展中国特色社会主义制度服务是历史的需要。正确认识中国特色社会主义制度的优越性，教育引导学生正确认识世界和中国发展大势，全面客观认识当代中国、看待外部世界，增强制度自信，增强责任感和使命感，为中国特色社会主义事业储备能量，打下坚实的基础。

第四，为改革开放和社会主义现代化建设服务是时代的需要。以中国式现代化全面推进强国建设、民族复兴伟业，是新时代新征程党和国家的中心任务，也是新时代最大的政治任务，更是新时代大学生党员奋斗的最大场域和最好舞台。新时代大学生党员生逢其时，与中国式现代化的历史进程相伴相随，也与中国式现代化的方向路径同向同行，更与中国式现代化的美好前景共生共荣。要更好引导他们坚持以实现中华民族伟大复兴为己任，用挺膺担当、全力以赴的奋进姿态，把大写的青春镌刻在中国式现代化的广阔天地。

二、融入发展大局

中国共产党百余年奋斗史昭示我们，青春是有使命的，其根本使命在于青春始终担当勇立潮头的时代大任。1921 年，中国共产党诞生于国家蒙辱、人民蒙难、文明蒙尘的危难关头，面对艰巨任务、严峻形势和残酷斗争，中国共产党从一开始就把关注的目光投向了广大青年，把组织的基础植根于先进青年，这种与生俱来而又与时俱进的青春特质构成了中国共产党百炼成钢、卓尔不凡的鲜明个性，成为了中国共产党历经百余年风雨而始终充满生机活力的重要原因。习近平总书记在南开大学考察时寄语青年学子要"把小我融入大我"，这不仅回答了张伯苓校长 1935 年提出的"爱国三问"，更激励着新时代的中国青年勇担责任，在实现中华民族伟大复兴的实践中放飞青春梦想，书写奋斗篇章。

大学生党员要做到"把小我融入大我"，必须把爱党爱国爱人民热情转化为实实在在的行动。大学生党员教育就需要教育引导大学生党员更好融入党和国家事业发展大局，重点是贯彻落实习近平总书记对新时代青年提出的"有理想、敢担当、能吃苦、肯奋斗"[1]的要求。

第一，把牢"有理想"的首要标准，教育引导大学生党员以"坚定不移听党话、跟党走"的信念勇毅前进。理想是指引青年成长进步的灯塔，青年的理想信念关乎国家未来。大学生党员教育要引导大学生党员将个人理想与党的使命任务相结合，以更大的胸怀、全局的观念，主动融入党和国家的伟大事业之中。

第二，突出"敢担当"的时代要求，教育引导大学生党员以"冲得出来、顶得上去"的信念冲锋在前。青年有担当，是一个国家兴旺发达的希望所在。大学生党员教育要引导大学生党员珍惜这个时代、担负时代使命，努力具备与承担使命相匹配的德行和才能，为时代发展不断注入青春"新动能"。

第三，锤炼"能吃苦"的坚毅品格，教育引导大学生党员以"刚健自强、百折不挠"的信念求真务实。在宝贵的青年时代，选择吃苦也就选择了收获，选择奉献也就选择了高尚。大学生党员教育要引导大学生党员继承和发扬吃苦耐劳、自力更生、艰苦奋斗的精神，以求真务实的状态奋进新征程、建功新时代。

第四，绘就"肯奋斗"的亮丽底色，教育引导大学生党员以"永久奋斗、团结奋斗"的信念奋勇争先。奋斗是青春最亮丽的底色。大学生党员教育要引导大学生党员勇于做走在时代前列的奋进者、开拓者、奉献者，把奋斗体现在做好每一件小事、完成好每一项任务、履行好每一项职责的实际行动中，在青春的赛道上奋力奔跑，切实把青春的强大生命力、创造力、感召力转化为共同推进中国式现代化的澎湃力量。

---

① 习近平.高举中国特色社会主义伟大旗帜 为全面建设社会主义现代化国家而团结奋斗——在中国共产党第二十次全国代表大会上的报告［M］.北京：人民出版社，2022：71.

第二章 新时代大学生党员教育机制创新

第一节 完善大学生党员教育领导机制

加强组织领导是大学生党员教育管理工作的首要环节，大学生党员教育应当认真贯彻"党要管党"和"全面从严治党"的方针，建立和完善大学生党员教育领导机制，切实履行好大学生党员教育工作责任并予以落实。

一、完善组织领导机制

一方面，大学生党员教育应建立健全大学生党员教育工作领导机制，学校党委统一领导，党委组织部门（党校）牵头，党委宣传部、学生工作处（部）、研究生工作部、团委、教务处等部门协同配合，院（系）二级党组织负责组织实施、学生党支部负责具体落实，各部门职责明确，同时要紧密配合。学校党委、院（系）党组织对大学生党员教育工作将大学生党员教育摆在突出位置，将其作为一项基础性、长期性工作纳入重要工作计划。建立校、院（系）两级领导班子成员、职能部门主要负责人联系指导学生党支部工作并落实制度。此外，大学生党员教育应切实发挥党支部主体作用，坚持以"两学一做"为基本内容，以"三会一课"为基本制度，以党支部为基本单位，形成大学生党员教育常态化长效化机制。

另一方面，大学生党员教育应根据上级精神，结合工作实际，制定学校党员教育培训规划，建立体现学校特色的大学生党员教育培训工作机制和实施体系。以全面覆盖和提质增效为主要目标，分层分类细化年度培训计划。明确党校、分党校、协同单位的任务清单，统筹不同大学生党员群体教育培训时间安排，既要避免出现漏训，同时也要减少重复培训，构建全覆盖、精准化的教育培训体系。党校制定好各班次培训方案，指导协同单位和分党校开展高质量培训，在内容安排、形式遴选等方面提前谋划、精心设计，增强培训吸引力、提升培训效果。

二、强化师资队伍建设

第一，强化大学生党员教育师资队伍建设应严格政治要求。按照政治强、信念坚、业务精、作风正的要求，建设一支结构合理、素质优良、数量充足，能满足不同学生层次和不同类别学生培训需求的师资队伍。不断增强师资队伍的政治判断力、政治领悟力、政治执行力，恪守职业道德，弘扬优良作风，带着光荣感和使命感去传道授业，用实际行动影响和带动大学生党员。

第二，强化大学生党员教育师资队伍建设应优化师资队伍结构。拓宽师资来源渠道，建立以校内教师为主、校外专家为辅的高水平师资库。比如，学校领导班子成员带头为大学生党员授课。除了要用好校内优质师资力量，特别是思政课专职教师、日常思想政治工作骨干，通过专题报告、巡回演讲等方式，推动党的创新理论在大学生党员中入脑入心入行。此外，还可以选聘一批政治素质过硬、理论水平较高、善于课堂讲授的地方党政领导干部、企事业单位负责人、知名专家学者、先进典型人物等扩充大学生党员教育师资队伍。

第三，强化大学生党员教育师资队伍建设应提升师资水平。健全完善大学生党员教育师资集体学习研讨、集体听课备课等制度，定期开展教学研讨、课程观摩、评课交流等教学活动。此外，积极推荐教育师资参加各级宣传、党校、教育等部门组织的示范培训，定期开展专题研修、实践研学，全面提升教育教学水平。

三、优化基层组织设置

学生党支部是党的基层组织，是党组织开展工作的基本单元，是党在高校基层组织中的战斗堡垒，也是党的全部工作和战斗力的基础。大学生党员教育应以党章和党内有关规定为依据，规范学生党支部设置，进一步健全党的基层组织体系，扩大党组织和党的工作覆盖面，确保学生党支部设置形式科学合理、隶属关系具体明确、组织运行规范有序，切实履行好教育党员、管理党员、监督党员和组织群众、宣传群众、凝聚群众、服务群众的职责，充分发挥好战斗堡垒作用。

根据《中国共产党普通高等学校基层组织工作条例》第九条规定："学生党支部一般按照年级班级或者学科专业设置。可以依托重大项目组、科研平台或者学生社区等设置师生党支部，注重在本专科低年级建立党的组织、开展党的工作。"学生党支部的设置，应当坚持按照有利于加强大学生党员教育管理服务工作、有利于开展党的活动、有利于发挥党支部战斗堡垒作用和党员先锋模范作用、有利于促进党建与业务深融互促的原则，坚持依规设置和创新设置相结合，优化设置方式和运行机制，激发学生党支部活力。在按年级或班级设置学生党支部的基础上，根据实际需要，探索大学生党建工作向最活跃、最具创新能力的组织拓展。学生党支部任期为三年，坚持按期换届，一般在 30 人以内。学生党支部书记一般由辅导员、班导师或党员教师担任，也可由党性修养好、综合素质强的学生党员担任，指定教职工党员负责指导。建强学生党支部，充实支部工作力量，创新支部工作方法，才能够为大学生党员教育提供坚强保障。

四、抓实全程教育培养

大学生党员教育应针对本（专）科生、研究生等不同类型大学生的特点，构建以校、院党校为主体、基层组织专题学习为重点、网络学习教育为辅助、主题教育实践为支撑的多层次、多渠道的大学生党员集中性和经常性相结合的学习教育体系。笔者认为，在大学生党员教育中，重点的是要抓好入党积极分子、发展对象、预备党员、党员全过程教育培养。

第一，抓实大学生党员教育要抓实入党积极分子教育培养。教育引导入党积极分子积极参加党校学习、集中培训，并定期向党组织进行书面或口头思想汇报。党支部每半年对入党积极分子进行一次考察。院（系）党组织每年对入党积极分子队伍作一次培养状况分析。

第二，抓实大学生党员教育要抓实发展对象教育培养。严格落实入党积极分子一年以上培养教育和考察的要求，党支部书记、培养联系人、入党介绍人和组织员都切实承担培养教育的责任。健全落实发展对象谈心谈话和政治审查制度。对发展对象进行短期集中培训，突出思想入党和政治引领，并进行党情国情教育。

第三，抓实大学生党员教育要抓实预备党员教育培养。院（系）党组织认真做好预备期的培养考察记录，通过党的组织生活、听取本人汇报、个别谈心、集中培训、实践锻炼等方式，对预备党员进行系统教育和综合考察。

第四，抓实大学生党员教育还要抓实大学生党员持续教育。结合本（专）科生、研究生等不同类型学生的特点，有计划、有安排、有成效地开展大学生党员持续教育。大学生党员持续教育应当以增强党性与党员意识、提高思想政治素质为目标，组织大学生党员学党章党规、学党的理论创新成果，不断增强大学生党员的理论武装。

第二节 优化大学生党员教育工作机制

大学生党员教育的工作机制是高校党建体系中不可或缺的组成部分，对于保障和引导大学生党员教育成效起着至关重要的作用。高校应坚持以立德树人为根本任务，结合专业特色，对新时代大学生党员教育机制进行大胆的探索和创新，为服务新时代大学生成长成才、提升立德树人实效提供强大的精神动力和组织保障。并且随着时代发展，需要不断改进和完善大学生党员教育机制，以适应时代发展需求和社会变化。

一、优化大学生党员教育学习机制

创新大学生党员教育的学习机制，首先应把学习融入大学生党员的日常教育管理，开展理想信念和社会主义核心价值观教育，做好大学生党员的政治、思想、观念与价值观引领工作，不断丰富学习的内涵，全方位加强大学生党员的思想道德建设。优化大学生党员教育学习机制应落实教育培训基本要求，根据党员、发展对象、入党积极分子等不同群体的教育培训目标，有针对性地开展工作，确保大学生党员基本培训每年不少于 32 学时，发展对象培训不少于 3 天或 24 学时，入党积极分子培训不少于 16 学时。

第一，优化大学生党员教育学习机制要注重抓日常积累。利用"三会一课"、党日活动、政治学习等制度载体常态化开展理论学习。通过集中学习与个人自学、线上线下学习教育有效结合，定期邀请校内外专家学者为大学生党员进行理论辅导，推行"会前提前学""热点讨论学""主题交流学""党员先锋讲"等多元化学习模式，搭建成长直播间，不断加强大学生党员的理想信念教育和政治理论学习。

第二，优化大学生党员教育学习机制要注重抓形式创新。组建师生宣讲团，营造良好的学习环境，激发学习动力。通过组织实地走访参观、名师大家授课、红色影视观看等形式，营造沉浸式学习场景，提高大学生党员参与的积极性。

第三，优化大学生党员教育学习机制要注重抓评价促提升。制定严格规范的大学生党员教育培训制度，不断完善全程跟班机制、考勤制度、班级管理制度、优秀学员评选制度等，加强授课教师课堂教学管理，动态掌握党员教育培训情况。建立学习考核体系和教学质量评估体系，积极开展大学生党员评教活动。

第四，优化大学生党员教育学习机制还要注重抓学用转化。以党的集中教育为契机，把党员积分管理、主题党日活动等各项内容融入其中，努力实现理论学习与日常管理同频共振、互相促进。通过专业课学习、暑期实践等形式多样的活动，不断磨炼思想、深化认识。通过志愿服务，积极参与文明劝导、理论宣讲、学风建设、社会公益、志愿服务等活动，激发大学生党员的榜样示范作用。

二、优化大学生党员教育组织机制

优化大学生党员教育的组织机制，应把党建工作融入日常，以新思路、新机制、新手段创新大学生党员教育。

第一，优化大学生党员教育组织机制要坚持组织建设有力量，打造"头雁工程"。持续强化责任担当，遴选思想觉悟高、组织能力强的辅导员骨干担任学生党支部书记。大学生党支部支委成员充分发挥作用，主动谋划党建工作，不断提高执行力，以系统思维推动党建和学生成长成才深度融合、互相促进。此外，党支部还应严于律己，明确责任分工，狠抓制度落实，不触"红线"、不越"雷池"，时刻做到自重、自省、自警、自励。

第二，优化大学生党员教育组织机制要坚持创新项目管理，打造"精品工程"。大学生支部结合自身优势，制定支部精品建设项目目标和计划。以红色志愿、红色课堂、红色记忆、红色宣讲、红色经典等形式，培育打造党支部精品项目，实现"一支部一品牌"。积极探索"党建＋"工作新形式，开展"党组织＋项目＋青年学生"党建工作模式。采取"大学生党支部＋思想政治教育品牌活动（如组织育人、资助育人、心理育人等）＋青年学生"模式，切实发挥学生党支部的育人作用。

第三，优化大学生党员教育组织机制要坚持创新共建模式，提升育人实效。搭建大学生党支部"三维共建"党建育人模式。即支部与支部共建（师生党支部共建、跨学科支部共建）、支部与群团组织共建（党建带团建促班建）、支部与社区、企业共建（与群团组织、社区、企业开展党建共建活动），通过不同的实践载体不断增强学生的党性修养，实现对大学生党员思想政治和组织生活的全方位覆盖，将组织建设与教育引领结合起来，将党建引领渗透到方方面面，促进学践融合，共促党建提升。

三、优化大学生党员教育管理机制

优化大学生党员教育的管理机制，应充分发挥学生党支部的管理职责。大学生党支部应结合自身实际，不断完善管理体制，健全制度保障。

第一，优化大学生党员教育管理机制应实行"标杆式"管理。强化大学生党员发展质量，全面考察大学生的思想政治、能力素质、道德品行、现实表现等，培育一批学习成绩优异、专业本领过硬、现实表现好、群众基础好等全面发展的优秀学生加入党组织。严格党内组织生活，落实"三会一课"制度，根据学生党员特点和需求，丰富组织生活内容，创新组织生活形式，开展开放式、互动式党内活动，进一步提高组织生活效果。坚持典型选树和示范带动相结合，对典型人物、典型事迹加大宣传推广力度，引领带动身边学生成长。切实提高优秀大学生党员先锋在青年学生中的影响力、号召力，形成积极向上的良好氛围。

第二，优化大学生党员教育管理机制应实行"提升式"管理。搭建成长平台，以座谈会、报告会、主题班会等形式到班级、寝室、教育班开展学业指导、生活关怀、寝室美化、素质提升、职业规划、求职应聘等方面的交流指导。

第三，优化大学生党员教育管理机制应实行"帮扶式"管理。通过日常记录、谈心谈话，考核评价，发现大学生党员是否存在思想薄弱点，建立大学生党员"帮扶"档案，确定帮扶人员和目标任务。同时按照稳妥、慎重的要求，做到事实清楚、理由充分、处理恰当、手续完备，不定比例、不下指标的原则，认真及时处置不合格党员，对无正当理由连续6个月不参加党的组织生活，或不交纳党费，或不做党所分配的工作的、理想信念不坚定、不履行党员义务、不符合党员条件的学生党员，要做好思想引导和合理处置等工作。

第四，优化大学生党员教育管理机制应实行"跟踪式"管理。加强党员组织关系管理。理顺党员组织隶属关系，确保每个学生党员都能纳入党的一个基层组织的管理之中。改进流动党员管理。探索新形势下学生流动党员的有效管理方式，保证学生党员无论流动到哪里，都能纳入组织管理，参加组织生活。对外出学习、实习的学生党员，学校党组织要在其外出前进行教育并提出要求，外出期间及时向其通报党内重要情况，配合流入地党组织共同做好教育管理工作。不断加强对大学生党员、预备党员、入党积极分子的常态化教育管理，针对不同的阶段设置有针对性的教育方法与内容，重视入党前教育、入党中考核以及入党后教育，严格大学生党员过程管理。

四、优化大学生党员教育服务机制

优化大学生党员教育的服务机制，应坚持理论学习与实践锻炼相结合，推进服务型高校党组织建设，引导大学生党员牢固树立宗旨意识，积极探索大学生党员服务同学、服务群众、服务社会，注重教育寓于服务，服务体现教育。采取"在实践中学习、在实践中教育"的方式，促进大学生党员更好地联系班级、寝室，强化他们在专业学习、创新创业、考研就业等方面的"传帮带"作用，在实践中进一步强化大学生党员的服务意识。

第一，优化大学生党员教育服务机制应坚持以"志愿"服务社会。开展大学生党员承诺践诺、志愿服务活动，推动学雷锋活动机制化、常态化，为学生党员加强党性锻炼、发挥先锋模范作用搭建平台。实施党组织"对标争先"建设计划，深入挖掘选树身边先进典型人物，选树一批党员模范，创建一批党员先锋示范岗，形成团结奋进的新局面。建立志愿服务制度，不断壮大党员志愿服务队伍，深入开展志愿公益服务活动。组织动员大学生党员、积极分子主动担当作为，走在前、作表率。设立党员"先锋岗""责任区"，争做优良学风的倡导者、文明寝室的建设者、班级建设的管理者以及志愿服务的先行者。引导大学生党员积极为身边的同学提供学业辅导、心理疏导、职业规划指导等帮助，广泛开展结对帮扶等活动。

第二，优化大学生党员教育服务机制应坚持以"实践"联通内外。校外实践是提高大学生党员实践与创新能力的重要环节。积极开展各种形式的社会实践活动，让学生走出教室、走向社会、研究问题、分析问题，在达到实践目标的同时，锻炼能力，开拓眼界。依托红色基地、爱国主义教育基地，持续探索创新党的组织生活的内容形式、途径办法，充分发挥大学生党员的积极性、主动性和创造性，使他们在服务中提升组织的行动力和自身素质能力。

第三，优化大学生党员教育服务机制应坚持关爱帮助大学生党员。坚持以人为本，从政治、思想、学习和生活上全方位加强对大学生党员的关心爱护。建立高校党员领导干部、基层党组织负责人、党员教师联系大学生党员制度，经常开展谈心谈话，注重人文关怀和心理疏导，帮助解决大学生党员在学习、生活、就业等方面的实际困难。

第三节 健全大学生党员教育保障机制

一、全员化建强队伍保障机制

健全大学生党员教育队伍保障机制，一是配齐党建师资队伍。重视大学生党员教育队伍建设，明确岗位责任清单，健全建立工作机制，确保工作队伍源源不断、相对稳定和良性流动。统筹院（系）党组织书记、副书记、组织员、辅导员和班主任、学生党支部书记、共青团干部等队伍建设。按照守信念、重品行、有本领、敢担当、讲奉献的要求，选优配强学生党支部书记和支部委员、专兼职组织员，从优秀辅导员、骨干教师、优秀大学生党员中选拔学生党支部书记。将学生党建工作队伍教育培训纳入学校人才队伍建设总体规划，定期开展专题培训，根据支部换届情况加强党支部书记、支委的党务知识培训。推动学生党建工作队伍专业化、职业化建设，落实职务职级"双线"晋升办法和保障激励机制，实行职务（职称）评审单列计划、单设标准、单独评审。落实专职思想政治工作人员和党务工作人员不低于全校师生人数的1%的要求，确保学生党建工作力量配置，每个院（系）至少配备1—2名专职组织员，按师生比不低于1∶200的比例设置专职辅导员岗位。

健全大学生党员教育队伍保障机制，二是深化高校部门协同。组工人事、学生工作、教学管理、后勤保障等职能部门在大学生党员教育工作方面职责清晰、任务明确。在牵头单位的组织谋划下，各有关单位通力合作，形成上下贯通、多方联动、统筹协调、齐抓共管的工作格局。校院两级负责同志带头深入大学生党员中，建立与学生常态化交流互动机制，体察学情、关爱学生、释疑解惑，及时解决涉及学生思想、学习、生活、发展等实际问题，带头给予大学生党员具体且实际的关爱。高校扎实推动思政力量扎根在大学生一线，安排辅导员与学生同吃、同住、同生活，组织党政团干部、思政教师等常态化走进学生，全面了解大学生党员的生活状态和思想动态，点对点解答学生思想疑惑，切实打通思政工作"最后一公里"。高校充分挖掘专业队伍育人潜力，选拔有一定工作经历的优秀专任教师、行业专家和校内外教育人员等各方专业力量参与大学生党员教育工作，加强专业化的育人资源供给，有效提升学校大学生党员思想政治工作的专业化水平。

健全大学生党员教育队伍保障机制，三是发挥管理服务队伍效能。组织行政干部、心理服务、学业支持、生涯规划、就业创业指导、后勤保障等管理服务力量汇聚一线，建立覆盖全体大学生党员的管理服务网络，满足学生个性化需求，为学生提供全时、全域的成长保障。足额配备心理咨询师，设立心理辅导站，常态化开展个体辅导和团体辅导，及时有效调适学生心理、化解学生问题。建立健全学业帮扶队伍，构建完善的学业支持体系，重点加大对学业困难学生的帮扶力度，提升学业质量。引入学涯生涯规划、就业创业指导等服务队伍，为学生学涯生涯发展提供暖心指导和深度引导。充分发挥后勤人员服务育人作用，结合自身岗位特点，为学生做好生活关心和成长引导。整合校内外各方育人资源，丰富大学生党员教育队伍结构与人员数量，定期开展育人队伍教育培训、交流研讨、实践锻炼等，不断提升素质能力和服务水平，确保队伍建设质量不断提升。

二、多元化打造教育平台

打造多元化的大学生党员教育平台，一是创新大学生党员教育课程建设。在开足开好必修课的基础上，高校结合本校办学历史、文化底蕴、学科特色和大学精神开展课程创新，培育和开设"科学家精神""教育家精神""红色精神"等贴近学生、鲜活生动的校本课程。通过主题征集、教学竞赛等活动，挖掘打磨优秀教学案例，录制适合线上教学和网络传播的视频或微视频，开展培训示范慕课、精品微党课遴选活动，充分运用新媒体平台，加大优质课程共享力度，引导大学生党员学在日常、学在经常。此外，高校还可以开发与教育培训课程配套的校本教材和辅助读物，提升大学生党员教育课程建设质量。

打造多元化的大学生党员教育平台，二是完善大学生党员教育组织建设。设立社区学生党组织（含功能型学生党组织），按照《中国共产党普通高等学校基层组织工作条例》要求，选拔优秀辅导员、骨干教师、优秀学生党员担任负责人，搭建师生互动桥梁，助推育人队伍"沉下去"、学生骨干"浮上来"，为做好学生社区党建工作、思想引领、事务办理、文体活动、志愿服务、科创引导等夯实组织基础，引导鼓励大学生党员参与校园治理、维护校园秩序、服务学生成长发展。拓展探索大学生党员教育工作新路径，推动实现大学生党建与教育教学、人才培养等业务工作深度融合，以高质量党建引领构建具有学校特色的学生党建新生态。

打造多元化的大学生党员教育平台，三是丰富大学生党员教育活动体系。为学生党员开展活动提供必要场所，建立多种形式的学生党员实践服务基地。完善大学生党员德育活动体系，开展思想道德、政治引领、价值观念、自我意识、人际关系、社会适应等方面的活动，引导学生养成良好思想道德、心理素质和行为习惯。丰富智育活动内容，开展创新创业、学科前沿、专业基础等相关的学术讲座、竞赛、实践等活动，引导学生树立良好学风。健全体育活动体系，强化日常参与、体质监测和专项运动相结合，引导学生养成良好锻炼习惯和健康生活方式。构筑美育活动体系，开展美育素养提升、艺术实践活动普及、美育文化营造等活动，增进学生艺术素养。强化劳动教育活动体系，注重劳动教育学习和劳动实践相结合，引导学生崇尚劳动、尊重劳动。

打造多元化的大学生党员教育平台，四是打造大学生党员实践平台。深入学习贯彻习近平新时代中国特色社会主义思想，着力培育和践行社会主义核心价值观，持续加强文化建设，统筹规划、科学布局，引导大学生党员厚植爱国情怀，坚定文化自信。推动主流文化、中华优秀传统文化、学科特色文化、创新创业文化、校园安全文化等有机融入校园文化空间。依托党员教育实境课堂、党史学习教育基地等教育教学平台，用好各类纪念馆、烈士陵园等革命场馆，开展沉浸式教育，进一步提升教育教学的吸引力、感染力和影响力，引导和教育大学生党员不忘初心、牢记使命。充分挖掘本校红色资源、校史文化等，建设校内党员教育实践基地。统筹布局学生宿舍、公寓、社区、校园等场域文化空间建设，深度开发并有效利用学校特色场馆、建筑等，打造多元化、多功能空间载体。统筹开展特色鲜明的主题文化活动，着力培养学生的社会责任感、创新精神和实践能力。

打造多元化的大学生党员教育平台，五是加强大学生党员教育数字化建设。落实教育数字化战略行动和高校"思政指数"建设要求，通过人工智能、大数据等技术应用，加强数据分析应用，科学研判大学生党员成长规律和发展需求，构建大学生党员教育数智生态，实现精准决策、精准管理、精准思政、精准供给。构建大学生党员全周期档案和动态监测报告机制，指导育人力量开展工作，推动社区育人向精准思政、前置管理迭代升级。充分运用现代信息技术和传媒手段，建好用好党员教育管理服务网络平台。围绕大学生党员教育管理服务，强化信息化软件建设，通过数字化应用为大学生党员教育管理减负赋能。推动多平台数据汇聚，破除"信息孤岛"，实现大学生党员教育管理数据共享联通。注重网络文化空间建设，把握网络文化建设主动权，筑牢网络文化新阵地。

三、优质化提供资源保障机制

提供优质的大学生党员教育资源保障机制，一是机制保障到位。持续完善学校大学生党员教育的体制机制，在资源配置、服务提供等方面持续提升工作效能，构建大学生党员教育工作新格局。建立清晰高效的各级组织架构、协同机制，定期会商研判解决各类问题。制定并定期修订完善大学生党员教育相关方面规章制度（包括党建引领、队伍建设、文化活动、数字赋能等），确保各项工作有章可循、有据可依。建立健全教育质量监控体系，定期开展大学生党员满意度评价，不断提升各项教育管理服务质量。

提供优质的大学生党员教育资源保障机制，二是空间保障到位。学校推动空间场域资源整合，因地制宜、科学规划大学生党员教育公共空间，打造学生喜爱的活动空间，营造"浸润式"社区环境。高校设置满足党团活动、心理团辅、就业服务、休闲娱乐等基本需求的公共空间，丰富大学生党员教育公共空间场景体验，提升公共空间的社交属性，打造服务大学生党员教育的"第三空间"。

提供优质的大学生党员教育资源保障机制，三是经费保障到位。学校党委根据建设规划，配置相适应的专项经费支持社区建设；拓展校内外资源力量等，有力保障基础设施良好运行。专项设置大学生党员教育发展经费，列入学校年度预算计划并及时划拨。学校每年投入资金保障大学生党员教育管理服务工作，确保各项工作高质量开展。

第四节 强化高校学生党支部书记培育机制

　　高校学生党支部书记是大学生党员教育需要依靠的主要力量，而高校学生党支部书记培育是全面贯彻新时代党的组织路线的应然要求，是坚持党对高校全面领导、落实立德树人根本任务、推动高等教育高质量发展的坚强保证。加强高校学生党支部书记培育理应把提高队伍建设质量作为出发点和落脚点。在目标维度上，将高校学生党支部书记培育成基层组织力提升的关键力量；在内容维度上，将政治意识、理论素养、履职本领作为培育的核心内容；在实践维度上，通过加强系统设计、强化教育培训、注重岗位锻炼、坚持反馈迭代，把高校学生党支部建设成为基层党建与事业发展深度融合的坚强战斗堡垒。

　　党的十九届六中全会全面回顾党的百年奋斗历程，着重阐释了中国特色社会主义新时代的重大成就和历史经验，明确提出"党不断健全组织体系，以提升组织力为重点，增强党组织政治功能和组织功能，树立大抓基层的鲜明导向，推动党的组织和党的工作全覆盖"[①]。高校基层党组织是党在高校全部工作和战斗力的基础。《中国共产党普通高等学校基层组织工作条例》明确规定，"学生党支部应当加强思想政治引领，筑牢学生理想信念根基，引导学生刻苦学习、全面发展、健康成长"[②]。这是党中央从战略和全局高度对高校学生党支部提出的新定位新要求。高校学生党支部书记是党支部第一责任人，建强党的基层组织必须"加强基层党组织带头人队伍建设"[③]。因此，十分有必要将加强高校学生党支部书记培育作为高校基层党建提质增效的一项基础工程和战略任务，进而建设一支党建和业务双融合、双促进的中坚骨干力量。

一、明确高校学生党支部书记培育目标

　　高校学生党支部书记是把党的教育方针落实到学校基层的直接实施者和推动者，其政治素质、能力水平、精神状态、工作作风，是团结和联系广大学生共同奋

---

①　中共十九届六中全会在京举行［N］.人民日报，2021-11-12（01）.

②　中国共产党普通高等学校基层组织工作条例［N］.人民日报，2021-04-23（03）.

③　习近平.决胜全面建成小康社会夺取新时代中国特色社会主义伟大胜利——在中国共产党第十九次全国代表大会上的报告［N］.人民日报，2017-10-28（01）.

斗、做好基层工作的关键所在。筑牢基层党建基础，提升学生党支部组织力，就要选优育强学生党支部书记，将其培养成为政治责任的履行者、融合发展的推动者、优秀文化的倡导者。

（一）把学生党支部书记培养成政治责任的担当者

旗帜鲜明讲政治是中国共产党的鲜明特征和根本要求。习近平总书记指出："讲政治是具体的，'两个维护'要体现在坚决贯彻党中央决策部署的行动上，体现在履职尽责、做好本职工作的实效上，体现在党员、干部的日常言行上。"①学生党支部书记在履行管党治党政治责任、做好大学生政治引领上发挥着关键作用，这就需要将政治能力的培养摆在更加突出的位置。一是能够坚定正确政治方向。"我们要建设的世界一流大学是中国特色社会主义的一流大学，我国社会主义教育就是要培养德智体美劳全面发展的社会主义建设者和接班人。"②应当把充分发挥政治引领作用作为学生党支部书记培育的必修课、常修课，引导其深入学习贯彻习近平新时代中国特色社会主义思想，增强"四个意识"、坚定"四个自信"、做到"两个维护"，深化对"国之大者"的领悟和把握，将党的教育方针切实落实到人才培养全过程和各方面。二是能够抓好党建主责主业。引导学生党支部书记深刻理解新时代党的建设总要求，准确把握新时代教育规律和基层党建工作规律，认真落实基层党建工作责任制，推进党支部标准化规范化建设，通过有计划、经常性的教育培养，加强大学生党员队伍的先进性和纯洁性建设，有效发挥大学生党员的先锋模范作用。引导学生党支部书记带头严格落实党内政治生活，以"三会一课"为基本制度，从政治、思想、工作、生活上激励关怀帮扶大学生党员，做好在优秀学生中发展党员工作，把党支部建成党员之家，增强大学生党员的荣誉感、归属感和使命感。三是能够强化支部政治功能。引导学生党支部书记抓好支委会班子建设，通过强化政治、理论学习，增强整体功能，提升履职能力，全面落实立德树人根本任务，做到巩固马克思主义在高校意识形态领域的指导地位，壮大主流思想舆论，引领带动全体大学生党员在学习生活中坚持正确的政治方向，坚守原则立场，始终保持政治清醒和政治定力。

（二）把学生党支部书记培养成融合发展的推动者

推动高校党建工作与事业发展深度融合是贯彻新时代党的组织工作的内在要

---

① 习近平谈治国理政：第3卷［M］.北京：外文出版社，2020.

② 习近平在清华大学考察时强调 坚持中国特色世界一流大学建设目标方向 为服务国家富强民族复兴人民幸福贡献力量［N］.人民日报，2021–04–20（01）.

求。培育学生党支部书记，重点是培养其推动融合发展的工作能力，努力做到党建工作与学业发展双促进。一是树立融合发展的理念。教育引导学生党支部书记做到党建工作与学业发展并重，以系统思维推动党建与专业学习深度融合，找准在思政工作、专业学习等方面的融合点，突出针对性、增强结合度，提升工作的前瞻性、整体性、协同性，以高质量党建引领学生全面发展。二是完善融合发展的机制。引导学生党支部书记推动支部共建，发挥党建引领支撑作用，促进"党建＋专业"双融合，以党建为引领，以专业为核心，创新"走近名师名家"、"校友大讲堂"、"就业直通车"、师生支部共建等模式，帮助学生党员更直观地了解专业发展前景和未来发展趋势，围绕国家战略需要，勇于攻克"卡脖子"关键核心技术，做好职业生涯规划，坚定践行专业使命与责任。三是明确融合发展的路径。学生党支部书记应当着力加强思想政治引领，筑牢学生理想信念根基，引导学生刻苦学习、全面发展、健康成长。通过宣传和执行党的路线方针政策以及上级党组织的决议；加强对学生党员的教育、管理、监督和服务，定期召开组织生活会，开展批评和自我批评；发挥学生党员先锋模范作用，影响、带动广大学生明确学习目的，完成学习任务；组织学生党员参与学生事务管理；支持、指导和帮助团支部、班委会以及学生社团根据学生特点开展工作；培养教育学生入党积极分子，按照标准和程序发展学生党员；有针对性地做好思想政治教育工作等方面工作举措，不断优化融合发展的路径。

（三）把学生党支部书记培养成优秀文化的倡导者

新时代高校能否肩负起文化传承创新的使命，是其核心竞争力的重要体现，也是办好中国特色社会主义大学的内在要求。学生党支部书记应当始终成为优秀文化的倡导者，紧扣立德树人、注重以文化人。一是能够积极培育积极向上的党内政治文化。加强党内政治文化建设，是推进新时代党的建设新的伟大工程的文化支撑，是保持党的先进性和纯洁性的精神源泉。应当引导学生党支部书记能积极培育以理想信念为核心的深层次党内政治文化，用伟大建党精神滋养党内政治文化，弘扬光荣传统、赓续红色血脉，做党的光荣传统和优良作风的忠实传人，发挥好政治文化的价值引领功能。二是能够大力弘扬中华优秀传统文化、革命文化和社会主义先进文化。应当引导学生党支部书记始终坚定文化自信，深入开展以党史学习教育为重点的"四史"宣传教育，与大学生思想政治工作紧密结合，充分发挥文化涵养和思想政治教育的功能，使学生党支部成为坚守中华文化立场、发扬中国特色社会主义文化的重要平台。同时，引导其融入校本文化开展日常宣传教育，将大力弘扬中华优秀传统文化与校园文化建设相结合，使民族精神成为广大学生深厚的思想滋养。三是能够有效引导大学生党员带头践行社会主义核心价值观。应当引导学生党支部书记始终坚定信念，将社会主义核心价值观融入人才培养全过程。此外，还要积极培育选树典型，强化标杆引领，运用事迹报告、媒体宣传、文艺创作等手段，大力宣传新时代大学生党员热爱学习、甘于奉献、创新创业的新形象，发挥榜样示范作用。

二、优化高校学生党支部书记培育内容

当前，高校学生党支部书记培育还面临着一些突出的问题。比如，有的政治意识不强，导致落实立德树人根本任务不够到位；有的理论水平不高，教育引领大学生党员的能力不足；有的缺乏政治历练，在推动基层党建与事业发展深度融合上存在"本领恐慌"等问题。因此，需要将强化政治意识、提升理论素养、历练履职本领作为高校学生党支部书记培育的重点内容。

（一）强化学生党支部书记的政治意识

更好发挥学生党支部的政治功能，关键在于教育引导学生党支部书记增强政治意识，不断提高政治判断力、政治领悟力、政治执行力。一是提高学生党支部书记的政治判断力。中国特色社会主义大学具有鲜明的政治属性和重要的政治功能。学生党支部书记要善于从政治上看问题，在大是大非面前保持政治清醒，在思想上政治上行动上同以习近平同志为核心的党中央保持高度一致。在各种思想交融交锋、价值观念多元的形势下，特别要加强政治观察、政治判断、政治鉴别，防范化解"黑天鹅""灰犀牛"事件，旗帜鲜明地传播好党的声音、党的主张、党的政策。二是提高学生党支部书记的政治领悟力。"马克思主义是我们立党立国的根本指导思想，也是我国大学最鲜亮的底色。"[①]要引导学生党支部书记自觉做习近平新时代中国特色社会主义思想的坚定信仰者和忠实实践者，培养其善于运用马克思主义的立场、观点和方法来发现问题、分析问题、解决问题的思想认知与价值自觉，以赤诚之心、奉献之心、仁爱之心投身党的事业。三是提高学生党支部书记的政治执行力。学生党支部书记培育，要注重加强政治担当教育与实践历练，助力其履行好政治责任，全面贯彻落实"四为"方针，围绕为谁培养人、培养什么人、如何培养人这一重大问题统筹推动党建工作，着力培养堪当民族复兴重任的时代新人。应注重激发学生党支部书记的进取之心，提升其解决问题能力，强化服务意识、改进工作作风、提

---

① 习近平.在北京大学师生座谈会上的讲话［N］.人民日报，2018-05-03（02）.

高管理效能，更好发挥团结凝聚全体大学生的作用。

（二）提升学生党支部书记的理论素养

理论素养是学生党支部书记综合素质的核心，需通过深化理论武装以提升其理论素养。一是促进学生党支部书记理论学习。"政治上的坚定、党性上的坚定都离不开理论上的坚定。"[①]在培育过程中，应当引导学生党支部书记在常学常新中加强理论修养，深入学习马克思主义基本原理，学懂弄通习近平新时代中国特色社会主义思想，掌握贯穿其中的辩证唯物主义的世界观和方法论，做到知其言更知其义、知其然更知其所以然，使自己的思维方式和精神境界更好适应高等教育事业发展需要。二是促进学生党支部书记领悟本质。应注重教育引导学生党支部书记勤读原著、多学原文、深悟原理，把党的创新理论武装同总结经验、观照现实、推动工作结合起来，深化对重大理论观点的科学认识，弄清楚、理解透中国共产党为什么能、马克思主义为什么行、中国特色社会主义为什么好，把对马克思主义的信仰落实到行动中。三是促进学生党支部书记学用结合。习近平新时代中国特色社会主义思想，既是世界观、价值观，又是认识论、方法论，是学生党支部书记增强本领、破解难题的思想宝库。在培育过程中，应当引导学生党支部书记坚持学思用贯通、知信行统一，切实做到在学习中把握、在内心中认同、在行动上践行，使学习成效坚决转化为增强贯彻落实的政治自觉，转化为坚定理想信念的思想自觉，转化为推动基层党建提质增效的行动自觉。

（三）历练学生党支部书记的履职本领

培育学生党支部书记，应当引导其加强实践历练，练就过硬履职本领。一是提升学生党支部书记的把关定向本领。引导其严格执行民主集中制，发扬民主、善于集中，提高科学决策、民主决策、依法决策的水平，做到把政治标准和要求细化具体化，内化到党的建设和改革发展中，保证监督党的路线方针政策的贯彻执行，引导其在重大事项上把好政治关。二是提升学生党支部书记的引领大学生本领。引导其走好新时代党的群众路线，提高调查研究能力、应急处突能力、群众工作能力，将思想引领和价值观塑造有机融入教育教学、学生学习生活，常态化做好联系、服务大学生工作，健全完善大学生关爱帮扶机制，增强大学生归属感获得感。同时，注重加强忧患意识和风险意识培育，增强其对意识形态领域、校园安全稳定有关问题的敏锐性和鉴别力，主动研判防范各种风险挑战，维护大学生和校园安全。三是

---

① 习近平谈治国理政：第 3 卷［M］.北京：外文出版社，2020.

提高学生党支部书记的改革创新本领。引导其把党和国家事业对科学知识和优秀人才的迫切需要落实到实际行动上，切实提高改革攻坚能力和抓落实能力。促进学生党支部书记主动发挥基层首创精神，通过改革创新激发广大学生的内生动力，把学习热情和科学精神结合起来，着眼于世界学术前沿和国家重大战略需要，做真学问、研究真问题，致力于解决实际问题。

三、强化高校学生党支部书记培育实践

加强学生党支部书记培育，是党的组织体系建设的基本内容、管党治党的基本任务，因此在实践中要不断增强系统性、科学性、规范性，通过加强系统设计、强化教育培训、注重岗位锻炼、坚持反馈迭代，促进学生党支部书记队伍建设质量的提升。

（一）加强培育工作的系统设计

抓好培育工作的系统设计是增强工作谋划、确立工作标准、提高队伍建设质量的关键，因此，要做好政策统筹，落实精准举措，从科学设置党支部、优化选育机制、培育后备人才队伍上一体化推进。科学设置党支部是加强学生党支部书记培育的工作基础，学生党支部一般按照年级班级或者学科专业设置，可以依托重大项目组、科研平台或者学生社区等设置师生党支部，注重在本专科低年级建立党的组织、开展党的工作，在实际工作中不断完善党支部设置方式。优化选育机制是政策性、规律性和实效性的有机统一，是培育工作的主体工程，重点在于落实好高校党委的主体责任和院（系）党组织的直接责任，通过建立健全选拔任用、培养教育、作用发挥、管理监督、激励保障等机制，注重从优秀辅导员、骨干教师、优秀学生党员中选拔学生党支部书记。培育后备人才队伍是保持队伍活力、提升发展潜力的重要支撑，应当注重全局和局部相联动、渐进和提质相促进。既要注重将优秀学生党支部书记纳入高校干部后备人选，加大使用力度，安排其列席院（系）党组织相关工作会议，对单位人才培养、学生评优评奖等工作提出意见建议，并推荐优秀学生党支部书记作为党代表、教代会代表等。

（二）开展系统化的教育培训

结合学生党支部书记成长发展和实际工作需要抓好教育培训工作，突出针对性和精准性，加强经常性教育和个性化培养，进一步健全培训体系、优化内容供给、精选培训内容、创新培训方式，实现学生党支部书记能力素质全面提升。首先，健全培训体系。按照"干什么学什么、缺什么补什么"的原则，做到集中性教育和经

常性教育相结合，开展分层分类精准培训，建立高校党委抓总、院（系）党组织负责、各职能部门参与的"业务联训"模式，实行"订单式""小班制"按需培训，不断提升学生党支部书记的岗位胜任力。其次，优化内容供给。结合学生党支部书记成长发展的阶精准科学安排培训内容。对于共性要求，在加强党的创新理论武装同时，注重加强高等教育、政策法规、革命传统、形势政策等方面的培训。对于个性需求，例如，针对党务能力提升，应当注重政治理论教育和党性教育，加强党章、党规党纪和党的基本知识培训；针对专业化能力提升，需要加强专业领域的知识技能培训，帮助学生党支部书记健全履职尽责必备的知识体系。再次，创新培训方式。运用好党员教育基地、实境课堂等阵地平台，深入挖掘红色资源，通过交流研讨、案例分析、模拟体验等方式开展"沉浸式"培训，探索运用访谈教学、论坛教学、行动学习、翻转课堂等培训方法，灵活运用网络培训、专题讲座等形式开展多元教育培训。

（三）通过岗位锻炼提升能力

坚持"培养为了使用、使用是最好培养"的理念，突出岗位锻炼，充分运用各种有效工作抓手，加大学生党支部书记培养使用力度。一方面，通过实施项目管理等搭建历练平台，指导学生党支部书记围绕基层党建和学生发展存在的问题，引入项目化管理方法进行推进，着眼破解难题选项目，融入学生发展立项目，积极攻坚克难，多解决实际问题、多积累管用经验。努力将党建工作"样板支部"办成示范项目、牵引项目，提高学生党支部书记综合素质和解决实际问题的能力。另一方面，强化实践锻炼，引导学生党支部书记在干中学、在学中干。对于党务能力较弱的党支部书记，通过各类培训和参加专项工作，不断提升其政治理论素养和党务工作能力。

（四）以反馈迭代促进整体提升

坚持"过程论"与"结果论"有机结合，建好管理监督、考核激励、能上能下三项机制，以学生党支部书记的素质提升和作用发挥来检验培育工作的效果。首先，健全管理监督机制，把管思想、管工作、管作风、管纪律相结合，通过集中教育、校内巡察、考核考察、走访调研、谈心谈话等，加强对学生党支部书记的政治监督。做到既关注学生党支部书记在面对重大风险挑战、复杂问题、急难险重任务等关键时刻的政治表现，也加强日常管理和对履职尽责、担当作为的监督。其次，健全考核激励机制，科学制定考核内容和指标体系，综合运用平时考核、年度考核、专项考核以及学生党支部书记抓基层党建述职评议等，健全学生党支部书记绩效奖励制度，将考核结果作为学生党支部书记个人相关考核的重要依据。再次，健全能上能下机制，认真落实党支部按期换届制度，加强学生党支部书记选配力度；聚焦解决学生党支部党的领导弱化、党的建设缺失、全面从严治党不力等问题，对不适宜、不适应担任学生党支部书记的，按照组织程序进行调整，营造能者上、优者奖、庸者下、劣者汰的干事创业环境。

第三章 新时代大学生党员教育内容创新

党员教育内容,是指党组织根据党的建设要求和中心工作需要,结合党员思想、学习、工作、生活实际,精心挑选或组织开发的,用于教育党员或供党员学习的政治理论、党章党规党纪、党的宗旨、革命传统、形势政策、知识技能等方面内容,通常以文件、教材、课程等载体呈现,是党员教育基础性、关键性要素之一,具有较强的政治性、思想性、时代性。《中国共产党章程》对党员权利义务、基层党组织基本任务的规定中,明确了党员教育基本内容,要求组织党员"认真学习马克思列宁主义、毛泽东思想、邓小平理论、'三个代表'重要思想、科学发展观、习近平新时代中国特色社会主义思想,学习党的路线、方针、政策和决议,学习党的基本知识,学习科学、文化、法律和业务知识","参加党的有关会议,阅读党的有关文件"等。《中国共产党党员教育管理工作条例》也规定了党员教育的首要政治任务和七个方面基本任务,并明确具体教育内容。

笔者结合当代大学生党员的特点,认为新时代大学生党员教育内容包含以下七个方面,即党的创新理论教育、党内法规和国家法律教育、党的宗旨教育、革命传统教育、形势政策教育、人民至上理念教育、历史主动精神与忧患意识教育。

第一节 党的创新理论教育

面向新时代大学生党员开展党的创新理论教育,目的是要加强大学生党员的政治理论教育,其重点是要与时俱进地突出党的创新理论学习,通过组织大学生党员学习党的最新创新理论成果,包括习近平新时代中国特色社会主义思想、习近平强军思想、习近平经济思想、习近平生态文明思想、习近平外交思想、习近平法治思想和习近平文化思想等六个核心思想,以及习近平总书记关于党的建设等重要思想等,引导大学生党员坚定理想信念,增强党性修养,做到能够牢牢掌握并自觉运用最新的马克思主义中国化时代化的理论成果来指导强国复兴的伟大实践。

一、习近平新时代中国特色社会主义思想

中国共产党第十九次全国代表大会，把习近平新时代中国特色社会主义思想确立为党必须长期坚持的指导思想并庄严地写入党章，实现了党的指导思想的与时俱进。第十三届全国人民代表大会第一次会议通过的宪法修正案，把习近平新时代中国特色社会主义思想载入宪法，实现了国家指导思想的与时俱进。习近平总书记在省部级主要领导干部专题研讨班上指出"拥有马克思主义科学理论指导是我们党鲜明的政治品格和强大的政治优势"①，强调全党要"坚持以马克思主义中国化时代化最新成果为指导"②。党的十九届六中全会通过的《中共中央关于党的百年奋斗重大成就和历史经验的决议》指出："习近平新时代中国特色社会主义思想是当代中国马克思主义、二十一世纪马克思主义，是中华文化和中国精神的时代精华，实现了马克思主义中国化新的飞跃"③。大学生党员要把握好习近平新时代中国特色社会主义思想的世界观和方法论，坚持好、运用好贯穿其中的立场观点方法，自觉用这一重要思想武装头脑、指导实践，将来还要用其推动工作，为实现第二个百年奋斗目标、实现中华民族伟大复兴的中国梦不懈奋斗。

（一）习近平新时代中国特色社会主义思想的主要内容

党的十九届六中全会通过的《中共中央关于党的百年奋斗重大成就和历史经验的决议》指出"以习近平同志为主要代表的中国共产党人，坚持把马克思主义基本原理同中国具体实际相结合、同中华优秀传统文化相结合，坚持毛泽东思想、邓小平理论、'三个代表'重要思想、科学发展观，深刻总结并充分运用党成立以来的历史经验，从新的实际出发，创立了习近平新时代中国特色社会主义思想"④，并用"十个明确"进一步对这一思想的核心内容作了系统概括。党的二十大报告进一步指出："十九大、十九届六中全会提出的'十个明确'、'十四个坚持'、'十三

---

① 习近平在省部级主要领导干部"学习习近平总书记重要讲话精神，迎接党的二十大"专题研讨班上发表重要讲话强调高举中国特色社会主义伟大旗帜奋力谱写全面建设社会主义现代化国家崭新篇章［M］.北京：人民日报，2022-07-28（02）.

② 同上.

③ 中共中央关于党的百年奋斗重大成就和历史经验的决议［M］.北京：人民出版社，2022：26.

④ 中共中央关于党的百年奋斗重大成就和历史经验的决议［M］.北京：人民出版社，2022：23-24.

个方面成就'概括了这一思想的主要内容，必须长期坚持并不断丰富发展"①。

"十个明确"是习近平新时代中国特色社会主义思想的核心内容。党的十九届六中全会通过的《中共中央关于党的百年奋斗重大成就和历史经验的决议》概括了"十个明确"的主要内容，即："明确中国特色社会主义最本质的特征是中国共产党领导，中国特色社会主义制度的最大优势是中国共产党领导，中国共产党是最高政治领导力量，全党必须增强'四个意识'、坚定'四个自信'、做到'两个维护'；明确坚持和发展中国特色社会主义，总任务是实现社会主义现代化和中华民族伟大复兴，在全面建成小康社会的基础上，分两步走在本世纪中叶建成富强民主文明和谐美丽的社会主义现代化强国，以中国式现代化推进中华民族伟大复兴；明确新时代我国社会主要矛盾是人民日益增长的美好生活需要和不平衡不充分的发展之间的矛盾，必须坚持以人民为中心的发展思想，发展全过程人民民主，推动人的全面发展、全体人民共同富裕取得更为明显的实质性进展；明确中国特色社会主义事业总体布局是经济建设、政治建设、文化建设、社会建设、生态文明建设五位一体，战略布局是全面建设社会主义现代化国家、全面深化改革、全面依法治国、全面从严治党'四个全面'；明确全面深化改革总目标是完善和发展中国特色社会主义制度、推进国家治理体系和治理能力现代化；明确全面推进依法治国总目标是建设中国特色社会主义法治体系、建设社会主义法治国家；明确必须坚持和完善社会主义基本经济制度，使市场在资源配置中起决定性作用，更好发挥政府作用，把握新发展阶段，贯彻创新、协调、绿色、开放、共享的新发展理念，加快构建以国内大循环为主体、国内国际双循环相互促进的新发展格局，推动高质量发展，统筹发展和安全；明确党在新时代的强军目标是建设一支听党指挥、能打胜仗、作风优良的人民军队，把人民军队建设成为世界一流军队；明确中国特色大国外交要服务民族复兴、促进人类进步，推动建设新型国际关系，推动构建人类命运共同体；明确全面从严治党的战略方针，提出新时代党的建设总要求，全面推进党的政治建设、思想建设、组织建设、作风建设、纪律建设，把制度建设贯穿其中，深入推进反腐败斗争，落实管党治党政治责任，以伟大自我革命引领伟大社会革命。"②

"十四个坚持"是习近平新时代中国特色社会主义思想中的"基本方略"。

---

① 习近平.高举中国特色社会主义伟大旗帜 为全面建设社会主义现代化国家而团结奋斗——在中国共产党第二十次全国代表大会上的报告［M］.北京：人民出版社，2022：17.

② 中共中央关于党的百年奋斗重大成就和历史经验的决议［M］.北京：人民出版社，2022：24–25.

党的十九大报告概括了"十四个坚持"，并称之为"新时代坚持和发展中国特色社会主义的基本方略"①，即："（一）坚持党对一切工作的领导。党政军民学，东西南北中，党是领导一切的。必须增强政治意识、大局意识、核心意识、看齐意识，自觉维护党中央权威和集中统一领导，自觉在思想上政治上行动上同党中央保持高度一致，完善坚持党的领导的体制机制，坚持稳中求进工作总基调，统筹推进'五位一体'总体布局，协调推进'四个全面'战略布局，提高党把方向、谋大局、定政策、促改革的能力和定力，确保党始终总揽全局、协调各方。（二）坚持以人民为中心。人民是历史的创造者，是决定党和国家前途命运的根本力量。必须坚持人民主体地位，坚持立党为公、执政为民，践行全心全意为人民服务的根本宗旨，把党的群众路线贯彻到治国理政全部活动之中，把人民对美好生活的向往作为奋斗目标，依靠人民创造历史伟业。（三）坚持全面深化改革。只有社会主义才能救中国，只有改革开放才能发展中国、发展社会主义、发展马克思主义。必须坚持和完善中国特色社会主义制度，不断推进国家治理体系和治理能力现代化，坚决破除一切不合时宜的思想观念和体制机制弊端，突破利益固化的藩篱，吸收人类文明有益成果，构建系统完备、科学规范、运行有效的制度体系，充分发挥我国社会主义制度优越性。（四）坚持新发展理念。发展是解决我国一切问题的基础和关键，发展必须是科学发展，必须坚定不移贯彻创新、协调、绿色、开放、共享的发展理念。必须坚持和完善我国社会主义基本经济制度和分配制度，毫不动摇巩固和发展公有制经济，毫不动摇鼓励、支持、引导非公有制经济发展，使市场在资源配置中起决定性作用，更好发挥政府作用，推动新型工业化、信息化、城镇化、农业现代化同步发展，主动参与和推动经济全球化进程，发展更高层次的开放型经济，不断壮大我国经济实力和综合国力。（五）坚持人民当家作主。坚持党的领导、人民当家作主、依法治国有机统一是社会主义政治发展的必然要求。必须坚持中国特色社会主义政治发展道路，坚持和完善人民代表大会制度、中国共产党领导的多党合作和政治协商制度、民族区域自治制度、基层群众自治制度，巩固和发展最广泛的爱国统一战线，发展社会主义协商民主，健全民主制度，丰富民主形式，拓宽民主渠道，保证人民当家作主落实到国家政治生活和社会生活之中。（六）坚持全面依法治国。全面依法治国是中国特色社会主义的本质要求和重要保障。必须把党的领导贯彻落实到依法治

---

① 习近平.决胜全面建成小康社会 夺取新时代中国特色社会主义伟大胜利——在中国共产党第十九次全国代表大会上的报告［M］.北京：人民出版社，2017：26.

国全过程和各方面，坚定不移走中国特色社会主义法治道路，完善以宪法为核心的中国特色社会主义法律体系，建设中国特色社会主义法治体系，建设社会主义法治国家，发展中国特色社会主义法治理论，坚持依法治国、依法执政、依法行政共同推进，坚持法治国家、法治政府、法治社会一体建设，坚持依法治国和以德治国相结合，依法治国和依规治党有机统一，深化司法体制改革，提高全民族法治素养和道德素质。（七）坚持社会主义核心价值体系。文化自信是一个国家、一个民族发展中更基本、更深沉、更持久的力量。必须坚持马克思主义，牢固树立共产主义远大理想和中国特色社会主义共同理想，培育和践行社会主义核心价值观，不断增强意识形态领域主导权和话语权，推动中华优秀传统文化创造性转化、创新性发展，继承革命文化，发展社会主义先进文化，不忘本来、吸收外来、面向未来，更好构筑中国精神、中国价值、中国力量，为人民提供精神指引。（八）坚持在发展中保障和改善民生。增进民生福祉是发展的根本目的。必须多谋民生之利、多解民生之忧，在发展中补齐民生短板、促进社会公平正义，在幼有所育、学有所教、劳有所得、病有所医、老有所养、住有所居、弱有所扶上不断取得新进展，深入开展脱贫攻坚，保证全体人民在共建共享发展中有更多获得感，不断促进人的全面发展、全体人民共同富裕。建设平安中国，加强和创新社会治理，维护社会和谐稳定，确保国家长治久安、人民安居乐业。（九）坚持人与自然和谐共生。建设生态文明是中华民族永续发展的千年大计。必须树立和践行绿水青山就是金山银山的理念，坚持节约资源和保护环境的基本国策，像对待生命一样对待生态环境，统筹山水林田湖草系统治理，实行最严格的生态环境保护制度，形成绿色发展方式和生活方式，坚定走生产发展、生活富裕、生态良好的文明发展道路，建设美丽中国，为人民创造良好生产生活环境，为全球生态安全作出贡献。（十）坚持总体国家安全观。统筹发展和安全，增强忧患意识，做到居安思危，是我们党治国理政的一个重大原则。必须坚持国家利益至上，以人民安全为宗旨，以政治安全为根本，统筹外部安全和内部安全、国土安全和国民安全、传统安全和非传统安全、自身安全和共同安全，完善国家安全制度体系，加强国家安全能力建设，坚决维护国家主权、安全、发展利益。（十一）坚持党对人民军队的绝对领导。建设一支听党指挥、能打胜仗、作风优良的人民军队，是实现'两个一百年'奋斗目标、实现中华民族伟大复兴的战略支撑。必须全面贯彻党领导人民军队的一系列根本原则和制度，确立新时代党的强军思想在国防和军队建设中的指导地位，坚持政治建军、改革强军、科技兴军、依法治军，更加注重聚焦实战，更加注重创新驱动，更加注重体系建设，更加注重集约高效，更加注重军民融合，实现党在新时代的强军目标。（十二）坚持'一国两制'和推进祖国统一。保持香港、澳门长期繁荣稳定，实现祖国完全统一，是实现中华民族伟大复兴的必然要求。必须把维护中央对香港、澳门特别行政区全面管治权和保障特别行政区高度自治权有机结合起来，确保'一国两制'方针不会变、不动摇，确保'一国两制'实践不变形、不走样。必须坚持一个中国原则，坚持'九二共识'，推动两岸关系和平发展，深化两岸经济合作和文化往来，推动两岸同胞共同反对一切分裂国家的活动，共同为实现中华民族伟大复兴而奋斗。（十三）坚持推动构建人类命运共同体。中国人民的梦想同各国人民的梦想息息相通，实现中国梦离不开和平的国际环境和稳定的国际秩序。必须统筹国内国际两个大局，始终不渝走和平发展道路、奉行互利共赢的开放战略，坚持正确义利观，树立共同、综合、合作、可持续的新安全观，谋求开放创新、包容互惠的发展前景，促进和而不同、兼收并蓄的文明交流，构筑尊崇自然、绿色发展的生态体系，始终做世界和平的建设者、全球发展的贡献者、国际秩序的维护者。（十四）坚持全面从严治党。勇于自我革命，从严管党治党，是我们党最鲜明的品格。必须以党章为根本遵循，把党的政治建设摆在首位，思想建党和制度治党同向发力，统筹推进党的各项建设，抓住'关键少数'，坚持'三严三实'，坚持民主集中制，严肃党内政治生活，严明党的纪律，强化党内监督，发展积极健康的党内政治文化，全面净化党内政治生态，坚决纠正各种不正之风，以零容忍态度惩治腐败，不断增强党自我净化、自我完善、自我革新、自我提高的能力，始终保持党同人民群众的血肉联系。"①

　　"十三个方面成就"是习近平新时代中国特色社会主义思想的重要组成部分。《中共中央关于党的百年奋斗重大成就和历史经验的决议》在"开创中国特色社会主义新时代"部分，系统概括总结了党的十八大以来以习近平同志为核心的党中央推动党和国家事业"在坚持党的全面领导上""在全面从严治党上""在经济建设上""在全面深化改革开放上""在政治建设上""在全面依法治国上""在文化建设上""在社会建设上""在生态文明建设上""在国防和军队建设上""在维护国家安全上""在坚持'一国两制'和推进祖国统一上""在外交工作上"②等十三个方面取得的历史性成就，这既是在习近平新时代中国特色社会主义思想指导

---

① 习近平.决胜全面建成小康社会 夺取新时代中国特色社会主义伟大胜利——在中国共产党第十九次全国代表大会上的报告［M］.北京：人民出版社，2017：20–26.

② 中共中央关于党的百年奋斗重大成就和历史经验的决议［M］.北京：人民出版社，2022：27–60.

下取得的重大成就，又为习近平新时代中国特色社会主义思想的创新发展提供了现实基础和实践动力。

（二）习近平新时代中国特色社会主义思想的精髓要义

习近平总书记强调，"学深悟透新时代中国特色社会主义思想，还必须把握这一思想的世界观、方法论和贯穿其中的立场观点方法"，"只有准确把握包括'六个必须坚持'在内的新时代中国特色社会主义思想的立场观点方法，才能更好领会新时代中国特色社会主义思想的精髓要义"。"六个必须坚持"集中体现了习近平新时代中国特色社会主义思想的精髓要义，全面学习领会习近平新时代中国特色社会主义思想就要深刻把握"六个必须坚持"的丰富内涵，即："——必须坚持人民至上。人民性是马克思主义的本质属性，党的理论是来自人民、为了人民、造福人民的理论，人民的创造性实践是理论创新的不竭源泉。一切脱离人民的理论都是苍白无力的，一切不为人民造福的理论都是没有生命力的。我们要站稳人民立场、把握人民愿望、尊重人民创造、集中人民智慧，形成为人民所喜爱、所认同、所拥有的理论，使之成为指导人民认识世界和改造世界的强大思想武器。——必须坚持自信自立。中国人民和中华民族从近代以后的深重苦难走向伟大复兴的光明前景，从来就没有教科书，更没有现成答案。党的百年奋斗成功道路是党领导人民独立自主探索开辟出来的，马克思主义的中国篇章是中国共产党人依靠自身力量实践出来的，贯穿其中的一个基本点就是中国的问题必须从中国基本国情出发，由中国人自己来解答。我们要坚持对马克思主义的坚定信仰、对中国特色社会主义的坚定信念，坚定道路自信、理论自信、制度自信、文化自信，以更加积极的历史担当和创造精神为发展马克思主义作出新的贡献，既不能刻舟求剑、封闭僵化，也不能照抄照搬、食洋不化。——必须坚持守正创新。我们从事的是前无古人的伟大事业，守正才能不迷失方向、不犯颠覆性错误，创新才能把握时代、引领时代。我们要以科学的态度对待科学、以真理的精神追求真理，坚持马克思主义基本原理不动摇，坚持党的全面领导不动摇，坚持中国特色社会主义不动摇，紧跟时代步伐，顺应实践发展，以满腔热忱对待一切新生事物，不断拓展认识的广度和深度，敢于说前人没有说过的新话，敢于干前人没有干过的事情，以新的理论指导新的实践。——必须坚持问题导向。问题是时代的声音，回答并指导解决问题是理论的根本任务。今天我们所面临问题的复杂程度、解决问题的艰巨程度明显加大，给理论创新提出了全新要求。我们要增强问题意识，聚焦实践遇到的新问题、改革发展稳定存在的深层次问题、人民群众急难愁盼问题、国际变局中的重大问题、党的建设面临的突出问题，不断提出真正解决问题的新理念新思路新办法。——必须坚持系统观念。万事万物是相互联系、相互依存的。只有用普遍联系的、全面系统的、发展变化的观点观察事物，才能把握事物发展规律。我国是一个发展中大国，仍处于社会主义初级阶段，正在经历广泛而深刻的社会变革，推进改革发展、调整利益关系往往牵一发而动全身。我们要善于通过历史看现实、透过现象看本质，把握好全局和局部、当前和长远、宏观和微观、主要矛盾和次要矛盾、特殊和一般的关系，不断提高战略思维、历史思维、辩证思维、系统思维、创新思维、法治思维、底线思维能力，为前瞻性思考、全局性谋划、整体性推进党和国家各项事业提供科学思想方法。——必须坚持胸怀天下。中国共产党是为中国人民谋幸福、为中华民族谋复兴的党，也是为人类谋进步、为世界谋大同的党。我们要拓展世界眼光，深刻洞察人类发展进步潮流，积极回应各国人民普遍关切，为解决人类面临的共同问题作出贡献，以海纳百川的宽阔胸襟借鉴吸收人类一切优秀文明成果，推动建设更加美好的世界。"①"六个必须坚持"集中体现了习近平新时代中国特色社会主义思想的世界观和方法论，体现了贯穿这一思想的立场观点和方法，为我们把握和运用好习近平新时代中国特色社会主义思想的精髓要义提供了重要指导。

二、习近平"六大思想"

党的十八大以来，党中央先后正式提出和确立了习近平"六大思想"②，即：习近平强军思想、习近平经济思想、习近平生态文明思想、习近平外交思想、习近平法治思想、习近平文化思想。

（一）习近平强军思想

习近平强军思想是在 2017 年 10 月党的十九大上正式提出来的，后来其内涵不断丰富并发展为"十一个明确"。2023 年 3 月初，"钧政"署名文章《在习近平强军思想引领下胜利前进》在《求是》和《解放军报》发表，首次公开阐述了习近平强军思想"十一个明确"的新概括，并将其界定为这一重要思想的主要内容，即："（1）明确党对军队绝对领导是人民军队建军之本、强军之魂，必须全面加

① 习近平.高举中国特色社会主义伟大旗帜 为全面建设社会主义现代化国家而团结奋斗——在中国共产党第二十次全国代表大会上的报告［M］.北京：人民出版社，2022：19-21.
② 曲青山.学习习近平文化思想［EB/OL］.［2024-01-05］.https://www.theorychina.org.cn/c/2024-01-05/1491080.html.

强军队党的领导和党的建设，贯彻党领导军队的一系列根本原则和制度，确保部队绝对忠诚、绝对纯洁、绝对可靠；（2）明确强国必须强军，巩固国防和强大人民军队是新时代坚持和发展中国特色社会主义、实现中华民族伟大复兴的战略支撑，人民军队必须有效履行新时代使命任务；（3）明确党在新时代的强军目标是建设一支听党指挥、能打胜仗、作风优良的人民军队，到2027年实现建军一百年奋斗目标，到2035年基本实现国防和军队现代化，到本世纪中叶把人民军队建成世界一流军队；（4）明确军队是要准备打仗的，必须聚焦能打仗、打胜仗，扭住强敌对手，创新军事战略指导，发展人民战争战略战术，全面加强练兵备战，坚定灵活开展军事斗争，有效塑造态势、管控危机、遏制战争、打赢战争；（5）明确推进强军事业必须坚持政治建军、改革强军、科技强军、人才强军、依法治军，坚持边斗争、边备战、边建设，更加注重聚焦实战、创新驱动、体系建设、集约高效、军民融合，加强军事治理，推动高质量发展，全面提高革命化现代化正规化水平；（6）明确改革是强军的必由之路，必须推进军队组织形态现代化，构建中国特色现代军事力量体系，完善中国特色社会主义军事制度；（7）明确科技是核心战斗力，必须坚持自主创新战略基点，推进高水平科技自立自强，统筹推进军事理论、技术、组织、管理、文化等各方面创新，建设创新型人民军队；（8）明确强军之道要在得人，必须贯彻新时代军事教育方针，推动军事人员能力素质、结构布局、开发管理全面转型升级，锻造德才兼备的高素质、专业化新型军事人才；（9）明确依法治军是我们党建军治军基本方式，必须构建中国特色军事法治体系，推动治军方式根本性转变，提高国防和军队建设法治化水平；（10）明确军民融合发展是兴国之举、强军之策，必须巩固提高一体化国家战略体系和能力；（11）明确作风优良是我军鲜明特色和政治优势，必须全面从严治党、全面从严治军，全面锻造过硬基层，坚定不移正风肃纪反腐，大力弘扬我党我军光荣传统和优良作风，永葆人民军队性质、宗旨、本色。"①

（二）习近平经济思想

习近平经济思想是在2017年12月中央经济工作会议上提出来的。党的十八大以来，以习近平同志为核心的党中央高瞻远瞩、统揽全局、把握大势，提出一系列新理念新思想新战略，在实践中形成和发展了习近平经济思想，成为新时代做好经济工作的根本遵循和行动指南。习近平经济思想体系严整、内涵丰富、博大精深，

《习近平经济思想学习纲要》将其基本内容梳理归纳为十三个方面。即：加强党对经济工作的全面领导是我国经济发展的根本保证；坚持以人民为中心的发展思想是我国经济发展的根本立场；进入新发展阶段是我国经济发展的历史方位；坚持新发展理念是我国经济发展的指导原则；构建新发展格局是我国经济发展的路径选择；推动高质量发展是我国经济发展的鲜明主题；坚持和完善社会主义基本经济制度是我国经济发展的制度基础；坚持问题导向部署实施国家重大发展战略是我国经济发展的战略举措；坚持创新驱动发展是我国经济发展的第一动力；大力发展制造业和实体经济是我国经济发展的主要着力点；坚定不移全面扩大开放是我国经济发展的重要法宝；统筹发展和安全是我国经济发展的重要保障；坚持正确工作策略和方法是做好经济工作的方法论。①

（三）习近平生态文明思想

习近平生态文明思想是在 2018 年 5 月全国生态环境保护大会上提出来的。习近平生态文明思想是习近平新时代中国特色社会主义思想的重要组成部分，是马克思主义基本原理同我国生态文明建设实践相结合、同中华优秀传统生态文化相结合的重大成果，是新时代推进美丽中国建设、实现人与自然和谐共生的现代化的强大思想武器。《习近平生态文明思想学习纲要》将习近平生态文明思想概括为"十个坚持"，即：坚持党对生态文明建设的全面领导，坚持生态兴则文明兴，坚持人与自然和谐共生，坚持绿水青山就是金山银山，坚持良好生态环境是最普惠的民生福祉，坚持绿色发展是发展观的深刻革命，坚持统筹山水林田湖草沙系统治理，坚持用最严格制度最严密法治保护生态环境，坚持把建设美丽中国转化为全体人民自觉行动，坚持共谋全球生态文明建设之路。②

（四）习近平外交思想

习近平外交思想是在 2018 年 6 月中央外事工作会议上提出来的。面对新形势新情况新问题，习近平外交思想把马克思主义基本原理同新时代中国外交工作的实际紧密结合，鲜明而精辟地回答了中国应推动建设什么样的世界、构建什么样的国际关系，新形势下中国需要什么样的外交、怎样办外交等一系列重大理论和实践问

---

① 一图纵览习近平经济思想的丰富内涵［EB/OL］.［2023-02-23］.https://m.gmw.cn/baijia/2023-02/23/36386611.html.

② 龚维斌：以习近平生态文明思想引领新时代生态文明建设［EB/OL］.［2022-08-26］. https://www.ccps.gov.cn/xrld/gwb/llwz/202208/t20220827_154781.shtml?eqid=d4458dde0000f7900000000664892294.

题，为新时代对外工作指明了前进方向。《习近平外交思想学习纲要》将其核心要义概括为"十个坚持"，即：坚持以维护党中央权威为统领加强党对对外工作的集中统一领导，坚持以实现中华民族伟大复兴为使命推进中国特色大国外交，坚持以维护世界和平、促进共同发展为宗旨推动构建人类命运共同体，坚持以中国特色社会主义为根本增强战略自信，坚持以共商共建共享为原则推动"一带一路"建设，坚持以相互尊重、合作共赢为基础走和平发展道路，坚持以深化外交布局为依托打造全球伙伴关系，坚持以公平正义为理念引领全球治理体系改革，坚持以国家核心利益为底线维护国家主权、安全、发展利益，坚持以对外工作优良传统和时代特征相结合为方向塑造中国外交独特风范。①

（五）习近平法治思想

习近平法治思想是在 2020 年 11 月中央全面依法治国工作会议上提出来的。习近平法治思想系统回答了新时代为什么实行全面依法治国、怎样实行全面依法治国等一系列重大问题，具有鲜明的时代性、政治性、人民性、理论性、创新性，标志着党对社会主义法治建设和人类法治文明发展的规律性认识达到新的历史高度。习近平法治思想，是顺应实现中华民族伟大复兴时代要求应运而生的重大理论创新成果，是马克思主义法治理论中国化最新成果，是习近平新时代中国特色社会主义思想的重要组成部分，是全面依法治国的根本遵循和行动指南。习近平法治思想的内涵可以概括为"十一个坚持"，即：坚持党对全面依法治国的领导；坚持以人民为中心；坚持中国特色社会主义法治道路；坚持依宪治国、依宪执政；坚持在法治轨道上推进国家治理体系和治理能力现代化；坚持建设中国特色社会主义法治体系；坚持依法治国、依法执政、依法行政共同推进，法治国家、法治政府、法治社会一体建设；坚持全面推进科学立法、严格执法、公正司法、全民守法；坚持统筹推进国内法治和涉外法治；坚持建设德才兼备的高素质法治工作队伍；坚持抓住领导干部这个"关键少数"。②

（六）习近平文化思想

习近平文化思想是在 2023 年 10 月全国宣传思想文化工作会议上提出来的。习近平文化思想明确了新时代文化建设的路线图和任务书，标志着党对中国特色社

---

① 中共中央宣传部 中华人民共和国外交部 . 习近平外交思想学习纲要［M］. 北京：学习出版社，2021：3-4.

② 全面依法治国该咋干？总书记这"十一个坚持"要放心间！［EB/OL］.［2020-11-17］. http://www.xinhuanet.com/politics/2020-11/17/c_1126752218.htm.

会主义文化建设规律的认识达到了新高度，表明党的历史自信、文化自信达到了新高度，并在我国社会主义文化建设中展现出了强大伟力，为做好新时代新征程宣传思想文化工作、担负起新的文化使命提供了强大思想武器和科学行动指南。

习近平文化思想是内容丰富、内涵深刻、内在统一的思想体系，涵盖理论武装、舆论宣传、思想道德建设、精神文明建设、文化繁荣发展、网络建设管理、文明交流互鉴等方方面面。全国宣传思想文化工作会议从"体"和"用"两个层面，梳理概括了十一个方面重大创新观点和十六个方面战略部署，初步阐发了这一重要思想的基本架构和主要内涵。这一重要思想既蕴含"六个必须坚持"等立场观点方法，也包括重大理论观点上的创新突破，又有文化工作布局上的部署要求，构成了明体达用、体用贯通，理论与实践相结合、认识论与方法论相统一的思想体系，有力推动了马克思主义中国化时代化的理论进程。在重大创新观点上，提出坚持党的文化领导权、以人民为中心的鲜明立场、坚定文化自信、中华民族的文化主体性、新的文化生命体、中华民族现代文明、中国话语和中国叙事体系、全人类共同价值、人类文明新形态等一系列原创性、突破性的理论观点，深刻揭示了文化发展、文明传承的内在规律，具有极为重要的本体论和认识论意义。在战略部署上，提出健全用党的创新理论武装全党、教育人民、指导实践工作体系，全面落实意识形态工作责任制，推动理想信念教育常态化制度化，培育和践行社会主义核心价值观，加快构建中国特色哲学社会科学，健全网络综合治理体系，创作生产优秀文艺作品，加强全媒体传播体系建设，深化文化体制改革，推进文物保护利用和文化遗产保护传承，加强国际传播能力建设，深化文明交流互鉴，建设高素质的宣传思想文化工作队伍等一系列重大部署要求，明确了新时代文化建设的路线图和任务书，为推进文化强国建设提供了科学指引。[①]

三、习近平总书记关于党的建设等重要思想

2022 年 7 月中央统战工作会议，提出了习近平总书记关于做好新时代党的统一战线工作的重要思想，其主要内涵概括为"十二个必须"；2023 年 6 月全国组织工作会议，提出了习近平总书记关于党的建设的重要思想，其主要内涵概括为"十三个坚持"。2024 年 1 月二十届中央纪委三次全会，提出了党的自我革命的

---

① 姜辉.全面系统把握习近平文化思想［EB/OL］.［2023-12-11］.http://paper.people.com.cn/rmrbwap/html/2023-12/11/nw.D110000renmrb_20231211_1-06.htm.

重要思想，其主要内涵概括为"九个以"。此外，还有其他工作部门和领域类似的提法和表述，如 2018 年 4 月全国网络安全和信息化工作会议，提出了习近平总书记关于网络强国的重要思想，其主要内涵概括为"十个坚持"；2021 年 8 月中央民族工作会议，提出了习近平总书记关于加强和改进民族工作的重要思想，其主要内涵概括为"十二个必须"，等等，不再一一列举。本书围绕大学生党员教育，简要介绍习近平总书记关于党的建设的重要思想、习近平总书记关于党的自我革命的重要思想、习近平总书记关于做好新时代党的统一战线工作的重要思想。

（一）习近平总书记关于党的建设的重要思想

习近平总书记关于党的建设的重要思想，科学回答了新时代建设什么样的长期执政的马克思主义政党、怎样建设长期执政的马克思主义政党的重大时代课题，深化了对马克思主义执政党建设规律的认识，是新时代党的建设理论发展和实践经验的科学总结，是马克思主义建党学说中国化时代化的最新成果，是深入推进新时代党的建设新的伟大工程的根本遵循。

"十三个坚持"是习近平总书记关于党的建设的重要思想的主要内容，即：坚持和加强党的全面领导；坚持以党的自我革命引领社会革命；坚持以党的政治建设统领党的建设各项工作；坚持江山就是人民、人民就是江山；坚持思想建党、理论强党；坚持严密党的组织体系；坚持造就忠诚干净担当的高素质干部队伍；坚持聚天下英才而用之；坚持持之以恒正风肃纪；坚持一体推进不敢腐、不能腐、不想腐；坚持完善党和国家监督体系；坚持制度治党、依规治党；坚持落实全面从严治党政治责任。①

（二）习近平总书记关于党的自我革命的重要思想

习近平总书记关于党的自我革命的重要思想坚持马克思主义建党学说的基本原理，深刻回答了经典作家未曾明确讲过的重大理论和现实问题，极大丰富和发展了马克思主义建党学说，将党对马克思主义执政党建设规律的认识提升到新高度，为我们在新时代新征程上继续坚持自我革命、坚持不懈把全面从严治党向纵深推进指明了前进方向、明确了基本要求。

"九个以"的实践要求是习近平总书记关于党的自我革命的重要思想的精髓要义，即：以坚持党中央集中统一领导为根本保证，以引领伟大社会革命为根本目

的，以习近平新时代中国特色社会主义思想为根本遵循，以跳出历史周期率为战略目标，以解决大党独有难题为主攻方向，以健全全面从严治党体系为有效途径，以锻造坚强组织、建设过硬队伍为重要着力点，以正风肃纪反腐为重要抓手，以自我监督和人民监督相结合为强大动力。①

（三）习近平总书记关于做好新时代党的统一战线工作的重要思想

党的十八大以来，习近平总书记高度重视统一战线工作，发表一系列重要讲话，作出一系列重大部署，提出一系列新理念新思想新战略。"十二个必须"集中阐释了习近平总书记关于做好新时代党的统一战线工作的重要思想，涵盖了统一战线地位作用、本质要求、工作方针、任务重点、领导力量等基本问题，是一个内涵丰富、逻辑严密、系统完备的有机整体，是党的统一战线百余年发展史的智慧结晶，是党对做好统战工作规律性认识的深化，是新时代统战工作的根本指针。

"十二个必须"是新时代党的统一战线工作的重要思想的主要内涵，即：必须充分发挥统一战线的重要法宝作用，必须解决好人心和力量问题，必须正确处理一致性和多样性关系，必须坚持好发展好完善好中国新型政党制度，必须以铸牢中华民族共同体意识为党的民族工作主线，必须坚持我国宗教中国化方向，必须做好党外知识分子和新的社会阶层人士统战工作，必须促进非公有制经济健康发展和非公有制经济人士健康成长，必须发挥港澳台和海外统战工作争取人心的作用，必须加强党外代表人士队伍建设，必须把握做好统战工作的规律，必须加强党对统战工作的全面领导。

新时代党的统一战线工作的重要思想可以概括为"十二个必须"即：第一，必须充分发挥统一战线的重要法宝作用。统一战线是党克敌制胜、执政兴国的重要法宝，是团结海内外全体中华儿女实现中华民族伟大复兴的重要法宝，必须长期坚持。现在，统战工作不是过时了、不重要了，而是更重要了。第二，必须解决好人心和力量问题。人心向背、力量对比是决定党和人民事业成败的关键，是最大的政治。统战工作的本质要求是大团结大联合，解决的就是人心和力量问题。第三，必须正确处理一致性和多样性关系。关键是要坚持求同存异，发扬"团结—批评—团结"的优良传统，在尊重多样性中寻求一致性，找到最大公约数、画出最大同心圆。第四，必须坚持好发展好完善好中国新型政党制度。统一战线必须

---

① 尹铁燕.新时代党的自我革命的实践要求［EB/OL］.［2024–06–06］.http://www.qstheory.cn/2024–06/06/c_1130158924.htm.

坚持中国共产党领导，同时推动多党合作展现新气象、思想共识取得新提高、履职尽责展现新作为。第五，必须以铸牢中华民族共同体意识为党的民族工作主线。中华民族共同体意识是民族团结之本。要坚定不移走中国特色解决民族问题的正确道路，推动各民族坚定对伟大祖国、中华民族、中华文化、中国共产党、中国特色社会主义的高度认同，引导各族群众牢固树立休戚与共、荣辱与共、生死与共、命运与共的共同体理念。第六，必须坚持我国宗教中国化方向。全面贯彻新时代党的宗教工作理论和方针政策，积极引导宗教与社会主义社会相适应。第七，必须做好党外知识分子和新的社会阶层人士统战工作。做好党外知识分子工作，充分尊重是前提，加强引导是关键，发挥作用是目的。新的社会阶层人士是中国特色社会主义事业的建设者，要把他们组织起来，加强引导、发挥作用。第八，必须促进非公有制经济健康发展和非公有制经济人士健康成长。促进非公有制经济健康发展和非公有制经济人士健康成长是重大经济问题，也是重大政治问题。要深入开展理想信念教育，推动构建亲清政商关系，促进民营经济高质量发展，引导非公有制经济人士做合格的中国特色社会主义事业建设者。第九，必须发挥港澳台和海外统战工作争取人心的作用。发展壮大爱国爱港、爱国爱澳力量，维护香港、澳门长期繁荣稳定，确保"一国两制"实践行稳致远。贯彻新时代党解决台湾问题的总体方略，发展壮大台湾爱国统一力量，反对"台独"分裂行径，推进祖国完全统一。围绕凝心聚力同圆共享中国梦的主题，积极引导海外侨胞和归侨侨眷致力于祖国现代化建设与和平统一大业。第十，必须加强党外代表人士队伍建设。要加强培养、提高素质，科学使用、发挥作用，着力培养一批同我们党亲密合作的党外代表人士。第十一，必须把握做好统战工作的规律。要加强同党外人士的团结联系，坚持尊重、维护、照顾同盟者利益的原则，待之以诚、动之以情、晓之以理、助之以实，为党交一大批肝胆相照的党外朋友。第十二，必须加强党对统战工作的全面领导。统一战线是党领导的统一战线，要确保党对统战工作全面领导。统战工作是全党的工作，必须全党重视、大家共同来做，构建党委统一领导、统战部门牵头协调、有关方面各负其责的大统战工作格局。①

---

① 习近平.完整、准确、全面贯彻落实关于做好新时代党的统一战线工作的重要思想［J］.求是，2024（02）.

第二节 党内法规和国家法律教育

强化党章党规党纪学习教育，引导大学生党员牢固树立党章意识，更加自觉地学习党内法规，牢记入党誓词，坚持合格党员标准，自觉遵守党的纪律，带头践行社会主义核心价值观，培养高尚道德情操，培育良好思想作风、学风、作风，始终用党章党规党纪约束自己的一言一行。

一、党章教育

党章，是党的总章程，是党的根本大法。中国共产党历来高度重视制定和完善党章，党的二大通过第一部正式党章后，除了党的五大外，历次党的全国代表大会均对党章作出不同程度的修改。可以说，一部党章修改史，就是一部不断推进理论创新、进行理论创造的历史，充分彰显了中国共产党与时俱进的政治品格和创新精神。党的二十大通过的党章，体现着党的十九大以来以习近平同志为核心的党中央在党的理论创新、实践创新、制度创新上的新成果，蕴含着党的二十大报告确定的重要思想、重要观点、重大战略、重大举措，为全党统一思想、凝聚力量迈向新征程提供了根本遵循。大学生党员要把学习党章作为必修课、基本功，深刻理解党章是党的根本大法，是全党必须共同遵守的根本行为规范。用党章规范自己的言行、按党章要求规规矩矩办事，始终在政治立场、政治方向、政治原则、政治道路上同党中央保持高度一致。大学生党员教育对于二十大党章的学习应重点把握以下三个方面。

（一）学习新时代新征程党的使命任务

教育引导大学生党员明白，经过不懈奋斗，我国全面建成小康社会，实现了第一个百年奋斗目标，并对第二个百年奋斗目标作出分两个阶段推进的战略安排，踏上了全面建设社会主义现代化国家的新征程。引导大学生党员体悟到前途光明，与此同时也任重道远，学习到二十大党章根据新形势新任务与时俱进地对与"两个一百年"奋斗目标、"两步走"战略安排相关的表述作出的相应修改，比如写入"以中国式现代化全面推进中华民族伟大复兴"这一新时代新征程党的中心任务，彰显了党和人民全面建设社会主义现代化国家的意志和决心坚不可摧、稳如磐石，能够激励全党全面准确把握党和国家事业发展新要求，以更加强烈的历史主动精神团结带领全国各族人民朝着既定奋斗目标勇毅前行，将擘画的美好蓝图变为生动现实。

（二）学习党中央重大战略举措和大政方针

教育引导大学生党员站在新时代坚持和发展中国特色社会主义、推进党和人民事业长远发展的高度，理解党的二十大党章及时对社会主义初级阶段方面的内容进行的调整完善，对"五位一体"总体布局，国防和军队建设、统一战线、外交等方面的内容作出的修改完善。引导大学生党员认真学习从逐步实现全体人民共同富裕，到把握新发展阶段、贯彻新发展理念、构建新发展格局、推动高质量发展；从走中国特色社会主义法治道路，发展全过程人民民主，到把人民军队建设成为世界一流军队；从坚决反对和遏制"台独"，到弘扬和平、发展、公平、正义、民主、自由的全人类共同价值……党章增写、调整的内容，都是聚焦重大关切、回应社会热点，涵盖改革发展稳定、内政外交国防、治党治国治军的方方面面，让他们感悟这些调整将有利于推动全党把思想和行动统一到党中央对国内外形势的科学判断与党和国家工作战略部署上来，以奋发有为的精神把新时代中国特色社会主义推向前进。

（三）学习坚持党的全面领导、加强党的建设的新鲜经验

教育引导大学生党员认真学习党的十八大特别是党的十九大以来深入推进新时代党的建设新的伟大工程取得的新的重大成果和成功经验，以及党的二十大党章强调的弘扬伟大建党精神，对党的建设提出新要求。引导大学生党员认真学习党的二十大党章着眼于发挥党总揽全局、协调各方的领导核心作用，充实了"坚持和加强党的全面领导""党是最高政治领导力量"等内容，推动把党的领导落实到党和国家事业各领域各方面各环节；坚持打铁必须自身硬，在党的十九大党章强调"全面从严治党永远在路上"的基础上，进一步明确"党的自我革命永远在路上""以伟大自我革命引领伟大社会革命"，推动全党永葆自我革命精神，确保党永远不变质、不变色、不变味；立足于增强党的创造力、凝聚力、战斗力，增写坚持新时代党的组织路线的基本要求，将党的建设基本要求从五项扩展为六项，丰富了党的建设内容……理解在党的根本大法中充实完善这些表述，对于全党深刻把握对建设长期执政的马克思主义政党的规律性认识，将党的领导、党的建设重要经验转化为全党共同意志具有重大意义。教育大学生党员深刻领悟到，修改后的党章，党的领导更加凸显、思想理论更加充实、使命目标更加明确、制度体系更加科学、管党治党更加有力，有利于进一步凝聚全党力量、统一全党步调，引领新征程、开辟新天地、走向新胜利。

二、党规党纪学习教育

"党规"就是党内法规，是党的中央组织以及中央纪委、中央各部门和省、自治区、直辖市党委制定的规范党组织的工作、活动和党员行为的党内规章制度的总称。党内法规具有强烈政治属性、鲜明价值导向、科学治理逻辑、统一规范功能，高度凝结党的理论创新和实践经验，对于维护党内秩序、规范党内生活、调整党内关系，对于推进党的建设、提高党的领导水平和执政能力，确保全党在思想上政治上行动上高度统一，具有十分重要的意义。

（一）党的组织法规教育

开展党的组织法规教育，就是要引导大学生党员结合实际，深入学习《中国共产党中央委员会工作条例》《中国共产党地方委员会工作条例》《中国共产党纪律检查委员会工作条例》《中国共产党党组工作条例》《中国共产党工作机关条例（试行）》《中国共产党组织工作条例》《中国共产党支部工作条例（试行）》等，了解掌握党的组织结构、组织体系以及各级各类组织的设置定位、产生运行、职权职责。

（二）党的领导法规教育

开展党的领导法规教育，就是要引导大学生党员结合实际，深入学习《中国共产党统一战线工作条例》《中国共产党政治协商工作条例》《中国共产党政法工作条例》《中国共产党机构编制工作条例》《中国共产党宣传工作条例》《中国共产党领导国家安全工作条例》《信访工作条例》等，深刻理解坚持和加强党的全面领导的丰富内涵，增强做到"两个维护"的自觉性和坚定性。

（三）党的自身建设和法规教育

开展党的自身建设法规教育，就是要引导大学生党员结合实际，深入学习《关于新形势下党内政治生活的若干准则》《中国共产党廉洁自律准则》《中国共产党重大事项请示报告条例》《党政机关厉行节约反对浪费条例》《中央八项规定及其实施细则》《党委（党组）落实全面从严治党主体责任规定》《中国共产党党委（党组）理论学习中心组学习规则》等，深刻理解推进新时代党的建设新的伟大工程的重大意义，时刻保持永远在路上的坚韧和执着，增强坚定不移全面从严治党的政治定力。

（四）党的监督保障法规教育

开展党的监督保障法规教育，就是要引导大学生党员结合实际，深入学习《中国共产党党内监督条例》《中国共产党巡视工作条例》《党政领导干部考核工作条例》《中国共产党问责条例》《中国共产党纪律处分条例》《中国共产党党员权利保障条例》《中国共产党组织处理规定（试行）》《中国共产党党内法规执行责任制规定（试行）》《中国共产党纪律检查机关监督执纪工作规则》等，坚决贯彻党的自我革命战略部署，不断强化党的意识、纪律意识、规矩意识。

根据党中央部署，2024 年 4 月至 7 月在全党开展党纪学习教育。这次党纪学习教育，是加强党的纪律建设、推动全面从严治党向纵深发展的重要举措，明确指出青年党员干部，是党和国家事业发展的生力军，肩负着民族复兴的伟大使命，要把遵规守纪刻印在心，进一步强化纪律意识、加强自我约束、提高免疫能力，不断增强政治定力、纪律定力、道德定力、抵腐定力，始终做到忠诚干净担当。大学生党员要抓住学习重点，在学习贯彻《中国共产党纪律处分条例》上下功夫见成效，坚持逐章逐条学、联系实际学，抓好以案促学、以训助学，进一步明确日常言行的衡量标尺，用党规党纪校正思想和行动，真正使学习党纪的过程成为增强纪律意识、提高党性修养的过程。党纪学习教育应引导大学生党员准确掌握《中国共产党纪律处分条例》的主旨要义和规定要求，把遵规守纪内化为言行准则，尤其要引导大学生党员学纪、知纪、明纪、守纪，搞清楚党的纪律规矩是什么，弄明白能干什么、不能干什么，在学习生活中真正把先锋形象树立起来、模范作用发挥出来，切实增强高校基层党组织的创造力凝聚力战斗力，以高质量党建谱写教育强国建设新篇章。

三、国家法律教育

中国特色社会主义法律体系是中国共产党领导人民在改革开放和建设现代化国家过程中的伟大创造。习近平总书记指出，要以宪法为最高法律规范，继续完善以宪法为核心的中国特色社会主义法律体系，把国家各项事业和各项工作纳入法制轨道。在大学生党员教育过程中，要引导他们深入学习贯彻习近平法治思想，牢固树立宪法法律至上、法律面前人人平等、权由法定、权依法使等基本法治观念，带头尊法学法守法用法。

（一）宪法教育

开展大学生党员宪法教育，就是要使其深刻把握宪法原则和宪法确立的国家根本制度、根本任务、大政方针，坚持宪法确定的中国共产党领导地位不动摇，坚持宪法确定的人民民主专政的国体和人民代表大会制度的政体不动摇。强化宪法意识，弘扬宪法精神，推动宪法实施，更好发挥宪法在治国理政中的重要作用。引导大学生党员结合实际，学习全国人民代表大会组织法、国务院组织法、监察法、地方各级人民代表大会和地方各级人民政府组织法、人民法院组织法、人民检察院组织法、民族区域自治法、立法法等宪法相关法，了解掌握国家机构的产生、组织、职权和基本工作制度。

（二）总体国家安全观和国家安全法教育

引导大学生党员结合实际，学习保守国家秘密法、网络安全法、生物安全法、突发事件应对法、反恐怖主义法、反间谍法、数据安全法等，树立正确的国家安全观，筑牢国家安全人民防线。

（三）认真学习推动高质量发展相关法律教育

引导大学生党员结合实际，学习循环经济促进法、乡村振兴促进法、预算法、科学技术进步法、中小企业促进法、外商投资法、著作权法等，学习与建设现代化产业体系、优化营商环境、全面推进乡村振兴、推进高水平对外开放、实施科教兴国战略、推动绿色发展等相关的法律。

（四）民法典宣传教育

引导大学生党员深刻把握平等、自愿、公平、诚信、公序良俗、绿色等民事活动基本原则和坚持主体平等、保护财产权利、便利交易流转、维护人格尊严、促进家庭和谐、追究侵权责任等基本要求。把民法典作为决策、管理、监督的重要标尺，提高运用民法典维护人民权益、化解矛盾纠纷、促进社会和谐稳定的能力和水平。此外还可以结合实际需要，学习其他民事法律。

第三节 党的宗旨教育

中国共产党来自人民，党的根基和血脉在人民。为人民而生，因人民而兴，始终同人民在一起，为人民利益而奋斗，是党立党兴党强党的根本出发点和落脚点。加强大学生党员党的宗旨教育，要引导大学生党员深刻理解践行全心全意为人民服务的根本宗旨的意义，并在学习工作实践中能够自觉贯彻党的群众路线，提高群众工作本领，密切联系服务群众。

一、党的宗旨的确立

1944 年 9 月 8 日，毛泽东在张思德同志的追悼会上发表了讲演，阐述了其为人民利益而牺牲的意义。随后，《解放日报》以新闻报道的形式全文发表了这篇讲演。后来在收入《毛泽东选集》第 3 卷时，正式定名为《为人民服务》。毛泽东明确提出："我们的共产党和共产党所领导的八路军、新四军，是革命的队伍。我们这个队伍完全是为着解放人民的，是彻底地为人民的利益工作的。"[①]在中国共产党第七次全国代表大会上，毛泽东在大会的开幕词中指出："我们应该谦虚，谨慎，戒骄，戒躁，全心全意地为中国人民服务，在现时，为着团结全国人民战胜日本侵略者，在将来，为着团结全国人民建设新民主主义的国家。"[②]随后，毛泽东在《论联合政府》中强调："全心全意地为人民服务，一刻也不脱离群众；一切从人民的利益出发，而不是从个人或小集团的利益出发；向人民负责和向党的领导机关负责的一致性；这些就是我们的出发点。"[③]这是毛泽东向全党对全心全意为人民服务所作的更加完整的表述。

党的七大讨论通过，将全心全意为人民服务这一宗旨第一次明确地写入党的章程，党章总纲规定："中国共产党人必须具有全心全意为中国人民服务的精神，必须与工人群众、农民群众及其他革命人民建立广泛的联系。"党章规定了党员的四项义务，第三项就是"为人民群众服务，巩固党与人民群众的联系，了解并及时

① 毛泽东选集：第 3 卷［M］.北京：人民出版社，1991：1004.

② 毛泽东选集：第 3 卷［M］.北京：人民出版社，1991：1027.

③ 毛泽东选集：第 3 卷［M］.北京：人民出版社，1991：1094.

反映人民群众的需要，向人民群众解释党的政策"。党章明确规定了全心全意为人民服务这一党的宗旨，标志着中国共产党在政治上进一步走向成熟。党的七大以后，每一次党的代表大会通过的党章，始终把为人民服务作为党坚持的唯一宗旨。

二、党的宗旨及其内涵

教育引导大学生党员深刻领悟中国共产党的根本宗旨是全心全意为人民服务。党的根本宗旨是由党的性质决定的，党的宗旨是党的一切活动的根本出发点。中国共产党的先锋队性质，决定了党和其他政党的本质区别，决定了党必须把全心全意为人民服务作为自己的根本宗旨。马克思、恩格斯在《共产党宣言》中指出："过去的一切运动都是少数人的，或者为少数人谋利益的运动。无产阶级的运动是绝大多数人的、为绝大多数人谋利益的独立的运动。"判断一个政党的性质，判断一个政党是否先进，归根到底，是看它代表什么人的利益，是全心全意为人民谋利益，还是只是为少数人谋私利。党的根本宗旨充分体现了中国共产党是中国工人阶级的先锋队，同时是中国人民和中华民族的先锋队。从党的性质来看，工人阶级是党的阶级基础，工人阶级的根本利益同社会的发展方向和广大人民的根本利益是完全一致的。工人阶级为了实现自己的利益，必须同时代表最广大人民群众的利益，必须为最广大人民群众服务。从党的性质来看，党是由具有共产主义觉悟的先进分子组成的，是工人阶级的先锋队。

中国共产党一百多年来奋斗历程的基本经验之一，就是始终牢记全心全意为人民服务的宗旨，紧紧地依靠人民群众，诚心诚意地为人民谋利益，从人民群众中汲取前进的不竭力量。全心全意为人民服务，不仅是党的根本宗旨，也是党的根本立场，更是党与其他政党的根本区别。党章明确规定："党除了工人阶级和最广大人民群众的利益，没有自己特殊的利益。党在任何时候都把群众利益放在第一位，同群众同甘共苦，保持最密切的联系，坚持权为民所用、情为民所系、利为民所谋，不允许任何党员脱离群众，凌驾于群众之上。"

坚持全心全意为人民服务的宗旨，是中国共产党的最高价值取向。中国共产党从它诞生之日起就是中国各族人民利益的忠实代表，就把全心全意为人民服务当作自己的唯一宗旨。是否实现人民的利益，得到广大人民群众的拥护，是衡量党的路线、方针和政策是否正确的最高标准。全心全意为人民服务的宗旨，要求大学生党员把党和人民的利益摆在高于一切的位置上，任何时候，任何情况下都应当首先想到党和人民群众的整体利益。在中国特色社会主义新时代，强调全心全意为人民服务的宗旨的意义更为重大。必须加强党的宗旨教育，使大学生党员自觉地抵制各种腐朽思想的侵蚀，一切从党和人民的利益出发，密切党与人民群众的联系，保持工人阶级先锋队的本色，保证现代化建设和改革开放的顺利进行。

三、践行宗旨的要求

党章总纲明确把全心全意为人民服务作为党的根本宗旨。习近平总书记指出："人民对美好生活的向往就是我们的奋斗目标。"这句话正是党的宗旨的生动体现、通俗表述。中国共产党根基在人民、血脉在人民、力量在人民。始终保持党同人民群众的血肉联系，善于从人民群众中汲取战胜各种困难和风险的智慧和力量，这是中国共产党战无不胜的根本法宝。任何时候任何情况下，党员都要牢记而不能淡忘这一宗旨，并把它贯彻和体现到全部工作之中。

践行党的宗旨，就要教育大学生党员必须牢固树立马克思主义群众观点。人民群众是历史的创造者、社会变革的推动者、人类文明进步的决定力量。这是马克思主义群众观点的核心内容。这就需要我们充分尊重人民群众的历史主体地位，尊重人民群众在历史活动中所表达的意愿、所创造的经验、所拥有的权利、所发挥的作用，始终坚持人民的地位最高、人民的力量最强、人民的智慧最大。党的全部理论和工作都要着眼于保证人民群众成为国家的主人、社会的主人和自己命运的主人，充分发挥人民群众主人翁精神，最大限度激发全体人民的创造活力，把蕴藏在人民群众中的无穷伟力和智慧充分发掘出来。实践证明，人民群众处在改革开放和现代化建设的生动实践中，最能发现问题，最能发明创造，最有发言权。当我们深刻认识到人民是真正的英雄和历史的真正主人，党只是帮助人民获得彻底解放的工具，共产党人只是人民群众沧海之一粟时，就会以高度的政治自觉，以虚怀若谷、从谏如流的胸怀，以眼睛向下、甘当小学生的决心，扑下身子，拜群众为师，向能者求教，向智者问策，从亿万群众的创造性实践中开辟理论创新的源泉，从人民群众对美好生活的向往中把握决策的正确方向，从人民群众的意见和建议中寻找深化改革开放、破解发展难题的"金点子""妙法子"。

践行党的宗旨，就要教育大学生党员必须站稳人民立场。为了什么人的问题，是一个重大政治原则问题，是区分马克思主义政党同其他一切政党的根本标准。始终把人民放在心中最高位置，把实现好、维护好、发展好最广大人民的根本利益，把帮助绝大多数人追求最大幸福作为全部工作的出发点和落脚点，这是践行党的宗旨的根本要求。有了鲜明的牢不可破的人民立场，我们想问题、作决策、办事情就有了坐标，谋划发展就能最大限度地让人民群众受益，让发展成果更多更公平惠及全体人民；协调利益，就能兼顾不同群体的利益需求，在维护人民根本利益、整体利益、长远利益的同时关心每个群体、每个个人的合理利益诉求；化解矛盾，就能高扬公平的旗帜，让人民在定纷止争中感受到公平的阳光雨露，努力把矛盾化解在基层、解决在萌芽状态。

践行党的宗旨，就要教育大学生党员必须增进群众感情。感情决定态度，态度影响行动。对人民群众怀抱真挚而深厚的感情，践行党的宗旨才会有持久的动力。对人民群众缺乏感情，即使经常下基层，也难以听到真实的群众呼声，即使同群众坐在一条板凳上，心里也想不到一块儿去。要牢记党员来自群众，只是群众中的普通一员，人民群众是我们的衣食父母，始终保持赤诚之心、赤子之心，始终保持人民群众的本色，以人民忧乐为忧乐，以人民甘苦为甘苦，做到民之所忧、我之所思，民之所困、我之所虑。要善于换位思考、换位体验、换位感悟，将心比心，从人民群众的角度去感受他们的喜怒哀乐，尤其是多听听群众的冷言冷语、尖锐批评，多问一问群众的烦心事、恼火事，从中获得真情况、真情绪、真忧苦，判断什么事应当办、什么事不能办，什么是当务之急、什么事应当暂缓，在群众期盼中把握工作重点，从群众意愿中权衡政策利弊，做到作决策不忽略民智、办实事不违背民意、做好事不超越民力。

践行党的宗旨，就要教育大学生党员善于掌握做好新形势下群众工作的方式方法。中国共产党在服务群众的长期实践中形成的行之有效的方法，特别是与人民群众面对面、手拉手、零距离接触的方法，永远不会过时，永远不能丢掉，必须长期坚持。同时，要认真研究新形势下群众工作规律，针对不同群体的具体特点和要求，积极探索服务群众的方法和途径，尤其是要善于运用新媒体等先进科技手段，不断增强组织群众、宣传群众、服务群众的实效性，引导群众前进。

第四节 革命传统教育

开展大学生党员革命传统教育，就是要引导大学生党员从学习党史、国史、改革开放史、社会主义发展史和中华优秀传统文化中，激发信仰、获得启发、汲取力量，深刻理解中国共产党为什么"能"、马克思主义为什么"行"、中国特色社会主义为什么"好"，从而不断坚定"四个自信"，弘扬党的优良传统，传承红色基因，践行共产党人价值观，激发爱国主义热情。

一、"四史"教育

"以史为鉴，可以知兴替""欲知大道，必先为史"。历史是最好的教科书，也是最好的清醒剂。中国共产党历来高度重视学习历史、剖析历史、反思历史、总结历史，历来善于从历史中不断汲取营养、涵养理念、自我完善、走向成熟。党的十八大以来，以习近平同志为核心的党中央逐步完善了以学习党史、新中国史、改革开放史、社会主义发展史为主要内容的"四史"学习教育总体思路。大学生党员要深入学习党史、新中国史、改革开放、社会主义发展史，让初心薪火相传，把使命永担在肩。

（一）党史学习教育

《党史学习教育工作条例》指出，开展党史学习教育，用党的历史教育人、启迪人、感化人、鼓舞人，是牢记党的初心使命、坚定理想信念、推进自我革命的重要途径，是新时代坚持和发展中国特色社会主义、以中国式现代化全面推进中华民族伟大复兴的必然要求。开展大学生党员党史学习教育工作的主要任务是：

1. 学史明理。教育引导大学生党员深刻领悟中国共产党为什么能、马克思主义为什么行、中国特色社会主义为什么好等道理，从历史中寻经验、求规律、启智慧，坚定对党的领导的自信，坚定贯彻落实党的创新理论，坚定不移走中国特色社会主义道路。

2. 学史增信。教育引导大学生党员增强对马克思主义、共产主义的信仰，对中国特色社会主义的信念，对实现中华民族伟大复兴的信心，自觉做共产主义远大理想、中国特色社会主义共同理想的坚定信仰者和忠实践行者。

3. 学史崇德。教育引导大学生党员涵养高尚道德品质，崇尚对党忠诚的大德、造福人民的公德、严于律己的品德，做到始终忠于党、忠于人民。

4.学史力行。教育引导大学生党员坚持在锤炼党性上力行、在为民服务上力行、在推动发展上力行，不断提高政治判断力、政治领悟力、政治执行力，增强斗争本领，把握历史主动。

大学生党员教育应当把学习党的创新理论和党史基本内容、党的历史结论、党的历史经验、伟大建党精神贯通起来，把党史学习教育同学习实践锻炼结合起来，引导大学生党员树立正确党史观，坚定听党话跟党走的信念。

（二）新中国史教育

开展大学生党员新中国史学习，就是要以理论清醒确保政治坚定，以理想信念增强行动自觉，以崇高精神激励立德树人，以历史智慧提高实践本领。教育大学生党员学习好"国史"，关键是要教育他们用正确的历史观来把握新中国历史发展的主题和主线、主流和本质、基本趋势、基本规律、基本经验、基本结论。引导大学生党员正确认识中国共产党在新中国历史中形成的核心领导地位，正确认识基本理论、基本路线、基本方略在治国理政中的关键作用，正确认识新中国史中的成功与失误，正确认识改革开放前后两个历史时期的关系。

（三）改革开放史教育

开展大学生党员改革开放史学习，首先应明确改革开放发生的原因，厘清改革开放演进的过程，随后总结改革开放取得的成就，揭示改革开放蕴含的经验。教育大学生党员体悟到改革开放的发生是国内和国际、党和人民、中央与地方、理论与实践多种因素交互作用的结果。改革开放的历史进程，可分为起步和全面展开、稳步推进、深化拓展、全面深化改革与全方位扩大对外开放四个时期。改革开放成就教育，可从"两大奇迹"或经济、政治、文化、社会、生态文明、国防、外交、党的建设等领域展开，也可置于中华民族发展史、中国共产党史、中华人民共和国史、世界社会主义发展史、人类文明发展史的坐标下来开展。改革开放经验教育，既应基于改革开放实践从一般中国经验层面进行，又可从坚守、协调、包容、创新、务实等中国智慧的维度进行。

（四）社会主义发展史教育

开展大学生党员社会主义理论和实践发展史教育，要将其总体上经历了从空想到科学、从运动变为制度现实、从一国实践到多国实践、从单一模式走向多样化发展、从低潮走向振兴的过程讲清讲透。教育大学生党员认识到社会主义是人类文明发展大道上的产物，社会主义的发展推动了人类文明的发展，是贯穿社会主义发展史的主题。在社会主义发展史教育中，要以唯物史观引导大学生党员确立正确的社会主义史观，在"四史"的总体上把握社会主义发展史，重点讲清楚社会主义从空想到科学的发展、社会主义变为制度现实和苏联模式的推行、科学社会主义在中国的新飞跃。

二、中国共产党人精神谱系教育

2021 年 7 月 1 日，习近平总书记在庆祝中国共产党成立 100 周年大会上概括提出伟大建党精神：坚持真理、坚守理想，践行初心、担当使命，不怕牺牲、英勇奋斗，对党忠诚、不负人民。党以伟大建党精神为源头，构筑起了中国共产党人的精神谱系，包括井冈山精神、苏区精神、长征精神、遵义会议精神、延安精神、抗战精神、红岩精神、西柏坡精神、抗美援朝精神、"两弹一星"精神、改革开放精神、特区精神、抗洪精神、抗震救灾精神、脱贫攻坚精神、抗疫精神等伟大精神。习近平总书记强调，中国共产党弘扬伟大建党精神，在长期奋斗中构建起中国共产党人的精神谱系，锤炼出鲜明的政治品格。2021 年 9 月 29 日，党中央批准了中央宣传部梳理的第一批纳入中国共产党人精神谱系的伟大精神，在中华人民共和国成立 72 周年之际予以发布。

表 3-1　第一批纳入中国共产党人精神谱系的伟大精神统计表

时期	伟大精神		
中国共产党的精神之源	建党精神		
新民主主义革命时期	井冈山精神	苏区精神	长征精神
	遵义会议精神	延安精神	抗战精神
	红岩精神	西柏坡精神	照金精神
	东北抗联精神	南泥湾精神	太行精神（吕梁精神）
	大别山精神	沂蒙精神	老区精神
	张思德精神	—	—
社会主义革命和建设时期	抗美援朝精神	"两弹一星"精神	雷锋精神
	焦裕禄精神	大庆精神（铁人精神）	红旗渠精神
	北大荒精神	塞罕坝精神	"两路"精神
	老西藏精神（孔繁森精神）	西迁精神	王杰精神

续表

时期	伟大精神		
改革开放和社会主义现代化建设新时期	改革开放精神	特区精神	抗洪精神
	抗击"非典"精神	抗震救灾精神	载人航天精神
	劳模精神（劳动精神、工匠精神）	青藏铁路精神	女排精神
中国特色社会主义新时代	脱贫攻坚精神	抗疫精神	"三牛"精神
	科学家精神	企业家精神	探月精神
	新时代北斗精神	丝路精神	—

这些伟大精神，集中彰显了中华民族和中国人民长期以来形成的伟大创造精神、伟大奋斗精神、伟大团结精神、伟大梦想精神，彰显了一代又一代中国共产党人"为有牺牲多壮志，敢教日月换新天"的奋斗精神。在全党全社会大力弘扬伟大建党精神、深入宣传中国共产党人精神谱系，将其作为党史学习教育和"四史"宣传教育的重要内容，能够更好地鼓舞激励大学生党员弘扬光荣革命传统、赓续红色血脉，不断增强"四个意识"、坚定"四个自信"、做到"两个维护"，为实现中华民族伟大复兴凝聚起奋勇前进的强大精神力量。

三、优秀传统文化教育

中华优秀传统文化是文明之根、力量之源，是中华民族智慧的结晶。中华优秀传统文化教育以传播、传授、传承与传颂中华优秀传统文化为实践内容，是传承和弘扬中华优秀传统文化的重要途径，也是实现中华优秀传统文化创造性转化和创新性发展的重要方式。将传统文化教育融入大学生党员教育，有利于传递中华优秀传统文化所蕴含的正能量与转化中华优秀传统文化所具有的软实力，提升大学生党员的文化自信。

大学生党员中华优秀传统文化教育的内涵就是以实现新时代的发展为教育目标，以中华优秀传统文化为教育内容，以思想传播、知识传授、技艺传承与实物流传为教育形式的教育实践活动。

1. 大学生党员思想型教育主要围绕中华文化核心思想理念、中华传统美德和中华人文精神等方面而展开，是对文化理念、道德观念、人生信念等加以传播，旨在让大学生党员能够感受中华优秀传统文化的思想魅力与精神活力，同时也能为不断丰富与发展社会主义精神文明提供源源不断的思想宝库。

2．大学生党员知识型教育主要围绕国学经典、节日节气和人文民俗等方面展开，是对中华优秀传统文化的基本常识、理论知识等加以传授，旨在让大学生党员能够形成对中华优秀传统文化的共同认识，不断强化对中华优秀传统文化的认同意识，有效解决与克服对中华优秀传统文化存在认识偏差或存有认识误区等问题。

3．大学生党员技艺型教育主要围绕绝学绝技、手艺工艺和传统艺术等方面展开，是对中华优秀传统文化中的技术内容、艺术内容等加以传承，其实质是对中华优秀传统文化中的非物质文化内容予以延续与普及，不仅展示中华优秀传统文化的博大精深，而且能够让大学生党员对中华优秀传统文化中的技能型、技艺型、技术型等重要文化内容予以沿承。

4．大学生党员实物型教育主要围绕历史遗址、可移性文物和传统用品等方面展开，是对中华优秀传统文化中的文物、用品等物质文化内容加以认识与熟悉，旨在让大学生党员能够全方位了解中华优秀传统文化的外在表现物，并在通过了解各类文物及传统用品的基础上，深刻认识与领会各类文物及传统用品所内蕴的文化知识与文化历史，从而有助于大学生党员全方位掌握中华优秀传统文化的丰富内容。

第五节 形势政策教育

形势政策教育课与国内国际时事紧密联系，通过对国内外具体的时政事件的介绍讲解和分析，让大学生对国际事件、国际关系有正确的认识，引导大学生党员形成拥护国家政策、方针和路线的正确的价值观。开展大学生党员形势政策教育，就是要围绕贯彻执行党和国家重大决策、推进落实重大任务，宣讲党的路线方针政策，解读世情国情党情，回应大学生党员关注的问题，引导他们正确认识形势，把思想和行动统一到党中央要求上来。

一、党和国家事业历史性成就教育

党和国家事业历史性成就教育指中华人民共和国成立以来、特别是改革开放以来我国所取得的伟大成就的教育。当代大学生生逢其时，开展成就教育能够深化大学生党员对祖国和中国共产党的热爱，对社会主义和共产主义的信心，以及对习近平新时代中国特色社会主义思想的理解。为此，大学生党员教育应当围绕新时代党和国家事业取得的历史性成就、发生的历史性变革，结合时事热点、全球视野与国际关系、科技与创新等内容开展主题教育，帮助大学生党员深入理解党的政策背后蕴含的立场主张、为民宗旨，不断增强党对大学生党员的凝聚力和大学生党员对党的向心力。

党的二十大梳理了进入新时代以来中国共产党坚持马克思列宁主义、毛泽东思想、邓小平理论、"三个代表"重要思想、科学发展观，全面贯彻习近平新时代中国特色社会主义思想，全面贯彻党的基本路线、基本方略，采取一系列战略性举措，推进一系列变革性实践，实现一系列突破性进展，取得一系列标志性成果，经受住了来自政治、经济、意识形态、自然界等方面的风险挑战考验，党和国家事业取得了十六个方面的历史性成就、发生了历史性变革。

1. 创立了习近平新时代中国特色社会主义思想，明确坚持和发展中国特色社会主义的基本方略，提出一系列治国理政新理念新思想新战略，实现了马克思主义中国化时代化新的飞跃，坚持不懈用这一创新理论武装头脑、指导实践、推动工作，为新时代党和国家事业发展提供了根本遵循。

2. 全面加强党的领导，明确中国特色社会主义最本质的特征是中国共产党领导，中国特色社会主义制度的最大优势是中国共产党领导，中国共产党是最高政治领导力量，坚持党中央集中统一领导是最高政治原则，系统完善党的领导制度体系，全党增强"四个意识"，自觉在思想上政治上行动上同党中央保持高度一致，不断提高政治判断力、政治领悟力、政治执行力，确保党中央权威和集中统一领导，确保党发挥总揽全局、协调各方的领导核心作用，中国共产党这个拥有9600多万名党员的马克思主义政党更加团结统一。

3. 对新时代党和国家事业发展作出科学完整的战略部署，提出实现中华民族伟大复兴的中国梦，以中国式现代化推进中华民族伟大复兴，统揽伟大斗争、伟大工程、伟大事业、伟大梦想，明确"五位一体"总体布局和"四个全面"战略布局，确定稳中求进工作总基调，统筹发展和安全，明确社会主要矛盾是人民日益增长的美好生活需要和不平衡不充分的发展之间的矛盾，并紧紧围绕这个社会主要矛盾推进各项工作，不断丰富和发展人类文明新形态。

4. 经过接续奋斗，实现了小康这个中华民族的千年梦想，国家发展站在了更高历史起点上。中国共产党坚持精准扶贫、尽锐出战，打赢了人类历史上规模最大的脱贫攻坚战，全国832个贫困县全部摘帽，近一亿农村贫困人口实现脱贫，960多万贫困人口实现易地搬迁，历史性地解决了绝对贫困问题，为全球减贫事业作出了重大贡献。

5. 提出并贯彻新发展理念，着力推进高质量发展，推动构建新发展格局，实施供给侧结构性改革，制定一系列具有全局性意义的区域重大战略，国家经济实力实现历史性跃升。国内生产总值从54万亿元增长到114万亿元，我国经济总量占世界经济的比重达18.5%，提高7.2个百分点，稳居世界第二位；人均国内生产总值从39800元增加到81000元。谷物总产量稳居世界首位，十四亿多人的粮食安全、能源安全得到有效保障。城镇化率提高11.6个百分点，达到64.7%。制造业规模、外汇储备稳居世界第一。建成世界最大的高速铁路网、高速公路网，机场港口、水利、能源、信息等基础设施建设取得重大成就。我国加快推进科技自立自强，全社会研发经费支出从1万亿元增加到2.8万亿元，居世界第二位，研发人员总量居世界首位。基础研究和原始创新不断加强，一些关键核心技术实现突破，战略性新兴产业发展壮大，载人航天、探月探火、深海深地探测、超级计算机、卫星导航、量子信息、核电技术、新能源技术、大飞机制造、生物医药等取得重大成果，进入创新型国家行列。

6. 以巨大的政治勇气全面深化改革，打响改革攻坚战，加强改革顶层设计，敢于突进深水区，敢于啃硬骨头，敢于涉险滩，敢于面对新矛盾新挑战，冲破思想观念束缚，突破利益固化藩篱，坚决破除各方面体制机制弊端，各领域基础性制度框架基本建立，许多领域实现历史性变革、系统性重塑、整体性重构，新一轮党和国家机构改革全面完成，中国特色社会主义制度更加成熟更加定型，国家治理体系和治理能力现代化水平明显提高。

7. 实行更加积极主动的开放战略，构建面向全球的高标准自由贸易区网络，加快推进自由贸易试验区、海南自由贸易港建设，共建"一带一路"成为深受欢迎的国际公共产品和国际合作平台。我国成为 140 多个国家和地区的主要贸易伙伴，货物贸易总额居世界第一，吸引外资和对外投资居世界前列，形成更大范围、更宽领域、更深层次对外开放格局。

8. 坚持走中国特色社会主义政治发展道路，全面发展全过程人民民主，社会主义民主政治制度化、规范化、程序化全面推进，社会主义协商民主广泛开展，人民当家作主更为扎实，基层民主活力增强，爱国统一战线巩固拓展，民族团结进步呈现新气象，党的宗教工作基本方针得到全面贯彻，人权得到更好保障。社会主义法治国家建设深入推进，全面依法治国总体格局基本形成，中国特色社会主义法治体系加快建设，司法体制改革取得重大进展，社会公平正义保障更为坚实，法治中国建设开创新局面。

9. 确立和坚持马克思主义在意识形态领域指导地位的根本制度，新时代党的创新理论深入人心，社会主义核心价值观广泛传播，中华优秀传统文化得到创造性转化、创新性发展，文化事业日益繁荣，网络生态持续向好，意识形态领域形势发生全局性、根本性转变。我国隆重庆祝中国人民解放军建军九十周年、改革开放四十周年，隆重纪念中国人民抗日战争暨世界反法西斯战争胜利七十周年、中国人民志愿军抗美援朝出国作战七十周年，成功举办北京冬奥会、冬残奥会，青年一代更加积极向上，全党全国各族人民文化自信明显增强、精神面貌更加奋发昂扬。

10. 深入贯彻以人民为中心的发展思想，在幼有所育、学有所教、劳有所得、病有所医、老有所养、住有所居、弱有所扶上持续用力，人民生活全方位改善。人均预期寿命增长到 78.2 岁。居民人均可支配收入从 16500 元增加到 35100 元。城镇新增就业年均 1300 万人以上。建成世界上规模最大的教育体系、社会保障体系、医疗卫生体系，教育普及水平实现历史性跨越，基本养老保险覆盖十亿四千万人，基本医疗保险参保率稳定在 95%。及时调整生育政策。改造棚户区住房 4200 万套，改造农村危房 2400 多万户，城乡居民住房条件明显改善。互联网上网人数达 10.3

亿人。人民群众获得感、幸福感、安全感更加充实、更有保障、更可持续，共同富裕取得新成效。

11. 坚持绿水青山就是金山银山的理念，坚持山水林田湖草沙一体化保护和系统治理，全方位、全地域、全过程加强生态环境保护，生态文明制度体系更加健全，污染防治攻坚向纵深推进，绿色、循环、低碳发展迈出坚实步伐，生态环境保护发生历史性、转折性、全局性变化，我国天更蓝、山更绿、水更清。

12. 贯彻总体国家安全观，国家安全领导体制和法治体系、战略体系、政策体系不断完善，在原则问题上寸步不让，以坚定的意志品质维护国家主权、安全、发展利益，国家安全得到全面加强。共建共治共享的社会治理制度进一步健全，民族分裂势力、宗教极端势力、暴力恐怖势力得到有效遏制，扫黑除恶专项斗争取得阶段性成果，有力应对一系列重大自然灾害，平安中国建设迈向更高水平。

13. 确立党在新时代的强军目标，贯彻新时代党的强军思想，贯彻新时代军事战略方针，坚持党对人民军队的绝对领导，召开古田全军政治工作会议，以整风精神推进政治整训，牢固树立战斗力这个唯一的根本的标准，坚决把全军工作重心归正到备战打仗上来，统筹加强各方向各领域军事斗争，大抓实战化军事训练，大刀阔斧深化国防和军队改革，重构人民军队领导指挥体制、现代军事力量体系、军事政策制度，加快国防和军队现代化建设，裁减现役员额三十万胜利完成，人民军队体制一新、结构一新、格局一新、面貌一新，现代化水平和实战能力显著提升，中国特色强军之路越走越宽广。

14. 全面准确推进"一国两制"实践，坚持"一国两制"、"港人治港"、"澳人治澳"、高度自治的方针，推动香港进入由乱到治走向由治及兴的新阶段，香港、澳门保持长期稳定发展良好态势。我们提出新时代解决台湾问题的总体方略，促进两岸交流合作，坚决反对"台独"分裂行径，坚决反对外部势力干涉，牢牢把握两岸关系主导权和主动权。

15. 全面推进中国特色大国外交，推动构建人类命运共同体，坚定维护国际公平正义，倡导践行真正的多边主义，旗帜鲜明反对一切霸权主义和强权政治，毫不动摇反对任何单边主义、保护主义、霸凌行径。完善外交总体布局，积极建设覆盖全球的伙伴关系网络，推动构建新型国际关系。展现负责任大国担当，积极参与全球治理体系改革和建设，全面开展抗击新冠肺炎疫情国际合作，赢得广泛国际赞誉，我国国际影响力、感召力、塑造力显著提升。

16. 深入推进全面从严治党，坚持打铁必须自身硬，从制定和落实中央八项规定开局破题，提出和落实新时代党的建设总要求，以党的政治建设统领党的建设各项工作，坚持思想建党和制度治党同向发力，严肃党内政治生活，持续开展党内集中教育，提出和坚持新时代党的组织路线，突出政治标准选贤任能，加强政治巡视，形成比较完善的党内法规体系，推动全党坚定理想信念、严密组织体系、严明纪律规矩。持之以恒正风肃纪，以钉钉子精神纠治"四风"，反对特权思想和特权现象，坚决整治群众身边的不正之风和腐败问题，刹住了一些长期没有刹住的歪风，纠治了一些多年未除的顽瘴痼疾。开展了史无前例的反腐败斗争，以"得罪千百人、不负十四亿"的使命担当祛病治乱，不敢腐、不能腐、不想腐一体推进，"打虎""拍蝇""猎狐"多管齐下，反腐败斗争取得压倒性胜利并全面巩固，消除了党、国家、军队内部存在的严重隐患，确保党和人民赋予的权力始终用来为人民谋幸福。经过不懈努力，党找到了自我革命这一跳出治乱兴衰历史周期率的第二个答案，自我净化、自我完善、自我革新、自我提高能力显著增强，管党治党宽松软状况得到根本扭转，风清气正的党内政治生态不断形成和发展，确保党永远不变质、不变色、不变味。①

二、党的路线方针政策教育

党的路线方针政策是指导党的一切活动的行动指南，是推动党的各项事业发展的根本遵循。当代大学生党员应当自觉学习贯彻党的基本路线、基本方略，为实现第二个百年奋斗目标、实现中华民族伟大复兴的中国梦而奋斗。

按照《中国共产党章程》总纲规定，中国共产党在社会主义初级阶段的基本路线是领导和团结全国各族人民，以经济建设为中心，坚持四项基本原则，坚持改革开放，自力更生，艰苦创业，为把我国建设成为富强民主文明和谐美丽的社会主义现代化强国而奋斗。

党的基本路线是根据我国社会主义初级阶段这一基本国情而制定的，其内涵十分丰富，包括我国社会主义现代化建设的领导力量是中国共产党、依靠力量是全国各族人民、中心任务是经济建设、政治保证是四项基本原则、直接动力是改革、外部条件是开放、基本方针是自力更生，艰苦创业和奋斗目标是把我国建设成为富强、民主、文明的社会主义现代化国家，其核心内容是"一个中心，两个基本点"。

① 习近平. 高举中国特色社会主义伟大旗帜 为全面建设社会主义现代化国家而团结奋斗——在中国共产党第二十次全国代表大会上的报告［M］.北京：人民出版社，2022：6-14.

"一个中心，两个基本点"是相互贯通、相互依存、不可分割的统一整体。"一个中心"即以经济建设为中心。这一中心的确立，是在对我国社会主义建设经验教训进行科学总结的基础上作出的正确选择，充分体现了社会主义本质的要求，是解决我国现阶段社会主要矛盾的根本途径。"两个基本点"即坚持四项基本原则（必须坚持社会主义道路，必须坚持人民民主专政，必须坚持中国共产党的领导，必须坚持马列主义、毛泽东思想）、坚持改革开放。四项基本原则是立国之本，是社会主义现代化建设的根本政治保证，是党和国家生存发展的政治基石。只有坚持四项基本原则，才能使社会主义现代化建设有坚定正确的方向，有团结稳定的环境，有统一的意志和行动。

三、世情国情教育

中国特色社会主义进入新时代，中国所面临问题的复杂程度、解决问题的艰巨程度明显加大，世情国情党情教育能够让大学生党员明晰当代中国的历史与时代方位，深入对新时代中国特色社会主义的具体实际的研究。习近平总书记强调，"谋划和推进党和国家各项工作，必须深入分析和准确判断当前世情国情党情"①，并进一步指出，"分析国际国内形势，既要看到成绩和机遇，更要看到短板和不足、困难和挑战，看到形势发展变化给我们带来的风险，从最坏处着眼，做最充分的准备，朝好的方向努力，争取最好的结果"。②世情教育能够让大学生党员在世界格局中对比和了解中国的方位，国情和党情教育能够让大学生党员在历史过程和今昔比较中把握中国前途命运和中国共产党的时代作为。

在世情方面，教育引导大学生党员认识到，世界格局正处在加快演变的历史进程之中，产生了大量深刻复杂的现实问题，提出了大量亟待回答的理论课题，如一方面和平、发展、合作、共赢的历史潮流不可阻挡；另一方面恃强凌弱、巧取豪夺、零和博弈等霸权霸道霸凌行径危害深重，和平赤字、发展赤字、安全赤字、治理赤字加重等。

在国情方面，教育引导大学生党员认识到，经过改革开放几十年的发展，我国社会矛盾发生变化，中国特色社会主义的历史方位发生变化。中国特色社会主义取得巨大成就，同时也积累了很多问题，如发展不平衡不充分问题仍然突出，高质

---

① 论学习贯彻习近平总书记"7·26"重要讲话精神［M］.北京：人民出版社，2017：56.
② 同上.

量发展存在诸多卡点瓶颈，科技创新能力不强，金融、粮食、能源、产业链供应链安全仍面临威胁，意识形态领域仍面临不少挑战，就业、教育、医疗、托育、养老、住房等关系人民群众生活幸福的诸多方面仍面临不少难题。

第六节 人民至上理念教育

坚持人民至上是马克思主义唯物史观的根本要求，也是中国共产党百年奋斗的重要经验之一。以"始终同人民想在一起、干在一起，风雨同舟、同甘共苦"为主要内容的"两在两同"，彰显了人民至上的根本立场，是中国共产党人初心使命的逻辑必然、百余年奋斗的历史呈现以及赓续伟业的实践要略。新时代新征程上，中国共产党必须以高度的政治自觉、历史自觉与实践自觉践行"两在两同"，确保党永葆先进性和纯洁性、始终走在时代前列，团结带领人民不断夺取中国特色社会主义新胜利。党的二十大报告鲜明指出"必须坚持人民至上"[①]，并将其作为"六个坚持"的首要内容。中国共产党百余年的奋斗历史，"就是一部践行党的初心使命的历史，就是一部党与人民心连心、同呼吸、共命运的历史"[②]。习近平总书记在"七一"重要讲话中号召全党"始终同人民想在一起、干在一起，风雨同舟、同甘共苦"[③]，得到了各级党组织和广大党员的积极响应。以江苏为例，中共江苏省委于 2021 年 7 月在全省党员干部中开展了"两在两同"建新功行动，引领带动全省人民奋力谱写"强富美高"新江苏建设现代化篇章。始终同人民"想在一起、干在一起"，充分彰显了中国共产党践行宗旨、造福人民的价值追求，始终同人民"风雨同舟、同甘共苦"，深刻揭示了中国共产党建立伟业、创造奇迹的力量之源。

新征程上，中国共产党人必须始终坚持以人民为中心的发展思想，带领亿万人民团结奋斗，以中国式现代化全面推进中华民族伟大复兴。大学生党员作为即将参与社会发展中肩负重担的主要力量，必须牢固树立人民至上的发展理念。

一、中国共产党人为民初心使命教育

"两在两同"蕴含着人民至上的深厚情怀和价值取向，是中国共产党人守初心、担使命的生动实践，是战胜一切艰难险阻的根本保证。应当教育大学生党员深刻体

---

① 习近平.高举中国特色社会主义伟大旗帜 为全面建设社会主义现代化国家而团结奋斗——在中国共产党第二十次全国代表大会上的报告［M］.北京：人民出版社，2022：19.
② 习近平谈治国理政：第 4 卷［M］.北京：外文出版社，2022：511.
③ 习近平.在庆祝中国共产党成立 100 周年大会上的讲话［N］.人民日报，2021-07-02（02）.

悟中国共产党人始终把人民作为"源"和"本"，将为最广大人民谋利益而奋斗作为崇高理想，并一以贯之体现到党的全部奋斗之中。

（一）"两在两同"蕴含着中国共产党人的本质追求

教育大学生党员深刻体悟"两在两同"是中国共产党人不懈奋斗的价值旨归，中国共产党人以人民福祉为历史发展和社会前进的目标和追求。马克思恩格斯在《共产党宣言》中庄严宣告："过去的一切运动都是少数人的或者为少数人谋利益的运动。无产阶级的运动是绝大多数人的，为绝大多数人谋利益的独立的运动。"[①] 共产党人"没有任何同整个无产阶级的利益不同的利益"[②]。马克思在为总结巴黎公社革命经验而撰写的《法兰西内战》一文中，深刻阐述了无产阶级革命的根本性质只能是"以人民群众的名义，并且是公开为着人民群众即生产者群众的利益而进行"[③]的革命。中国共产党作为马克思主义政党，在践行"两在两同"的历史进程中，展现了党性和人民性的一致和统一。革命时期，毛泽东提出："共产党人的一切言论行动，必须以合乎最广大人民群众的最大利益，为最广大人民群众所拥护为最高标准。"[④]1945 年，毛泽东在《论联合政府》中进一步提出：要"全心全意地为人民服务，一刻也不脱离群众；一切从人民的利益出发，而不是从个人或小集团的利益出发"[⑤]。随后，党的七大正式把"为人民服务"的思想写进《中国共产党章程》，首次明确"全心全意为人民服务"是中国共产党的根本宗旨和一切行动的指南。改革开放新时期，邓小平指出："人民拥护不拥护、人民赞成不赞成、人民高兴不高兴、人民答应不答应，是全党想事情、做工作对不对好不好的基本尺度。"[⑥]江泽民提出"三个代表"重要思想，强调中国共产党始终代表中国最广大人民的根本利益。胡锦涛提出要践行科学发展观，其核心是以人为本，把人民的利益作为一切工作的出发点和落脚点。党的十八大以来，习近平总书记深入指出，"党的根基在人民、血脉在人民、力量在人民"[⑦]，多次强调要"坚持人民至上"。因此，"两在两同"深刻揭示了中国共产党百余年奋斗史、伟大历史成就与初心使命之间的必然联系，

---

① 马克思恩格斯选集：第 1 卷［M］.北京：人民出版社，1995：283.

② 马克思恩格斯选集：第 4 卷［M］.北京：人民出版社，1995：180.

③ 马克思恩格斯选集：第 3 卷［M］.北京：人民出版社，2009：207.

④ 毛泽东选集：第 3 卷［M］.北京：人民出版社，1991：1096.

⑤ 毛泽东选集：第 3 卷［M］.北京：人民出版社，1991：1094-1095.

⑥ 《新时代爱国主义教育实施纲要》学习读本［M］.北京：人民出版社，2020：172.

⑦ 习近平谈治国理政：第 1 卷［M］.北京：外文出版社，2018：367.

是中国共产党始终站稳人民立场的生动体现，激励着一代又一代中国共产党人砥砺前行。

（二）"两在两同"承载着中国共产党人的历史担当

教育引导大学生党员深刻体悟"两在两同"是中国共产党人不懈奋斗的重要使命，中国共产党人始终依靠人民创造历史伟业的高度思想自觉、政治自觉和行动自觉。正如马克思所说："人们奋斗所争取的一切，都同他们的利益有关。"^①中国共产党是为人民奋斗的政党，党的各项工作和实现人民利益是高度一致的。一百多年来，不管顺境还是逆境，中国共产党人一直把人民放在心中最高位置，从未改变过、动摇过、迟疑过。早在1925年，毛泽东在《政治周报》发刊词中就鲜明提出："为什么要革命？为了使中华民族得到解放，为了实现人民的统治，为了使人民得到经济的幸福。"^②纵观新民主主义革命历史，长期都是在敌强我弱的形势下进行的，为什么中国共产党人能够战胜千难万险，最终取得胜利，就是因为始终坚持并践行"两在两同"。改革开放以来，邓小平多次告诫全党："群众是我们力量的源泉，群众路线和群众观点是我们的传家宝。"^③中国共产党始终注重走群众路线，充分发挥了人民群众的首创精神，将中国特色社会主义事业不断推向前进。党的十八大以来，习近平总书记饱含深厚的人民情怀，深刻指出："任何一项伟大事业要成功都必须从人民中找到根基、从人民中集聚力量、由人民来共同完成"^④。以习近平同志为核心的党中央把"以人民为中心"贯穿治国理政各领域，把"对人民的责任"作为共产党人的庄严承诺，以"我将无我、不负人民"的崇高境界和强烈担当，为人民的利益和幸福而努力奋斗。总体说来，党的最大政治优势是密切联系群众，党执政后的最大危险是脱离群众。反观世界上第一个社会主义国家苏联，也曾取得过辉煌成就，但后来失败了、解体了。苏联共产党为什么垮台？原因固然很多，但其中重要一条就是脱离了人民。这个教训可以说极其沉痛，必须永远警醒。因此，坚持人民至上是保证马克思主义政党不犯颠覆性错误基本前提，始终以"两在两同"的实际行动践行为民宗旨，是中国共产党始终能立于不败之地的根本所在。

---

① 马克思恩格斯全集：第1卷［M］.北京：人民出版社，1995：187.

② 毛泽东文集：第1卷［M］.北京：人民出版社，1993：21.

③ 邓小平文选：第2卷［M］.北京：人民出版社，1994：368.

④ 习近平.汇聚两国人民力量推进中美友好事业——在美国友好团体联合欢迎宴会上的演讲［N］.人民日报，2023-11-17（2）.

（三）"两在两同"彰显着中国共产党人的党性修养

教育引导大学生党员深刻体悟"两在两同"是中国共产党人担当使命的内在要求，也是永葆党的先进性和纯洁性的应然之意。在庆祝中国共产党成立 100 周年大会上，习近平总书记首次提出了"坚持真理、坚守理想，践行初心、担当使命，不怕牺牲、英勇斗争，对党忠诚、不负人民"的伟大建党精神。"两在两同"是伟大建党精神的题中之义，其不仅继承和发扬了党的光荣传统和优良作风，还不断塑造和彰显了中国共产党的光辉党性。正是因为无数中国共产党人做到了"对党忠诚、不负人民"，才能在党的旗帜下团结成"一块坚硬的钢铁"，才能赢得了最广大人民的支持。牢固树立为人民服务的意识，践行党的群众路线，自觉维护人民的利益，是中国共产党始终坚持的优良作风。中华人民共和国成立前夕，毛泽东在党的七届二中全会上提出了"两个务必"的重要思想，警醒全党"务必使同志们继续地保持谦虚、谨慎、不骄、不躁的作风，务必使同志们继续地保持艰苦奋斗的作风"[①]，把党的作风建设上升到关系人心向背的高度。邓小平在党的八大上进一步强调"群众路线是我们党的组织工作中的根本问题，是《中国共产党章程》中的根本问题，是需要在党内反复进行教育的"[②]。党的十八大以来，习近平总书记深刻指出"加强干部作风建设，最重要是要抓住保持同人民群众的血肉联系这个核心问题"[③]，并在党的二十大报告中将"两个务必"升华为"三个务必"，其中，务必谦虚谨慎、艰苦奋斗是党不变的精神力量，务必不忘初心、牢记使命与务必敢于斗争、善于斗争是党与时俱进的时代命题。总的说来，党性作为政党固有的本质属性，不仅代表和反映着党的整体形象，而且表现为党员个体的具体特性，体现在每一名党员的日常思想、言论和行动中。倡导"两在两同"旨在提升中国共产党人的党性修养，擦亮中国共产党人先进性的鲜明标识，对坚持和加强党的全面领导、巩固党的长期执政地位，具有重大而深远的意义。

二、中国共产党人为民奋斗历程教育

回望中国共产党百余年来的奋斗历程，尽管在不同的历史时期党面临的任务不同，但坚持人民至上是一以贯之的。应当教育大学生党员深刻体悟到正是通过"两

---

① 毛泽东选集：第 4 卷［M］.北京：人民出版社，1991：1438-1439.

② 邓小平文选：第 1 卷［M］.北京：人民出版社，1994：216.

③ 习近平关于党的群众路线教育实践活动论述摘编［M］.北京：党建读物出版社，2014：1.

在两同"的生动实践，党深刻回答了"我是谁、为了谁、依靠谁"这一系列根本性问题，确保党永葆旺盛生命力和强大战斗力。

（一）想在一起：坚持全心全意为人民服务的宗旨

教育引导大学生党员深刻体悟中国共产党的根本宗旨就是全心全意为人民服务。对中国共产党人来说，为人民谋利益的宗旨与为实现共产主义而奋斗的目标是完全一致、一以贯之、坚定不移的。始终与人民"想在一起"，坚持"人民立场是中国共产党的根本政治立场，是马克思主义政党区别于其他政党的显著标志"①，也是中国共产党一百多年来的发展逻辑和胜利密码。始终与人民"想在一起"，说到底，就是始终把最广大人民根本利益作为作决策的根本依据，作为定政策的最高标准。纵观党的所有工作，无论是革命时期的武装斗争、建立红色政权，还是中华人民共和国成立后的政治制度建设、经济建设、文化发展、社会治理、生态文明建设等，都以是否符合人民的利益为出发点和评判标准。长期以来，中国共产党把发展作为执政兴国的第一要务，努力让人民过上好日子。特别是党的十八大以来，以习近平同志为核心的党中央将脱贫攻坚作为全面建成小康社会的底线任务，向中国人民立下"军令状"，动员各方力量，组织实施了人类历史上规模最大、力度最强的脱贫攻坚战，形成了伟大的脱贫攻坚精神。在全国上下万众一心的努力下，近一亿农村贫困人口实现脱贫，提前10年实现了《联合国2030年可持续发展议程》减贫目标，历史性地解决了绝对贫困问题，创造了人类减贫史上的奇迹。历史雄辩地证明，中国共产党始终与人民"想在一起"，相信和依靠人民，团结带领中国人民为了美好生活而不懈奋斗。

（二）干在一起：坚持人民是创造历史的根本力量

教育大学生党员深刻体悟党百余年的奋斗历史，深刻理解"历史在人民探索和奋斗中造就了中国共产党，党团结带领人民又造就了历史悠久的中华文明新的历史辉煌"②。新民主主义革命时期，经过大革命、土地革命战争、抗日战争、解放战争，在进步与反动、正义与非正义的较量中，中国共产党始终与人民"干在一起"，不断由弱小走向强大，最终取得新民主主义革命胜利。毛泽东指出"真正的铜墙铁壁是什么？是群众，是千百万真心实意地拥护革命的群众。这是真正的铜墙铁壁，

---

① 习近平谈治国理政：第2卷［M］.北京：外文出版社，2017：40.

② 习近平.在党史学习教育动员大会上的讲话［J］.求是，2021（7）：4-17.

是什么力量也打不破的，完全打不破的"①，"只要我们依靠人民，坚决地相信人民群众的创造力是无穷无尽的，因而信任人民，和人民打成一片，那就任何困难也能克服，任何敌人也不能压倒我们，而只会被我们所压倒"②。社会主义革命和建设时期，中国共产党始终与人民"干在一起"，大力推进社会主义革命和建设，在较短时间内建立起我国独立且相对完整的工业体系和国民经济体系，并在科学技术领域实现重大突破。改革开放和社会主义现代化建设新时期，中国共产党始终与人民"干在一起"，走出一条中国特色社会主义道路，实行家庭联产承包责任制，鼓励乡镇企业发展，建设经济特区，实现了当代人类社会最伟大的经济和社会转型，人民生活从温饱不足跨越到总体小康。中国特色社会主义进入新时代，中国共产党始终与人民"干在一起"，全面建成小康社会，实现了第一个百年奋斗目标，为实现中华民族伟大复兴提供了更加有力的制度保证、物质基础和精神力量。历史充分证明，人民是党的力量源泉，是创造历史的根本力量，始终与人民"干在一起"是中国共产党推进民族复兴伟业的不竭动力。

（三）风雨同舟：团结带领人民战胜一切困难挑战

教育大学生党员深刻体悟一百多年来中国共产党始终与人民"风雨同舟"，命运与共，密切关注群众的愿望和呼声，想群众之所想，急群众之所急，解群众之所忧，千方百计为群众谋利益，并接受群众全过程监督。革命时期，毛泽东就指出，"一切群众的实际生活问题，都是我们应当注意的问题"③，在回答人民民主政权能否跳出"其兴也勃焉""其亡也忽焉"的历史周期率时表示："我们已经找到新路，我们能跳出这周期率。这条新路，就是民主。只有让人民来监督政府，政府才不敢松懈。只有人人起来负责，才不会人亡政息。"④中华人民共和国成立后，毛泽东指出，我们"历来提倡关心群众生活，反对不关心群众痛痒的官僚主义"⑤，对党员干部联系群众作风提出了新要求。改革开放后，邓小平更是把提高人民群众的生活水平作为我们工作的首要出发点和落脚点，他指出："我们一定要根据现在的有利条件加速发展生产力，使人民的物质生活好一些，使人民的文化

① 毛泽东选集：第 1 卷［M］.北京：人民出版社，1991：139.
② 毛泽东选集：第 3 卷［M］.北京：人民出版社，1991：1096.
③ 习近平.在党史学习教育动员大会上的讲话［J］.求是，2021（7）：4–17.
④ 中共中央文献研究室.十六大以来重要文献选编（上）［M］.北京：人民出版社，2005：144.
⑤ 中共中央文献研究室.建国以来重要文献选编：第 8 册［M］.北京：人民出版社，1994：248.

生活、精神面貌好一些"①。党的十八大以来，习近平总书记指出："我们党干革命、搞建设、抓改革，都是为了让人民过上幸福生活。"②面对来势汹涌的新冠疫情，中国共产党始终坚持人民至上、生命至上，举全国之力实施规模空前的生命大救援，不惜一切代价救治病患铸就了伟大抗疫精神，最大限度保护了人民生命安全和身体健康。历史充分证明，面对困难和危险，中国共产党始终能够与人民"风雨同舟"，为人民利益而英勇斗争、不怕牺牲，带领人民战胜前进道路上的一切风险挑战。

（四）同甘共苦：团结带领人民向着美好未来奋进

教育大学生党员深刻体悟中国共产党始终与人民"同甘共苦"，通过一代代人的努力，开创了中国式现代化道路。在党和人民面前，没有别国现成的经验可以借鉴参考。面对发展进程中不断出现的新情况新问题，中国共产党领导人民坚定信念、执着探索，党员干部与人民群众始终战斗在一起、奋斗在一起，坚持独立自主，不断把社会主义事业推向前进。办好中国的事，关键在党，中国共产党始终坚持把国家和民族发展放在自己力量的基点上。从中华人民共和国成立时连一些基本的生活用品都要依靠进口，到如今人工智能、5G 通信、量子技术等已处于国际领先水平，中国共产党团结带领人民依靠独立自主逐步实现了高水平科技自立自强。在社会主义建设实践中，中国共产党团结带领人民持续探索中国特色社会主义道路，提出了许多新观点、新论断，进行着许多新探索、新实践，极大丰富和发展了科学社会主义。科学提出新发展理念，引领中国经济转向高质量发展阶段。中国共产党团结带领人民准确把握世界大势，主动应对世界百年未有之大变局的加速演变，抓住和用好历史机遇，推动构建人类命运共同体，在共建"一带一路"、加强国际抗疫合作、促进世界经济稳定复苏等方面作出了重大贡献，让中国的发展成果惠及世界各国人民。历史充分证明，中国共产党是始终与人民"同甘共苦"的政党，成功走出中国式现代化道路，创造了人类历史上前所未有的发展奇迹。

三、中国共产党人为民实践教育路径

立足新起点，中国共产党既面临难得的历史发展机遇，又面对艰巨复杂的风险与挑战，应当教育引导大学生党员深刻体悟全体共产党人只有坚持人民至上的世界观和方法论，在践行"两在两同"中坚定信念、砥砺品格、凝聚力量，才能不断

---

① 邓小平文选：第 2 卷［M］.北京：人民出版社，1994：128.

② 中共中央宣传部，国家发展和改革委员会.习近平经济思想学习纲要［M］.北京：人民出版社，2022：24.

将人民对美好生活的向往变为现实，才能更好地以中国式现代化推进中华民族伟大复兴。

（一）在践行"两在两同"中永葆对党忠诚的政治本色

教育引导大学生党员深刻体悟中国共产党所领导的中国特色社会主义事业，始终根植于人民的意愿、适应中国和时代发展的要求。当前，国际形势继续发生深刻复杂的变化，百年变局和世纪疫情相互交织，世界进入新的动荡变革期，国内改革发展稳定任务艰巨繁重。习近平总书记深刻指出，"我们现在所处的，是一个船到中流浪更急、人到半山路更陡的时候，是一个愈进愈难、愈进愈险而又不进则退、非进不可的时候"①。战胜风险挑战，实现既定目标，不断推进民族复兴伟大事业，更加要求全体共产党人牢记中国共产党是什么、要干什么这个根本问题，始终践行"两在两同"，始终保持党同人民的血肉联系。一是深刻领悟"两个确立"的决定性意义。"两个确立"既是重大政治成果，也是重大政治原则，是人民至上价值理念和民心所向必然选择的高度统一。坚定捍卫"两个确立"是确保"两在两同"的政治导向和思想基础。因此，广大党员应当把领悟"两个确立"转化为践行"两个维护"的政治自觉、思想自觉、行动自觉，为不断增进民生福祉而努力奋斗。二是坚持和加强党的全面领导。中国共产党为什么能？很重要的原因就在于，始终坚持和完善党的领导制度。维护党中央权威和集中统一领导是确保"两在两同"的必然要求和行动要义，是广大党员的首要政治责任和应尽义务。因此，广大党员应当时时处处与党中央对标对表，着力践行以人民为中心的发展思想，真正做到"民之所忧，我必念之；民之所盼，我必行之"。三是遵循党的章程。《中国共产党章程》是党的根本大法，是全党必须遵循的总规矩，从制度层面明确了"两在两同"的行动指南和实践要求。因此，广大党员应当以《中国共产党章程》为遵循，牢记为民造福是最大政绩，始终以"时时放心不下"的责任感担当作为。无论什么时候、在什么岗位、开展什么工作，都能够自觉增强宗旨意识，树牢群众观点，走深走实新时代党的群众路线，依靠团结奋斗开创社会主义现代化建设新局面。

（二）在践行"两在两同"中坚守人民至上的价值立场

教育引导大学生党员深刻体悟"江山就是人民、人民就是江山，打江山、守江山，守的是人民的心"②，这是中国共产党对马克思主义人民性的最新概括，"江山"

①　中共中央文献研究室.中国共产党简史［M］.北京：人民出版社，2021：489.

②　习近平谈治国理政：第4卷［M］.北京：外文出版社，2022：63

与"人民"是相互统一的。人民至上是以习近平同志为核心的党中央践行党的根本宗旨的理论创新与实践创新。在习近平新时代中国特色社会主义思想中，"人民"二字具有基础性、根本性的地位和作用，人民至上是理论基点、价值支点、实践原点，也是中国共产党治国理政的出发点和落脚点。一是始终把人民放在心中最高位置。从全面建成小康社会，到坚持"动态清零"抗击新冠疫情，从防止资本无序扩张、推动经济高质量发展，到让人民群众在每一个司法案件中感受到公平正义，广大党员必须深刻把握"让人民生活幸福是'国之大者'"，一以贯之把最广大人民的根本利益作为作决策、定政策的最高标准，让人民享有更多实实在在的发展成果。二是用实际行动做好人民公仆。"为政之道，以顺民心为本，以厚民生为本。"广大党员应当不断加强党性修养和道德涵养，正确处理公和私、义和利、是和非、正和邪、苦与乐的关系，把人民群众的小事当作自己的大事，从人民群众关心的事情做起，既要解决群众所思、所盼、所忧、所急，也要从群众中汲取智慧和力量，在贯彻新发展理念、构建新发展格局、推动高质量发展和推进乡村振兴、生态保护、疫情防控、抢险救灾等重大任务中，始终同人民站在一起、想在一起、干在一起。三是以人民满意作为评判标准。习近平总书记深刻指出，时代是出卷人，我们是答卷人，人民是阅卷人。中国共产党的一切工作的评判标准，都是人民是否真正受益，并且由人民群众来评判。这就是党和国家的各项事业发展的"基准线""定盘星"。因此，广大党员应当始终以群众评价作为自己的工作准绳，经常思考是否符合群众利益，哪些还需要改进，真正使党和人民事业始终体现群众意愿，经得起实践、人民和历史的检验。

（三）在践行"两在两同"中担起民族复兴的使命责任

教育引导大学生党员深刻体悟中国特色社会主义事业是中国人民自己的事业，只有充分发挥人民的创造性和主动性，才能实现国家富强昌盛、社会长治久安。因此，广大党员应当始终坚持马克思主义唯物史观，坚定历史自信，发扬历史主动，以"两在两同"的奋斗姿态，做到尊重人民主体地位和全心全意为人民服务的有机统一，团结带领人民将新时代中国特色社会主义不断推向前进。一是与人民共同擘画复兴伟业。中国共产党始终与人民想在一起、干在一起，共同擘画中华民族伟大复兴的战略谋划与总体设计，明确了新时代新征程党的中心任务。这更加要求全体中国共产党人为实现人民对美好生活的向往而不懈奋斗，完整、准确、全面贯彻新发展理念，始终以"两在两同"的使命践行扎实推进和拓展中国式现代化。二是与人民共同战胜艰难险阻。新征程上，党和国家事业面临着越来越复杂严峻的风险考验，伟大梦想需要依靠伟大斗争来实现。习近平总书记深刻指出，"人民永远是我们最坚实的依托、最强大的底气"①。中国共产党始终与人民风雨同舟、同甘共苦，知难而进，迎难而上，以强烈的忧患意识，做到居安思危、未雨绸缪，依靠顽强斗争打开事业发展的新天地。三是与人民共同贡献智慧力量。人民群众中蕴藏着治国理政、管党治党的无穷智慧和力量，在新时代新征程实现党的使命任务要尊重群众、依靠群众，更要激发群众的首创精神。因此，必须一以贯之坚持发展社会主义民主政治，更好地把人民民主的制度优势转化为党和国家的治理效能，始终与人民群众一道以主人翁精神为新时代党的历史使命而努力奋斗。

---

① 习近平.在二十届中共中央政治局常委同中外记者见面会上的重要讲话［N］.人民日报，2022-10-23（01）.

第七节 历史主动精神与忧患意识教育

新征程上,我国发展面临新的战略机遇、新的战略任务和新的战略要求,需要解决的矛盾和问题比以往更加尖锐突出。伴随着国际形势剧烈变化,世界经济复苏乏力,局部冲突和动荡频发,全球性问题加剧,我国发展面临的外部环境风险空前上升。与此同时,国内的经济发展进入新常态,改革进入攻坚期和深水区,国家治理体系尚存在短板和弱项,面临着一系列严峻的风险挑战。中国共产党正面临着更加错综复杂的风险挑战和具有许多新的历史特点的伟大斗争。习近平总书记深刻指出,"越是接近目标,越需要全党同志增强信心、勠力同心,保持忧患意识、增强斗争精神,沉着应对各种风险挑战"①。2024年全国教育工作会议强调,要"锚定2035年建成教育强国目标,必须跳出教育看教育,聚焦推进中国式现代化这个最大的政治,深刻认识教育强国建设的主攻方向和战略布局,增强历史主动精神和战略思维,书写好以教育强国建设支撑引领中国式现代化的新篇章"②。为此,笔者认为,结合当前形势,新时代大学生党员教育还十分有必要加强历史主动精神教育和忧患意识教育。

一、历史主动精神与忧患意识

党的二十大报告强调,"全党同志务必不忘初心、牢记使命,务必谦虚谨慎、艰苦奋斗,务必敢于斗争、善于斗争,坚定历史自信,增强历史主动"③,深刻指出"我们必须增强忧患意识,坚持底线思维,做到居安思危、未雨绸缪"④。中国共产党人的历史主动精神与忧患意识至关重要,且两者紧密关联。要加强大学生党员的历史主动精神与忧患意识教育,首先应当厘清两者的内在关系。

---

① 习近平在"不忘初心、牢记使命"主题教育工作会议上强调 守初心担使命 找差距抓落实确保主题教育取得扎扎实实的成效[N].光明日报,2019-06-01(01).

② 教育部.2024年全国教育工作会议召开[EB/OL].[2024-01-11]. http://www.moe.gov.cn/jyb_xwfb/gzdt_gzdt/moe_1485/202401/t20240111_1099814.html.

③ 习近平.高举中国特色社会主义伟大旗帜 为全面建设社会主义现代化国家而团结奋斗——在中国共产党第二十次全国代表大会上的报告[M].北京:人民出版社,2022:1-2.

④ 习近平.高举中国特色社会主义伟大旗帜 为全面建设社会主义现代化国家而团结奋斗——在中国共产党第二十次全国代表大会上的报告[M].北京:人民出版社,2022:26.

（一）加强大学生党员历史主动精神与忧患意识教育的重要意义

在全社会大力倡导发扬历史主动精神与保持忧患意识，是推动国家长治久安和社会文明进步的宝贵经验。新时代大学生党员是中国特色社会主义事业继往开来的希望所在，是全面建设社会主义现代化国家的关键力量。因此，要全面落实立德树人根本任务，就十分有必要加强大学生党员的历史主动精神与忧患意识教育，不断涵养其家国情怀以及为国为民主动分忧解忧的担当意识和能力素养。

1. 有利于培养堪当民族复兴重任的时代新人

中国共产党一直以来重视对大学生党员的忧患意识教育。从诞生之日起，党就十分注重对青年学生党员进行历史主动精神与忧患意识教育，在各个不同时期有针对性地引导广大青年学生党员在积极为国分忧、为民解忧中实现人生理想与人生价值，为锻造中国革命、建设和改革事业亟须的优秀青年人才发挥了至关重要作用。中国特色社会主义进入了新时代，中华民族迎来了实现伟大复兴的光明前景。习近平总书记强调："前进的道路不可能一帆风顺，越是前景光明，越是要增强忧患意识，做到居安思危，全面认识和有力应对一些重大风险挑战。"①因此，要把新时代的大学生党员培养成为堪当民族复兴重任的时代新人，就应当把涵养其历史主动精神与忧患意识作为大学生党员教育一项不可或缺的重要内容。一方面，中华民族伟大复兴的战略全局同世界百年未有之大变局并存，各种有利条件与不利因素相互交织，必然导致在前进过程中会遇到各种各样的风险挑战。统筹安全与发展，要求新时代的大学生党员时刻发扬历史主动精神，在永葆忧患中洞悉形势变化并做到防患于未然和化危为机。另一方面，高校对标"培养堪当民族复兴重任的时代新人"的战略目标进行办学治校，理应把历史主动精神与忧患意识教育贯穿于落实立德树人根本任务的全过程。通过有效的历史主动精神与忧患意识教育，引导大学生党员把心系国家安危、民族兴衰和人民福祉作为其"立大志、明大德、成大才、担大任"的应然要求，自觉为党和人民的事业发展担重任、克难关、作贡献。

2. 有利于弘扬我国优秀传统文化

历史主动精神与忧患意识广泛体现于中华优秀传统文化、革命文化和社会主义先进文化等诸多优秀文化形态之中。中国古代先贤们"生于忧患、死于安乐"的警醒、"先天下之忧而忧"的情怀以及"安而不忘危，存而不忘亡，治而不忘乱"

---

① 中共中央宣传部.习近平新时代中国特色社会主义思想学习纲要［M］.北京：学习出版社，2019：184.

的治理经验等都蕴含着丰富且鲜明的历史主动精神与忧患意识，为中华民族虽屡经磨难却仍得以绵延不绝、生生不息提供了重要的精神滋养。中国共产党在团结带领人民进行革命、建设、改革进程中提出的"两个务必"的要求、面临"四大危险"的警示以及"行百里者半九十"的自省自励等，既是夺取革命胜利和建设社会主义的宝贵经验，也是推进中国特色社会主义的重要价值遵循。高校的基本职能包含文化传承创新，推动优秀传统文化的创造性转化和创新性发展，推动革命文化和社会主义先进文化在传承中弘扬与拓新，其重中之重任务是培育和践行社会主义核心价值观，做到以文化人、以文育人。因此，高校在培养堪当民族复兴重任的时代新人的探索实践中，十分有必要加强对作为民族精神特质之一的历史主动精神与忧患意识教育，努力把我国诸多优秀传统文化蕴含的历史主动精神与忧患意识传递给全体大学生党员。特别是要引导并助力大学生党员充分认识到传承弘扬优秀文化与实现中华民族伟大复兴中国梦的内在统一性，高度认同诸多优秀传统文化中的忧国忧民价值取向，树立正确的历史主动与忧患观念，使其内化于心、外化于行，为增强其预判风险、化危为机的能力素质提供相应的思想基础和文化熏陶。

3. 有利于促进高校思政工作提升

"深入开展思想政治教育""增强忧患意识、发扬斗争精神，广泛开展防范化解重大风险宣传教育"，是新时代加强和改进思想政治工作的重要内容[①]。中国共产党的历史主动精神与忧患意识蕴含着对社会主义建设和人类发展规律的深刻认知，也体现了中国共产党人的崇高精神境界，与时代新人应然的价值追求和精神面貌塑造相契合，因而能够为时代新人成才成长提供巨大的精神动力。加强对大学生党员的历史主动精神与忧患意识教育，有助于坚定大学生党员的理想信念，厚植其爱国主义情怀，引导其自觉地加强品德修养和涵养奋斗精神，成为名副其实的筑梦人和担当者。长期以来，我国高校高度重视思想政治工作，将历史主动精神与忧患意识教育作为大学生党员思想政治教育的重要内容，在内涵挖掘、内容拓展、教育实践等方面均取得了一定成效，在德智体美劳全面发展的社会主义建设者和接班人培养过程中起到了重要作用。但不可否认，历史主动精神与忧患意识教育在高校人才培养过程中的融入相对而言还比较欠缺，突出反映在教育理念不够清晰、教育方式不够多元、教育成效不够明显等方面。特别是当代大学生党员肩负着实现中华民

---

① 中共中央国务院印发《关于新时代加强和改进思想政治工作的意见》[N].人民日报，2021–07–13（01）.

族伟大复兴的历史重任，目前他们的历史主动精神与忧患意识状况与党和人民的期盼以及胜任急难险重任务相比还存在差距。当前，一些学生关心集体利益、关切社会发展、关注国家战略需求还不够，个别学生仅仅关注自己的小生态、小格局，热衷于贪图享乐，跳不出自我封闭的狭小天地，忽视了将个人价值实现和国家发展需要紧密结合。因此，高校有必要将历史主动精神与忧患意识教育深度融入人才培养全过程，引导学生想国家之所想、急国家之所急、应国家之所需，在发扬历史主动精神与增强忧患意识中爱国奉献。特别是要教育引导大学生党员从国家战略和社会需要中强化使命担当，从学习英雄模范和先进楷模的优秀事迹中提升道德情操，始终居安思危，在忧患中奋发进取，永不懈怠地投身党和人民的事业，牢牢掌握历史主动。

（二）历史主动精神与忧患意识的内在关系

历史主动精神与忧患意识往往是相互共生、互相促进的。历史主动精神一般是指作为历史主体的人自觉发挥主观能动性，担当历史使命，勇于创造历史、推动社会发展的精神品质，是百余年来中国共产党领导人民赢得伟大斗争、开创伟大事业的重要法宝和力量源泉。忧患意识是指作为历史主体的人的一种精神自觉，是人对社会历史的命运、前途、生存和发展的自觉关注，并由此产生一种担当感和责任感、使命感，进而力求突破困难时的心理状态。尽管从字面含义而言，忧患意识并无明显的褒贬之分，但从话语表达的通常语境而言，忧患意识往往强调个体对超越自身利益之上的集体、社会、国家的担忧以及为之分忧解忧的思想与情感，而非指某一个体或群体对自身利益、前途乃至命运的患得患失。

要教育引导大学生党员认识到，永葆强烈的忧患意识，是中国共产党人发扬历史主动精神的题中之义，是其忧党、忧国和忧民的总体呈现，体现出中国共产党人在马克思主义科学理论的指导下，践行初心使命的政治自觉和理论自觉，在社会历史实践中的主体能动作用，以及对马克思主义政党执政规律的主动探索。要探讨中国共产党人的历史主动精神与忧患意识的内在关系，就不得不从党的百余年奋斗历史中寻找答案。作为"生于忧患、成长于忧患、壮大于忧患的政党"①，中国共产党在革命、建设、改革和新时代各个时期始终以强烈的忧患意识应对重重考验，这是中国共产党人发扬历史主动精神的题中之义和重要呈现。正是因为中国共产党人具有强烈的历史主动精神，才能勇于克服发展中遇到的重重困难和严峻考验，科

---

① 习近平关于防范风险挑战、应对突发事件论述摘编［M］.北京：中央文献出版社，2020：15.

学看待并及时纠正各种错误,培育出科学积极的忧患意识,确保党不断取得新的胜利;也正是由于中国共产党人始终怀有强烈的忧患意识,才能坚持底线思维,不断提升防范化解风险的能力,进而以强烈的历史主动精神推动社会主义事业沿着正确的方向不断向前发展。

1. 永葆忧患意识呈现了中国共产党人践行初心使命的政治自觉和理论自觉

教育引导大学生党员深刻领悟初心使命集中反映了一个政党是什么、要干什么这一根本问题,是中国共产党人忧患意识最初生成的底层逻辑。马克思恩格斯认为历史是人主体能动地创造。列宁进一步指出,"马克思最重视的是工人阶级奋不顾身积极创造世界历史的行动"[①],"群众生气勃勃的创造力正是新的社会生活的基本因素"[②]。中国共产党一经成立,就主动肩负起救国救民的历史使命,满怀忧患地探寻救亡图存的道路,最终决定选择社会主义道路,并把实现共产主义作为最高理想。中国共产党的初心使命源于马克思和恩格斯在《共产党宣言》中所确定的马克思主义政党的性质、宗旨、理想、目标,以及共产党人的理论原则和战略策略。马克思指出:"过去的一切运动都是少数人的,或者为少数人谋利益的运动。无产阶级的运动是绝大多数人的,为绝大多数人谋利益的独立的运动。"[③]这深刻表明了马克思主义政党是为了维护无产阶级的利益,实现全人类的解放而诞生的。百余年来,中国共产党矢志不渝践行初心使命,其肩负的远大志向和走过的艰辛历程又不断赋予中国共产党人增强忧患意识的强大动力,使党成为最具有历史主动精神的先进政治力量。党的初心使命是党的性质宗旨、理想信念和奋斗目标的集中体现。作为马克思主义政党,中国共产党除了忠实地代表工人阶级和人民群众的根本利益以外,没有其他任何特殊利益,党的根本宗旨就是全心全意为人民服务。毛泽东在阐述中国共产党的立场和宗旨时指出,"全心全意地为人民服务,一刻也不脱离群众;一切从人民的利益出发,而不是从个人或小集团的利益出发;向人民负责和向党的领导机关负责的一致性;这些就是我们的出发点"[④]。邓小平强调"全心全意为人民服务,一切以人民利益作为每一个共产党员的最高准绳"[⑤],并指出"各项工作都要有助于建设有中国特色的社会主义,都要以是否有助于人民的富裕幸福,

① 晚年毛泽东的艰苦探索 [M].陕西:人民出版社,2008:59.
② 列宁全集:第33卷 [M].北京:人民出版社,1985:6.
③ 马克思恩格斯选集:第1卷 [M].北京:人民出版社,1995:283.
④ 毛泽东选集:第3卷 [M].北京:人民出版社,1991:1094-1095.
⑤ 邓小平文选:第1卷 [M].北京:人民出版社,1994:257.

是否有助于国家的兴旺发达，作为衡量做得对或不对的标准"①。江泽民提出，"我们党来自人民，植根于人民，服务于人民。建设有中国特色社会主义全部工作的出发点和落脚点，就是全心全意为人民谋利益"②。胡锦涛进一步指出，"要坚持以人为本的科学发展观，始终保持党同人民群众的血肉联系"③。党的十八大以来，习近平总书记反复强调，"中国共产党人的初心和使命，就是为中国人民谋幸福，为中华民族谋复兴"④，这是对全心全意为人民服务在新时代的生动诠释，也是激励中国共产党人不断前进的根本动力。然而初心易得，始终难守。在长期执政条件下，一些弱化党的先进性、损害党的纯洁性的因素始终存在，违背初心和使命、动摇党的根基的危险尚未解除，如何不让初心使命蒙尘褪色、干涸枯萎，这就要求中国共产党人必须始终以强烈的历史主动精神不断增强忧患意识。事实证明，只有不断发扬历史主动精神、增强忧患意识，才能确保党始终成为中国工人阶级的先锋队、中国人民和中华民族的先锋队，成为中国特色社会主义事业的领导核心。

2. 永葆忧患意识呈现了中国共产党人在社会历史实践中的主体能动作用

教育引导大学生党员深刻领悟唯物史观作为马克思主义政党发扬历史主动精神的思想基础，科学阐明了人类历史发展的客观规律，深刻指出人民群众是历史的创造者，这是中国共产党人忧患意识得以发展的根基所在和价值旨归。马克思指出，"人们自己创造自己的历史，但是他们并不是随心所欲地创造，并不是在他们自己选定的条件下创造，而是在直接碰到的、既定的、从过去承继下来的条件下创造"⑤。他充分肯定了法兰西内战中的巴黎工人起义是勇于争取利益和政权的伟大革命："这些巴黎人，具有何等的灵活性，何等的历史主动性，何等的自我牺牲精神！"⑥高度赞扬了世界上第一个无产阶级政权的伟大尝试所表现出来的历史主动精神。作为世界上最具进步性和革命性的政党，共产党人始终坚守历史主动的优良传统和精神品格，在不同历史阶段下积极主动地深怀忧患，为大多数人的幸福谋划长远、奋斗担当。毛泽东指出，"'自由是必然的认识'——这是旧哲学家的命题。

① 邓小平文选：第 3 卷［M］．北京：人民出版社，1993：23.
② 江泽民文选：第 2 卷［M］．北京：人民出版社，2006：45.
③ 党员教育培训学习辅导［M］．北京：人民出版社，2020：127.
④ 中国共产党简史［M］．北京：人民出版社，中共党史出版社，2021：462.
⑤ 马克思恩格斯文集：第 2 卷［M］．北京：人民出版社，2009：470–471.
⑥ 马克思恩格斯选集：第 4 卷［M］．北京：人民出版社，1995：599.

'自由是必然的认识和世界的改造'——这是马克思主义的命题"[①]。社会形态的更替与历史发展具有不以人的意志为转移的必然性，但与此同时，人在其中并不是完全消极被动的。在尊重和把握历史发展规律的基础上，人具有其自主的历史选择性，可以充分发挥其主观能动性认识和改造客观世界。正是秉持着高度的历史主动精神，始终自觉增强忧患意识，中国共产党人才能不断立足新的历史条件，塑造新的政治优势，永远保持积极能动的实践状态。在生死斗争和艰苦奋斗中，党始终以强烈的忧患意识应对并战胜了各种风险挑战，形成了以伟大建党精神为源头的精神谱系。从新民主主义革命时期形成系列革命精神，到社会主义革命和建设时期发扬艰苦奋斗精神，再到改革开放和社会主义现代化建设新时期培育改革开放精神，特别是到中国特色社会主义新时代弘扬爱国奋斗精神，都是中国共产党人在不同历史时期发扬历史主动精神、保持忧患意识的具体体现。与此同时，中国共产党深刻认识到，社会主义事业发展不仅仅要依靠广大党员，更应充分发挥人民群众的伟大力量。建党百余年来，中国共产党始终注重增强洞察、把握和引领中国实践的忧患意识，始终坚持依靠人民，确保党永葆自身的先进性和纯洁性，确保党始终走在时代前沿，带领并依靠人民群众积极推动历史发展，充分发挥人民群众创造历史的主观能动性，激发了全体人民作为历史主体的创造力，形成了对社会主义建设规律和人类社会发展规律的正确认识，团结带领人民创造了一个个彪炳史册的伟大成就。

3. 永葆忧患意识呈现了中国共产党人对马克思主义政党执政规律的主动探索

教育引导大学生党员深刻领悟一个马克思主义政党如何才能实现长期执政，是中国共产党在新的历史条件下必须回答好的重大命题之一，也是中国共产党人忧患意识不断强化的必然选择。早在领导创立马克思主义政党时，马克思恩格斯就在《共产党宣言》中明确阐述了马克思主义政党与其他非无产阶级政党相比所具有的独特优势，指出"共产党人是各国工人政党中最坚决的、始终起推动作用的部分"[②]。列宁在创建新型无产阶级政党和领导俄国革命的斗争中强调，"党是阶级的先进觉悟阶层，是阶级的先锋队"[③]。马克思主义政党以其先进性，肩负着发扬历史主动精神、掌握历史主动的伟大使命。中国共产党要发挥马克思主义政党的独特优势，实现长期执政，就必须始终以历史主动精神不断推进全面从严治党，满怀

---

① 毛泽东文集：第2卷 [M]. 北京：人民出版社，1993：344.

② 马克思恩格斯选集：第1卷 [M]. 北京：人民出版社，1995：285.

③ 列宁全集：第24卷 [M]. 北京：人民出版社，1990：38.

忧患意识地投身自我革命的实践洪流中。一方面，中国共产党人始终自觉地把马克思主义基本原理同中国具体实际相结合、同中华优秀传统文化相结合，在实践探索基础上不断形成与时俱进的理论成果，从而把党锻造得更加坚强有力。早在1939年，毛泽东就在《〈共产党人〉发刊词》中正式提出中国共产党作为马克思主义政党建设的目标，即"建设一个全国范围的、广大群众性的、思想上政治上组织上完全巩固的布尔什维克化的中国共产党"①。改革开放以来，邓小平提出要"把党建设成为领导社会主义现代化事业的坚强核心"②。党的十八大以来，以习近平同志为核心的党中央把"党政军民学，东西南北中，党是领导一切的"③写入党章，把"中国共产党领导是中国特色社会主义最本质的特征"④写入宪法，把对马克思主义政党执政规律的认识提升到了一个新的高度。另一方面，先进的马克思主义政党并不是与生俱来的，而是在不断的自我革命中淬炼而成的。回顾党的奋斗历程，正是因为勇于自我革命，党才能够在危难之际绝处逢生、失误之后拨乱反正，成为永远打不倒、压不垮的马克思主义政党。其中既有对中华文明历史经验和智慧的汲取，也有对世界社会主义运动的历史经验特别是苏联惨痛教训的反思，更是对党的自身建设实践经验的深刻总结。习近平总书记指出，"我们党历史这么长、规模这么大、执政这么久，如何跳出治乱兴衰的历史周期率？毛泽东同志在延安的窑洞里给出了第一个答案，这就是'只有让人民来监督政府，政府才不敢松懈'。经过百年奋斗特别是党的十八大以来新的实践，我们党又给出了第二个答案，这就是自我革命"⑤。百余年来，中国共产党人自觉以历史主动精神在波澜壮阔的伟大实践中增强了推进自我革命的忧患意识，以坚持全面从严治党为目标和抓手，全面推进党的自我净化、自我完善、自我革新、自我提高，使党能够永葆先进性、纯洁性，始终获得人民衷心拥护。

二、历史主动精神教育

发扬历史主动精神，是习近平总书记提出的一个重要论断，也是向全党发出

① 毛泽东选集：第2卷［M］.北京：人民出版社，1991：602.

② 十二大以来重要文献选编（上）［M］.北京：人民出版社，1986：47.

③ 习近平.决胜全面建成小康社会 夺取新时代中国特色社会主义伟大胜利：在中国共产党第十九次全国代表大会上报告［M］.北京：人民出版社，2017：20.

④ 习近平.决胜全面建成小康社会 夺取新时代中国特色社会主义伟大胜利：在中国共产党第十九次全国代表大会上报告［M］.北京：人民出版社，2017：20.

⑤ 习近平谈治国理政：第4卷［M］.北京：外文出版社，2022：541.

的一个伟大号召。深入学习领会习近平总书记关于发扬伟大的历史主动精神的重要论断，对于大学生党员深刻把握马克思主义政党的独特优势，深刻理解党创造伟大成就的制胜秘笈，牢记新时代新征程上全党肩负的伟大历史使命，走好新的赶考之路，具有重大历史意义和现实意义。

（一）中国共产党人发扬历史主动精神的历程教育

教育引导大学生党员深刻领悟历史主动精神是中国共产党人在科学把握历史规律的自信中，主动担当使命，勇于创造历史、自觉推动社会进步的优秀精神品质。正因如此，党才能在千锤百炼中将历史主动精神内化为精神自觉，准确判断所处历史方位，并作出正确抉择，彰显了中国共产党人在革命、建设、改革和新时代各个时期一以贯之的历史主动精神。

1. 新民主主义革命时期：发扬救亡图存、争取解放的历史主动精神

中国共产党成立之初，中华民族正饱受战乱、灾难深重，面对敌强我弱的险恶生存环境和残酷的斗争，中国共产党非但没有在困难和敌人面前退缩，而是发扬了救亡图存、争取解放的历史主动精神。在这一时期，中国共产党人的历史主动精神表现就是通过艰辛探索和浴血奋战，锻造出更加成熟的马克思主义政党，进而领导探索出正确的中国革命道路。党顺应革命发展形势，鲜明提出了反帝反封建的民主革命纲领，努力推动国共第一次合作。面对革命事业遭到的巨大损失，中国共产党没有被挫折击垮，而是反复思考，主动探索中国革命的实践规律，制定正确的路线方针政策，以更加强烈的历史主动精神注重保持自身独立性、争取革命领导权。随后，毛泽东提出了"政权是由枪杆子中取得的"[1]的科学论断，《中国共产党中央执行委员会告全党党员书》强调"中国共产党从群众运动里发展成了伟大的力量"[2]，告诫全党要广泛组织工农群众开展革命斗争，为当时处于混乱涣散中的党指明了方向。抗日战争时期，面对党员数量迅速增加带来的思想觉悟不高、革命经验不足等新问题，中国共产党主动适应形势发展和党的建设任务，以强烈的历史主动精神进一步增强党的先进性和战斗力。毛泽东强调，要"用全力从思想上、政治上、组织上巩固我们的党"[3]。同时，从世界反法西斯战争和中国人民抗日救亡强烈愿望的大势出发，党促成了抗日民族统一战线的形成，并始终保持了自身的独立

① 毛泽东文集：第1卷［M］.北京：人民出版社，1993：47.

② 中央档案馆.中共中央文件选集：第3卷［M］.北京：中共中央党校出版社，1989：251.

③ 毛泽东选集：第2卷［M］.北京：人民出版社，1991：617.

性，团结带领人民救亡图存，赢得了抗日战争的伟大胜利。抗战结束后，中华民族面临着两个前途、两种命运的决战，中国共产党主动探索历史发展规律，以强烈的历史主动精神有力推进了民族独立、人民解放的历史进程。党顺应时代潮流和人民意愿，带领人民众志成城地推翻了帝国主义、封建主义以及官僚资本主义三座大山，解放了全中国，取得了新民主主义革命的伟大胜利。在革命斗争中，针对党内存在的主观主义、宗派主义、党八股等不良作风，党主动地思考党的自身建设问题并通过整风运动推进党的思想与作风建设，进一步增强了党的思想建设的成效。与此同时，党提出和实施党的建设伟大工程，坚持民主集中制，发扬理论联系实际、密切联系群众、批评和自我批评的三大优良作风，为抗日战争胜利和新民主主义革命在全国的胜利奠定了重要的思想政治基础，实现了全党新的团结和统一。在 28 年的浴血奋战中，党始终以强烈的历史主动精神把握历史发展规律和大势，领导人民夺取了新民主主义革命的伟大胜利，为强国建设、民族复兴奠定了重要前提。

2. 社会主义革命和建设时期：发扬时不我待、兴业图强的历史主动精神

中华人民共和国成立之初，面对满目疮痍、一穷二白的局面以及帝国主义国家的遏制和封锁，在没有现成经验可借鉴的境遇下，中国共产党人发扬了时不我待、兴业图强的历史主动精神。在这一时期，中国共产党人的历史主动精神表现为自力更生、发奋努力，巩固新生的人民政权，推进社会主义建设，不断深化关于如何迅速摆脱国家贫穷落后的面貌，维护中华人民共和国的安全，避免被开除"球籍"的认识，加强党在执政条件下的自身建设。党适时提出过渡时期总路线，实施"一化三改"，进行生产资料公有制改造，努力探索适合中国国情的社会主义建设道路，创造性地解决了许多复杂问题。社会主义制度确立后，基于中苏关系恶化和国际形势日趋复杂严峻，党带领人民心怀忧患，以独立自主、自力更生的精神面貌向科学进军、向荒原进军。党的八大正确分析国内形势，明确提出国内主要矛盾是人民对于建立先进的工业国的要求同落后的农业国的现实之间的矛盾，是人民对于经济文化迅速发展的需要同当前经济文化不能满足人民需要的状况之间的矛盾，着力探索适合中国国情的社会主义建设道路，进而使我国尽快地从落后的农业国变为先进的工业国。尽管其间经历了一些曲折，但党能够及时纠正错误，在挫折中奋起，取得了一系列独创性理论成果和巨大成就。党中央清醒认识到工业建设是个大问题，中国有自身实际，不能完全照搬照抄苏联，强调"最重要的是要独立思考，把马列主义的基本原理同中国革命和建设的具体实际相结合"①。经过几个五年计划的实施，我国建立起了独立且相对完整的工业体系和国民经济体系，"两弹一星"等国防科技取得重大突破。在外交方面，党主动把握外交格局转变带来的新机遇，适时调整外交战略，以强烈的历史主动精神独立自主开展和平外交，推动恢复中华人民共和国在国际上的相关合法权利，推动国际社会扩大对一个中国原则的认同，赢得国际社会特别是广大发展中国家尊重、赞誉和支持。在党的自身建设方面，党中央满怀忧患，清醒看到胜利后党在革命年代形成和保持的优良作风受到极大挑战，如不及时加以整顿，即将有脱离群众的危险，进一步发扬了发愤图强、勇于自我革命的历史主动。1950 年，党中央发出《关于在全党全军进行大规模整风运动的指示》，重点是克服党内尤其是领导干部中的居功自傲情绪、命令主义作风，以及少数人贪污腐化、违法乱纪等错误。1951 年，又发出《中共中央政治局扩大会议要点》，对党的基层组织进行有计划、有准备、有领导的普遍整顿。1957 年，针对党内存在的"三害"，即主观主义、官僚主义和宗派主义现象，全党又开展了一次开门整风运动。经过集中整顿和思想教育，有力增强了党的先进性和纯洁性，增进了全党的团结，也积累了党的自身建设的宝贵经验。社会主义革命和建设时期，党团结带领人民始终怀有强烈的历史主动精神，完成了中华民族有史以来最为广泛而深刻的社会变革，为后续一切发展奠定了根本政治基础和制度保障。

3. 改革开放和社会主义现代化建设新时期：发扬改革进取、开拓创新的历史主动精神

改革开放之初，面对我国与西方发达国家在经济、科技、民生等多个领域存在的巨大差距，在国家穷困、人民生活困难、生产力低下的情况下，中国共产党人发扬了改革进取、开放拓新的历史主动精神。在这一时期，中国共产党人的历史主动精神表现为改革进取、开放拓新，凝心聚力解放发展生产力，实现科学发展。中国共产党发扬实事求是的优良传统，开启了以改革开放为鲜明标志的伟大历程，成功开辟了中国特色社会主义道路。党领导开展了真理标准问题大讨论，邓小平深刻指出，"一个党，一个国家，一个民族，如果一切从本本出发，思想僵化，迷信盛行，那它就不能前进，它的生机就停止了，就要亡党亡国"②。在党和国家面临何去何从的重大历史关头，中国共产党在强烈的忧患中，果断结束了"以阶级斗争为纲"

---

① 毛泽东年谱（一九四九——一九七六）：第 2 卷［M］.北京：中央文献出版社，2013：557.

② 中共中央文献研究室.中国共产党简史［M］.北京：人民出版社，2021：223.

的口号，有力推动将工作重心转移到经济建设上来，作出改革开放的伟大决策。为推动改革开放，党明确了我国社会的主要矛盾是人民日益增长的物质文化需要同落后的社会生产之间的矛盾，并将解决这个矛盾作为当时的中心任务。围绕什么是社会主义、怎样建设社会主义这一根本问题，邓小平在党的十二大上指出，要"把马克思主义的普遍真理同我国的具体实际结合起来，走自己的道路，建设有中国特色的社会主义"①。党的十二大把 20 世纪末的奋斗目标由先前的实现"四个现代化"改为实现小康，从战略指导上解决了长期存在的急于求成问题。党的十三届四中全会以后，世界社会主义出现严重曲折，国内外形势复杂，中国共产党牢牢掌握锐意进取、艰苦奋斗的历史主动，加快推进我国经济建设和发展。党确立了社会主义市场经济体制的改革目标，确立了公有制为主体、多种所有制经济共同发展的经济制度。江泽民指出，"'社会主义'这几个字是不能没有的，这并非多余""我们的创造性和特色也就体现在这里"②。将社会主义和市场经济有机结合，是党在结合自身国情前提下对马克思主义的创造性发展，对社会主义发展具有重要贡献。党的十六大以后，面对新形势下实现什么样的发展、怎样发展等重大问题，中国共产党主动思考，深刻提出了以人为本的科学发展观。党下大力气来保障和改善民生，以促进社会的公平正义，并时刻注重加强党的执政能力建设、先进性建设，始终坚持并推动中国特色社会主义不断发展。胡锦涛指出，"坚持以人为本，树立全面、协调、可持续的发展观，促进经济社会和人的全面发展"③。改革开放和社会主义现代化建设新时期，党领导人民汲取此前的成功经验，同时也取鉴于其间的反面经验，终于找到了既坚持马克思主义真理又从中国实际出发的中国特色社会主义道路，人民生活从温饱不足到总体小康并奔向全面小康，中国大踏步地赶上了时代。

4. 中国特色社会主义新时代：发扬勇毅前行、强国复兴的历史主动精神

党的十八大以来，面对中华民族伟大复兴战略全局和世界百年未有之大变局，中国共产党人发扬了勇毅前行、强国复兴的历史主动精神。在这一时期，中国共产党人的历史主动精神表现为坚定自信、开创未来，推进全面从严治党不断向纵深发展，不断提高党的自我净化、自我完善、自我革新、自我提高能力，探索出依靠自

---

① 中共中央文献研究室. 中国共产党简史［M］. 北京：人民出版社，中共党史出版社，2021：240.

② 中共中央文献研究室. 中国共产党简史［M］. 北京：人民出版社，中共党史出版社，2021：286–287.

③ 中共中央文献研究室. 中国共产党简史［M］. 北京：人民出版社，中共党史出版社，2021：338.

我革命跳出"历史周期率"的正确路径，把新时代党的建设新的伟大工程推进到新阶段。习近平总书记在二十届中央纪委三次全会上深刻阐述了党的自我革命的重要思想，明确提出了"九个以"的实践要求，充分体现了党中央坚定不移推进党的自我革命的政治决心，为深入推进全面从严治党、党风廉政建设和反腐败斗争指明了方向。这就要求全党以"永远在路上"的政治自觉，增强历史主动精神，把党建设得更加坚强有力。在推动全面深化改革上，党坚持向广度和深度拓展，基本确立了各领域的基础性制度框架，推动实现中国特色社会主义制度更加成熟，国家治理体系和治理能力现代化水平不断提高。在全面扩大开放上，党实行更加积极主动的开放战略，形成更大范围、更宽领域、更深层次对外开放格局。面对脱贫攻坚、全面建成小康社会的历史任务，习近平总书记指出，要"以更大决心、更精准思路、更有力措施，采取超常举措，实施脱贫攻坚工程"①。经过新时代十年的脱贫攻坚战，党带领人民完成了消除绝对贫困的艰巨任务。面对党内部分存在的对坚持党的领导认识模糊、行动乏力，有些党员、干部政治信仰动摇等问题，习近平总书记指出"必须始终保持思想上的冷静清醒、增强行动上的勇毅执着，坚定全面从严治党的政治自觉，不断推动全面从严治党向纵深发展"②。进入新时代，党进一步增强历史主动精神，主动推进自我革命，从制定和落实中央八项规定破题，坚持思想建党和制度治党同向发力，反腐败斗争取得压倒性胜利。中国共产党以顽强意志品质和"得罪千百人，不负十四亿"的坚定决心，消除了党和国家内部存在的严重隐患，凝聚了党心民心，党内政治生态明显好转。与此同时，党中央先后组织开展了党的群众路线教育实践活动、"三严三实"专题教育、"两学一做"学习教育、"不忘初心、牢记使命"主题教育、党史学习教育、学习贯彻习近平新时代中国特色社会主义思想主题教育、党纪学习教育、深入贯彻中央八项规定精神学习教育等八次党内集中学习教育，使全党理想信念更加坚定，党在革命性锻造中更加坚强。新时代十余年，中国共产党人在强烈的历史主动精神中成功走出不同于西方现代化的中国式现代化新路。

（二）中国共产党人发扬历史主动精神的启示教育

进入新时代，中国共产党面临的各种危险和矛盾更加尖锐，各种风险和挑战

① 中共中央文献研究室.中国共产党简史［M］.北京：人民出版社，中共党史出版社，2021：415.

② 中共中央文献研究室.中国共产党简史［M］.北京：人民出版社，中共党史出版社，2021：424.

更加突出。为此，新时代中国共产党人必须继续发扬历史主动精神，团结带领人民不断创造新的历史伟业。

1. 以坚定的历史自信防范精神懈怠危险

中国共产党人的历史自信是激励其面对不确定的未来，自觉抵御精神懈怠危险、以一往无前的奋斗姿态推动事业发展的思想基础。"历史认知是历史自信的重要基础。"① 历史自信不是凭空产生的，而是建基于马克思主义科学的理论指导、得益于中华优秀传统文化滋养、发展于党的治国理政实践之中。为此，大学生党员应当从中增强历史自信，防范精神懈怠危险，用新的伟大奋斗创造新的伟业。一是坚持马克思主义科学理论指导，筑牢防范精神懈怠危险的理论根基。中国共产党人坚定的理想信念，是防范精神懈怠危险的重要密码。习近平新时代中国特色社会主义思想，是党在新征程上坚定历史自信、防范精神懈怠危险的强大思想武器。因此，大学生党员应当坚持以真理的强大力量防范精神懈怠的危险，为发扬历史主动精神提供坚强思想保证。二是从中华优秀传统文化中吸收养分，厚植防范精神懈怠危险的文化底蕴。中华优秀传统文化蕴含着丰厚的历史主动精神，为防范精神懈怠危险提供了诸多题材和丰富内容。"立志不定，终不济事"警示精神懈怠会使人丧失斗志。"三军可夺帅也，匹夫不可夺志也"强调人应当树立坚定而远大的志向。"志不强者智不达"阐述坚定的意志对智慧的启迪有重要作用。因此，大学生党员应当从中华优秀传统文化中吸收养分，以远大志向的高位引领，防范精神懈怠，为发扬历史主动精神提供有益滋养。三是从党治国理政历史中汲取智慧，增强防范精神懈怠危险的实践力量。注重从百余年党史中总结经验智慧，是中国共产党人以坚定历史自信防范精神懈怠危险的重要来源。党的十九届六中全会深刻总结了党的百年奋斗中为什么能够成功、未来怎样才能继续成功的历史经验，彰显中国共产党人的历史自信源于党的百年奋斗。因此，大学生党员应当从党的奋斗历程和伟大成就中汲取智慧，坚定"四个自信"，主动防范精神懈怠的危险，为发扬历史主动精神锻造力量之源。

2. 以强烈的历史担当防范本领恐慌危险

中国共产党人的历史担当是推动其以高度的责任感和担当精神主动增强自身能力素质，抵御本领恐慌危险的精神力量。新征程上，我国发展面临许多新机遇和新挑战，需要抓住根本从政治上进行科学研判，深刻领悟党中央重大决策和战略部

---

① 习近平谈治国理政：第四卷［M］.北京：外文出版社，2022：546.

署，并予以创造性的贯彻执行。在这过程中，党的政治能力建设是强化历史担当的根本所在。"政治三力"建设作为贯穿党的二十大精神的重大政治原则，是政治能力建设的重要内容。为此，大学生党员应当主动提高"政治三力"，强化历史担当，防范本领恐慌危险，自觉同党中央保持高度一致。一是提高政治判断力，打牢防范本领恐慌危险的思想基础。提高政治判断力是强化历史担当的重要前提。"历史发展有其规律，但人在其中不是完全消极被动的。"①增强政治判断力，就是要运用马克思主义的立场观点方法提高战略思维能力。以高度的政治敏锐性和政治鉴别力透过现象看本质，牢牢掌握历史主动权，是克服本领恐慌的题中应有之义。因此，大学生党员应当深化对党执政规律的认识，在重大问题和关键环节作出科学判断，决不在根本性问题上犯颠覆性错误。二是提高政治领悟力，把好防范本领恐慌危险的关键环节。提高政治领悟力是强化历史担当的重要保障。增强政治领悟力，就是要坚持问题导向，胸怀"国之大者"，从马克思主义特别是历史唯物主义世界观和方法论的高度来看问题。立足百余年党史宏阔视野，深刻领悟"两个确立"，深刻把握"中国共产党为什么能"，坚决做到"两个维护"，是克服本领恐慌的关键所在。因此，大学生党员应当担起政治责任，深刻领会党中央精神和党的路线、方针、政策，确保全党步调一致向前进。三是提高政治执行力，确保防范本领恐慌危险的最终成效。历史担当要求中国共产党人自觉主动担起新时代党的历史使命。政治判断力、政治领悟力最终要靠政治执行力表现出来，提高政治执行力是强化历史担当的重要抓手。党的二十大报告明确提出了当前中国共产党的中心任务，为全党指明了奋斗目标。因此，大学生党员应当树牢"四个意识"，勇于担当作为，以求真务实的作风，克服本领恐慌，坚决把党中央各项决策部署落到实处。

3. 以人民立场的历史创造防范脱离群众危险

中国共产党人的历史创造与人民高度相关，既为了人民，又依靠人民，是确保其始终站稳人民立场，防范脱离群众危险的根本保证。脱离群众危险，是中国共产党执政后的最大危险。坚持人民至上，集中体现了"人民群众创造历史"这一唯物史观基本原理，以及马克思主义为实现"人的自由而全面发展"的崇高使命。为此，大学生党员应当始终把人民放在心中最高位置，同人民站在一起、想在一起、干在一起，永远保持同人民群众的血肉联系，共同创造历史。一是始终同人民站在一起，坚定防范脱离群众危险的根本立场。党的二十大报告明确提出了"六个必须

---

① 习近平.在党史学习教育动员大会上的讲话 [M].北京：人民出版社，2021：13.

坚持"，其中居于首位的就是"必须坚持人民至上"①。人民立场是党的根本政治立场，坚持人民是历史创造者党的历史唯物主义立场观点，是党治国理政的重要原则。因此，大学生党员应当始终坚持以人民为中心的发展思想，始终注重防范脱离群众危险，在推动历史创造进程中不断取得新的成就。二是始终同人民想在一起，凸显防范脱离群众危险的价值旨归。全体中国共产党人不断推动经济社会发展，最终是为了满足人民群众对美好生活的向往。因此，新的历史阶段，大学生党员应当主动关切人民群众多层次多样化多方面的需求，努力满足人民群众对更好地教育、收入、社会保障、医疗服务、居住条件、环境等各方面的期待，把人民的美好向往变为现实。三是始终同人民干在一起，巩固防范脱离群众危险的力量之源。全面建成社会主义现代化强国，人民是决定性力量。因此，大学生党员应当在走上社会之前提前树立正确思想，坚持全体人民共同参与、共同建设、共同享有，发展全过程人民民主，坚持党的领导、人民当家作主、依法治国有机统一，健全人民参与治国理政的制度体系，不断提升人民群众的获得感、幸福感、满意度。

4. 以高度的历史自觉防范消极腐败危险

中国共产党人的历史自觉体现为"三个务必"的高度警醒，是确保其始终不忘初心、谦虚谨慎、敢于斗争，防范消极腐败危险的内在要求。历史自觉是建立在历史认知之上的觉悟和认识，"三个务必"是新的赶考之路上中国共产党以高度的历史自觉发出的庄重宣言。面对新时代新征程的中心任务，大学生党员必须坚持"三个务必"，进一步防范消极腐败危险。一是坚持不忘初心、牢记使命，厘清防范消极腐败危险的根本所在。马克思主义强调共产党人要为绝大多数人谋利益。历史雄辩地证明，初心使命是中国共产党人坚定信念并为之不懈奋斗的内在动力，也是确保党能够始终成为中国人民和中华民族主心骨的关键所在。因此，大学生党员必须时刻牢记中国共产党是什么、要干什么这个根本问题，筑牢防范消极腐败危险的思想根基。二是坚持谦虚谨慎、艰苦奋斗，发扬防范消极腐败危险的优良传统。中国共产党是有着远大理想和伟大使命的无产阶级政党。在推动中华民族伟大复兴的重要关头，必须保持谦虚谨慎、艰苦奋斗，永不消极懈怠，才能把"考试"考好。因此，大学生党员应当清醒认识到社会主义初级阶段仍是我国的基本国情，坚持和发展中国特色社会主义仍面临诸多挑战，以更加谦虚谨慎的心态，为走好新的赶考之路而继续团结奋斗。三是坚持敢于斗争、善于斗争，练就防范消极腐败危险的过硬

---

① 习近平.在党史学习教育动员大会上的讲话［M］.北京：人民出版社，2021：13.

本领。敢于斗争、善于胜利，是有效应对消极腐败危险的关键所在。中国共产党依靠斗争创造历史，更要依靠斗争赢得未来。新时代新征程，大学生党员必须自觉把握新的伟大斗争的历史特点，克服消极腐败危险，把历史主动精神转化为敢于斗争、善于斗争的决心和意志，对一切可能危害党和人民事业的重大风险挑战予以坚决斗争，以昂扬斗志不断推动事业发展。

（三）新时代大学生党员历史主动精神教育的核心要义

新时代大学生党员必须继续发扬历史主动精神，确保党能够在时代演进中始终坚定信念掌握正确方向、防范化解重大风险、满足人民美好生活需要，确保党在革命锻造中更加坚强有力，进而以中国式现代化全面推进强国建设、民族复兴伟业。

1. 教育引导大学生党员坚定信念信心

教育引导大学生党员深刻理解在全面认识历史进程、深刻把握历史规律的基础上积累历史智慧、掌握历史主动，是新时代推进中国特色社会主义事业不断发展的强大支撑。党的十八大以来，经过理论和实践上的创新突破，党和国家事业取得历史性成就，发生历史性变革。我国历史性地解决绝对贫困问题，全面建成小康社会，前所未有地走近世界舞台中央，国际影响力、感召力、塑造力显著提升，为实现第二个百年奋斗目标打下坚实基础，迎来新的战略机遇。与此同时，世界进入新的动荡变革期，"黑天鹅""灰犀牛"事件等不确定难预料因素急剧增多，使得我国发展稳定安全面临严峻复杂的内外部风险挑战，这就要求大学生党员必须坚定理想信念和历史自信，用好马克思主义的立场、观点、方法观察时代、把握时代、引领时代。一是强化思想引领，牢牢把握新时代党和国家事业发展的正确方向。时代是思想之母，实践是理论之源。习近平新时代中国特色社会主义思想产生于新时代，具有鲜明的时代特征。中国共产党人应当坚持以习近平新时代中国特色社会主义思想为指引，深刻领悟"两个确立"，深入践行"两个维护"，立足新时代理论创新发展的新特点与新要求，不断探索和总结新的实践经验，以理论的守正创新赢得发展道路、发展方略方面的主动性，确保党的思想路线、发展方略不犯颠覆性的错误。二是强化系统思维，全面认识新时代党和国家事业发展的新特征。客观世界总是不断发展变化的，中国具体实际始终是一个处于发展变化之中的历史范畴，这就决定了审视中国具体实际的视角与思维方式的发展性和辩证性。要准确把握新时代党治国理政使命的发展性、国家经济社会现实条件的变化性、人民群众对美好生活的选择性，就要求大学生党员具有强烈的历史主动精神，积极主动在战略上进行预判、谋划，以前瞻性的系统思维对冲发展中存在的不确定性。三是强化自信自立，勇于破解新时代党和国家事业面临的"卡脖子"难题。进入新时代，中华民族伟大复兴进入了不可逆转的历史进程。然而，在强国复兴的进程中，我国仍存在核心技术受制于人、关键领域被"卡脖子"的风险。历史经验启示我们，关键核心技术是要不来、买不来、讨不来的。面对新一轮科技革命和产业变革，大学生党员应当坚定历史自信，主动迎难而上，牢牢把握高质量发展这个首要任务，因地制宜发展新质生产力，走出适合中国国情的创新之路，实现高水平科技自立自强，确保全面建设社会主义现代化国家开好局、起好步。

2. 教育引导大学生党员克服本领恐慌

教育引导大学生党员深刻理解在长期直面风险挑战、克服艰难险阻的征程中不断提升风险防范化解能力，是党发扬历史主动精神的重要体现，也是中国共产党人必须掌握的关键能力。习近平总书记多次强调，要"注重在重大斗争中磨砺干部，增强干部推动高质量发展本领、服务群众本领、防范化解风险本领"①。新时代新征程，大学生党员应当进一步增强对重大风险的防范、处置和化解能力，在社会主义现代化建设的实践中锤炼善于学习、敢于斗争、开拓创新的工作本领。一是强化理论武装，主动提升风险防范能力。坚持马克思主义科学理论的指导，是党坚定信仰信念、把握历史主动的根本所在。随着世界百年未有之大变局加速演进，我国将会在一个更加不稳定不确定的世界中谋求发展。新时代大学生党员应当坚持和用好"六个必须坚持"，时刻保持清醒头脑和敏锐眼光，聚焦国家改革发展稳定存在的深层次问题、人民群众急难愁盼问题、党的建设面临的突出问题，主动提高党把方向、谋大局、定政策的能力，不断提出真正解决问题的新理念新思路新办法，牢牢掌握住科学防范重大风险的主动权。二是发扬斗争精神，主动提升风险处置能力。党的二十大深远擘画了未来发展的战略蓝图，为夺取中国特色社会主义新胜利指明了前进的方向和目标。越是目标远大、任务艰巨，矛盾和斗争就越发激烈，因此，就越需要大学生党员增强历史主动，坚定敢于斗争的立场和态度，提高善于斗争的智慧和能力。为此，大学生党员应在重大斗争中能够主动出击、冲锋在前，把敢于斗争、善于斗争融入团结奋斗全过程，通过顽强斗争攻克前进道路上的"拦路虎""绊脚石"，在推进社会主义现代化建设的新征程中建功立业。三是勇于开拓创新，主动提升风险化解能力。当前我国改革进入深水区，各种风险矛盾叠加，大

① 习近平.高举中国特色社会主义伟大旗帜为全面建设社会主义现代化国家而团结奋斗：在中国共产党第二十次全国代表大会上报告［M］.北京：人民出版社，2022：66.

学生党员应在时代发展中主动求变，以强烈的历史主动推进国家治理体系和治理能力现代化，坚定不移贯彻创新、协调、绿色、开放、共享的新发展理念，不断创新实践工作办法，切实提高化解重大风险的能力，在实现第二个百年奋斗目标赶考之路上激发更为主动的精神力量与实践力量。

3. 教育引导大学生党员坚持人民至上

教育引导大学生党员深刻理解民心决定事业兴衰成败，人民立场是中国共产党人发扬历史主动精神的根本立场。坚持人民至上，集中体现了"人民群众创造历史"这一唯物史观基本原理，以及马克思主义寻求"人的自由而全面发展"进而实现"人类解放"的崇高使命。"江山就是人民、人民就是江山，打江山、守江山，守的是人民的心。"①中国共产党的根基和血脉在人民，人民是党执政的最大底气。进入新时代，大学生党员应当始终把人民放在心中最高位置，永远保持同人民群众的血肉联系，始终同人民群众想在一起、干在一起、风雨同舟、同甘共苦。一是坚持发展为了人民，主动关切新时代人民群众的多样化需求。习近平总书记指出，"我们推动经济社会发展，归根到底是为了不断满足人民群众对美好生活的需要"②。新的历史阶段，大学生党员应当主动关切人民群众多层次多样化多方面的需求，努力满足人民群众对更好地教育、收入、社会保障、医疗服务、居住条件、环境等各方面的期待，主动解决好人民群众的切实困难，不断提升人民群众获得感、幸福感、满意度。二是坚持发展依靠人民，自觉走好新时代群众路线。人民是决定党和国家前途命运的根本力量，要依靠人民创造历史伟业。习近平总书记指出，"要拜人民为师，甘当小学生"③。这就要求新时代大学生党员不断总结群众经验、汇聚群众智慧，使作出的决策和执行充分体现民意，发挥人民首创精神。此外，注重让人民评判一切工作成效，使得各项工作经得起实践、人民和历史的检验。三是坚持发展成果由人民共享，扎实推进全体人民共同富裕。共同富裕是社会主义的本质要求，是中国式现代化的重要特征。习近平总书记在党的二十大报告中提出，"分配制度是促进共同富裕的基础性制度"④，就完善分配制度作出重要部署。要走好中

①　习近平. 在庆祝中国共产党成立 100 周年大会上的讲话［N］. 人民日报，2021–07–02（02）.

②　习近平. 坚持人民至上［J］. 求是，2022（20）：6.

③　习近平在中央党校（国家行政学院）中青年干部培训班开班式上发表重要讲话强调 立志做党光荣传统和优良作风的忠实传人 在新时代新征程中奋勇争先建功立业［N］. 人民日报，2021–03–02（01）.

④　习近平. 高举中国特色社会主义伟大旗帜为全面建设社会主义现代化国家而团结奋斗：在中国共产党第二十次全国代表大会上报告［M］. 北京：人民出版社，2022：46–47.

国式现代化新道路，大学生党员必须始终主动关心人民的安居乐业、安危冷暖，以强烈的历史主动精神提前武装头脑，为将来走上社会之后构建初次分配、再分配、三次分配协调配套的基础性制度安排，推动实现共同富裕打好思想基础。

4. 教育引导大学生党员勇于自我革命

教育引导大学生党员深刻理解中国共产党之所以能够始终走在时代前列，成为中国人民和中华民族的主心骨，取得令世界瞩目的历史性成就，原因就在于党始终加强自身的建设，勇于坚持真理、刀刃向内。党的二十大报告鲜明提出，"我们党作为世界上最大的马克思主义执政党，要始终赢得人民拥护、巩固长期执政地位，必须时刻保持解决大党独有难题的清醒和坚定"①，强调"全面从严治党永远在路上，党的自我革命永远在路上"②。新时代新征程，大学生党员应当更加主动地在不断的自我革命中加以淬炼，破解百年大党前进道路上的独有难题。一是坚持和加强党的全面领导和党中央集中统一领导，深入推进新时代党的建设新的伟大工程。坚持党的全面领导是坚持和发展中国特色社会主义的必由之路。党的领导是全面的、系统的、整体的，坚持党的领导首先是坚决维护党中央权威和集中统一领导，坚持不懈用党的创新理论统一全党的思想意志和行动，并将党的领导落实到党和国家事业发展的方方面面。只有这样，才能在面临风险时，确保党始终成为全体人民的主心骨，确保党的高度团结和强大政治凝聚力，确保我国社会主义现代化建设始终沿着正确的方向，集聚起万众一心、共克时艰的磅礴力量。二是完善健全全面从严治党体系，持之以恒推进党的自我革命。党的二十大报告明确指出，"全面从严治党是党永葆生机活力、走好新的赶考之路的必由之路"③。这就要求大学生党员必须清醒地认识全面从严治党具有的长期性、艰巨性、复杂性，并将制度建设贯穿始终。为此，大学生党员应当发扬彻底的自我革命精神，为将来不断完善党内法规制度体系，严密上下贯通、执行有力的组织体系，确保党在紧要关头始终能够坚持真理、修正错误，及时地发现问题、纠正偏差打下坚实基础。三是坚持走内涵式高质量强党之路，以党的自我革命引领社会革命。高质量发展是全面建设社会主义现代化国家的首要任务。没有坚实的物质技术基础，就不可

---

① 习近平.高举中国特色社会主义伟大旗帜为全面建设社会主义现代化国家而团结奋斗：在中国共产党第二十次全国代表大会上报告［M］.北京：人民出版社，2022：63.

② 习近平.高举中国特色社会主义伟大旗帜为全面建设社会主义现代化国家而团结奋斗：在中国共产党第二十次全国代表大会上报告［M］.北京：人民出版社，2022：64.

③ 习近平.高举中国特色社会主义伟大旗帜为全面建设社会主义现代化国家而团结奋斗：在中国共产党第二十次全国代表大会上报告［M］.北京：人民出版社，2022：70.

能全面建成社会主义现代化强国。为此，大学生党员应当坚持以高质量党建引领高质量发展，走内涵式高质量强党之路，深入学习贯彻习近平总书记关于党的建设的重要思想，主动探索以党的自我革命引领社会革命、以强党引领强国的发展路径，全面推进中华民族伟大复兴。

（四）新时代大学生党员历史主动精神的教育的主要内容

党的十九届六中全会审议通过的《中共中央关于党的百年奋斗重大成就和历史经验的决议》（以下简称《决议》）强调，"以习近平同志为核心的党中央，以伟大的历史主动精神、巨大的政治勇气、强烈的责任担当，统筹国内国际两个大局""今天，中国人民……焕发出前所未有的历史主动精神、历史创造精神"。习近平总书记在党的二十大报告中指出，要"坚定历史自信，增强历史主动""焕发出更为强烈的历史自觉和主动精神"。历史主动精神体现为高度的历史自觉、强烈的历史担当、伟大的历史创造、坚定的历史自信。从以上四个方面深刻把握历史主动精神的科学内涵，有利于教育引导大学生党员发扬历史主动精神，走好全面建设社会主义现代化国家新的赶考之路。

1. 培育大学生党员把握历史大势的历史自觉

历史主动精神体现着宽阔的视野、宽广的格局，内含科学的大历史观。大学生党员教育应以历史主动精神涵养新时代大学生党员尊重历史规律，把握历史大势的历史自觉。一是要引导大学生党员向历史寻求经验。历史主动精神能够帮助大学生党员学习历史经验，学习以历史思维对走过的路进行回顾及审视，明辨是非对错，取其优避其劣以实现自我提升，肯定所取得的成绩，也明确错误之处并加以分析，得到深刻的经验及教训，增强在未来做决策时的谨慎性与准确性，增强处理各项事务的能力以及水平。二是要引导大学生党员向历史寻求规律。教育大学生党员以历史主动精神为指引，积极向历史寻找经验，在此基础上对所获内容进行系统分析、判断、总结，将感性认识上升到理性认识。在此过程中层层剖析并把握重点和主流，发现其中起本质作用的规律，拨开云雾见月明，学会谋事而为，向历史寻求规律并运用到实际，解决主要矛盾，推动自身事业的发展。三是引导大学生党员向历史探求未来。"历史总是向前发展的，我们总结和吸取历史教训，目的是以史为鉴、更好前进。"① 向历史学习不仅要将所得到的经验与规律运用于实际，更要以历史眼光探究未来，增强前瞻性。大学生党员教育应以历史主动精神为指引，让大学生党

---

① 习近平. 在纪念毛泽东同志诞辰 120 周年座谈会上的讲话［N］. 人民日报，2013–12–26（2）.

员在探究历史规律的基础上，拓宽自身眼界和格局，以史为鉴，增强应变能力和对风险的抵御力。

2. 培育大学生党员奋力开创未来的历史担当

担当精神展现着积极向上、敢想敢为、实践到底的精神风貌，是积极发挥主观能动性、勇当先锋的精神。历史担当作为历史主动精神的基石，要求新时代大学生党员勇立潮头，拥有高度的历史使命感和树立强烈的历史责任感，勇于作为，善作善成。大学生党员教育应以历史主动精神培育大学生党员勇当先锋的历史担当。一是教育引导大学生党员筑牢责任之基。有责任感、使命感是历史主动精神的内在要求，历史主动精神能够指引大学生党员不负强国之志、不忘爱国之情，深刻领悟时代之需，将努力的具体目标和民族复兴的宏远目标相结合，自觉学习，牢记责任如山，不负党和人民的嘱托。二是教育引导大学生党员强化担当之能。大学生党员的历史主动精神体现为立足时代的实干担当。"道虽迩，不行不至；事虽小，不为不成。"① 不论目标如何，惟有锲而不舍、但积跬步，方可志遂业成、有所建树。大学生党员教育要教育引导大学生党员"实学实干"，在攀登知识高峰中追求卓越，在肩负时代重任时行胜于言，在实干中成就一番事业、开创一片天地。三是教育引导大学生党员加强行动能力。历史主动精神强调落到实处、敢于实践。行之力则知愈进，知之深则行愈达，新时代大学生党员只有深入实践，才能增长自身的见识与能力。大学生党员教育应以历史主动精神为指引，教育引导大学生党员不忘初心使命、奋勇前行，临危之际站出来、关键之时豁出去，有责任、有担当，乐于躬身实践，昂首阔步、脚踏实地走好复兴发展之路。

3. 培育大学生党员勇于开拓创新的历史创造

历史主动精神蕴含着开拓创新的历史创造精神，能够为新时代大学生党员创造未来提供强大的精神力量。历史主动精神强调在实践基础上，把握趋势、紧抓机会，最大限度发挥主观能动性，摒弃旧的不适应时代需求的东西，以历史主动精神洞悉历史大势、进行历史创造。新时代大学生党员教育要以历史主动精神为指引，涵育新时代大学生党员奋力创新的历史创造。一是教育引导大学生党员解放思想。解放思想是实现历史创造的首要前提。大学生党员教育应以历史主动精神为指引，拓宽视野、解放思想，不畏惧旧环境，打破陈旧思想观念的束缚，坚持马克思主义的指导，尊重客观实际并将其同主观意识相结合，通过思想的转变推动工作取得新

---

① 出自《荀子·修身》.

进展，与时俱进，把握时代脉搏。二是教育引导大学生党员务实求真。大学生党员进行历史创造并非盲目地创造，要坚持实事求是的科学态度。历史主动精神能够指引大学生党员树立唯真求实的态度，以穷究钻研的劲头追逐真理。大学生党员教育应坚持批判精神并以此为基础，辅以探究求知的好奇心，追逐真理、质疑谬误，在过程中践行"打破砂锅问到底"的理念，探索其中的理论逻辑。大学生党员始终要有自身的独立思考和理性判断，不随波逐流、亦步亦趋，坚持从实际出发，求实求是。三是教育引导大学生党员开拓创新。创新创造是新时代青年贡献国家、服务社会的最好方式。大学生党员教育要引导大学生党员深刻理解把握时代潮流和国家需要，激发逐梦动力、创新活力、成长潜力。要注重用课程的挑战度提升大学生党员的成长度，用教育的责任感增强大学生党员的获得感，助力其成长为各领域的一流人才。

4. 培育大学生党员坚持敢于斗争的历史自信

历史主动精神体现着党破旧立新、敢于斗争的精神品格。中国共产党自诞生之日起就带着斗争的烙印，一代代领导人以敢于斗争的精神在复杂的环境中谋求发展与进步，以历史自信不断激发前行的力量。大学生党员教育要以历史主动精神为指引，培育大学生党员敢于斗争的历史自信。一是教育引导大学生党员发扬斗争精神。全面建成社会主义现代化强国之路绝非坦途，需栉风沐雨、披星戴月，无畏前行道路上的荆棘与坎坷，以历史主动精神为指引，激发大学生党员不惧艰险、敢于斗争的意志。教育引导大学生党员同错误思潮、消极行为作斗争，以"勇毅笃行，长风万里"的毅力，以"不破楼兰终不还"的决心，砥砺前行、自强不息，为国家的复兴伟业增色添彩。二是教育引导大学生党员坚定斗争立场。科技的发展使得人与人之间的距离迅速拉近，产生了"地球村"，这必然会推进国家之间的文化交流，但其中潜藏的"个人主义"思潮、亚文化的冲击无疑会影响大学生党员的思想及行为。大学生党员教育必须以历史主动精神为指引，发挥其端正作用，让大学生党员牢记使命担当，始终坚持党的全面领导，站稳人民立场，引导大学生党员自觉维护国家利益，同各种危害党和国家地位、我国社会主义制度，危及我国实现中华民族伟大复兴的倾向与行为进行坚决的斗争。三是教育引导大学生党员增强斗争本领。大学生党员教育要以历史主动精神为指引，推动大学生党员奉献自我、驰而不息，投身基层事业，锻炼斗争本领，推动大学生党员积极响应国家号召，为祖国建设贡献力量。大学生党员唯有加强实践，在躬身实践的过程中历经风雨、增长见识，在艰难磨难中苦学本领、丰富见闻，从敢于斗争进阶为善于斗争，方能在面对未来的重重挑战时有效应对、勇往直前。

三、忧患意识教育

受生存环境制约、发展愿景驱动、历史经验昭示等多重因素的影响，中华民族在五千多年的历史长河中历经坎坷磨难形成了强烈的忧患意识。自然，中国共产党人也有着与生俱来的忧患意识。习近平总书记明确指出，"共产党人的忧患意识，就是忧党、忧国、忧民意识，这是一种责任，更是一种担当"①。具体说来，中国共产党的忧患意识，就是中国共产党人在马克思主义的指导下，结合马克思主义中国化的具体实践，历经革命、建设、改革和新时代不同时期，不断增强并发展起来的，聚焦党的自身建设，以忧党、忧国、忧民为主要内容，并贯穿在中国共产党践行初心使命全部奋斗历程中的一种自觉、清醒、坚韧的积极的思想意识，是中国共产党人一种重要的人生观、世界观和价值观。正是由于中国共产党人始终怀有强烈的忧患意识，才能坚持底线思维，不断提升防范化解风险的能力，推动社会主义事业沿着正确的方向不断向前发展。

习近平总书记在党的十九届六中全会上明确要求"全党必须铭记生于忧患、死于安乐，常怀远虑、居安思危"②，并多次在不同场合强调"我们党在内忧外患中诞生，在磨难挫折中成长，在战胜风险挑战中壮大，始终有着强烈的忧患意识、风险意识"③，在中国共产党成立一百周年的历史性时刻，不忘告诫全党"要增强忧患意识"，向全党发出"以史为鉴、开创未来"④的伟大号召。回顾党的百余年历史，增强忧患意识是中国共产党与生俱来的优秀品质，是党在重大转折关头保持清醒头脑、战胜一切艰难险阻的重要法宝。忧患意识是对马克思主义立场观点方法的坚持和运用，是基于唯物辩证法研究社会发展规律而形成的深刻认识，是始终保持马克思主义政党先进性和纯洁性的必然要求。当今世界正处于百年未有之大变局，中国共产党正带领人民进行具有许多新的历史特点的伟大斗争，只有增强忧患意识，始终居安思危，才能永葆党的先进性和纯洁性，巩固党的执政地位，确保中国共产党始终成为时代先锋和民族脊梁。

① 中共中央宣传部．习近平总书记系列重要讲话读本［M］．北京：学习出版社，2016：288.

② 中共十九届六中全会在京举行［N］．人民日报，2021-11-12（01）.

③ 习近平谈治国理政：第3卷［M］．北京：外文出版社，2020：96.

④ 习近平．在庆祝中国共产党成立100周年大会上的讲话［N］．人民日报，2021-07-02（02）.

（一）中国共产党人增强忧患意识的历程教育

植根于马克思主义认识论的忧患意识，是中国共产党不断发现问题、解决问题，推动事业前进的重要思维方式。党在领导革命、建设、改革新时代的伟大实践中，始终把忧患意识贯穿于百余年奋斗历程，不断探索共产党执政规律、社会主义建设规律、人类社会发展规律，以坚定的斗争意志攻坚克难、成就伟业。大学生党员教育应引导大学生党员深刻领悟到增强忧患意识，是党历经百余年形成的光荣传统和弥足珍贵的精神财富，呈现着共产党人对初心使命的始终坚守，以及对永葆党的先进性和纯洁性的深刻忧思。

1. 新民主主义革命时期：在增强忧患意识中浴血奋战、百折不挠

教育引导大学生党员深刻领悟中国共产党自成立之日起，就经历着世界上其他政党从没有经历过的苦难和生死考验，锻造了党在忧患中奋斗前进的优秀品质，保持着中国共产党人与生俱来的忧患意识。1922 年 7 月通过的《中国共产党第二次全国代表大会宣言》就以强烈的忧患意识分析了国际国内形势和中国社会性质，进而指明了党的最高纲领："要组织无产阶级，用阶级斗争的手段，建立劳农专政的政治，铲除私有财产制度，渐次达到一个共产主义的社会。"[①]1927 年大革命失败后，在关系党和革命事业前途和命运的严重危机时刻，党时刻不忘增强忧患意识，紧急召开八七会议，毛泽东在会上提出了"政权是由枪杆子中取得的"的科学论断。[②]《中共"八七"会议告全党党员书》中强调："中国共产党从群众运动里发展成了伟大的力量，在革命斗争的时期，它的作用是绝对的伟大的，现在我们党的作用是更加要大了。"[③]进一步告诫全党，一旦在忧患意识上稍有懈怠，就会造成不可挽回的损失。全面抗战爆发后，中国共产党从狭小天地里走出来，变成全国性的大党，凭借着日益增强的党的组织力量和武装力量，党建立了抗日民族统一战线，进行了伟大的抗日战争。随着党的建设"伟大的工程"不断向前推进，全党的忧患意识也在不断增强，明确提出要"建设一个全国范围的、广大群众性的、思想上政治

① 中国共产党第二次全国代表大会宣言（1922 年 7 月）［J］.上海革命史资料与研究，2002（00）：553-566.

② 中共中央党史研究室第一研究部 中共中央党史研究室第二研究部 中共中央党史研究室第三研究部 . 两个历史问题的决议及十一届三中全会以来党对历史的回顾（简明注释本）［M］.北京：中共党史出版社，2013：47.

③ 中共中央党史和文献研究院 中央档案馆. 中国共产党重要文献汇编：第 11 卷［M］. 北京：人民出版社，2022：205.

上组织上完全巩固的布尔什维克化的中国共产党"①。全党深刻认识到党员数量快速增长的同时，也产生了一些新问题，如"大批的新党员还没有受到教育"②，"大批的新党员、新干部还没有足够的革命经验"③，"他们对于马克思列宁主义的理论和中国革命的实践之完全的统一的理解，还相距很远"④。毛泽东指出："党已在全国有了大数量的发展。现在的任务是巩固它。"⑤1939 年 8 月，中共中央政治局发布《关于巩固党的决定》，指出"在思想上政治上组织上巩固党，成为我们今天极端严重的任务，成为完成党的政治任务的决定因素"⑥。在解放战争期间，中国共产党的组织日益发展壮大，为了进一步统一全党的意志和纪律，保证党的路线、方针、政策的正确贯彻执行，1948 年党中央连续发出指示，要求在全党各级党组织中建立请示报告制度，对于加强党的集中统一领导，发挥了重大作用。1949 年 3 月 5 日，在革命即将取得全国胜利前夕，党召开了七届二中全会。毛泽东在党的七届二中全会上发出警醒："因为胜利，党内的骄傲情绪，以功臣自居的情绪，停顿起来不求进步的情绪，贪图享乐不愿再过艰苦生活的情绪，可能生长。"⑦向全党敲响了忧患警钟，提出了"两个务必"的思想，即务必使同志们继续地保持谦虚、谨慎、不骄、不躁的作风，务必使同志们继续地保持艰苦奋斗的作风。进一步增强了全党的忧患意识，为最终取得革命胜利作了思想准备。

2. 社会主义革命和建设时期：党在增强忧患意识中自力更生、发愤图强

教育引导大学生党员深刻领悟中华人民共和国成立后，中国共产党担负起领导全国各族人民建设新国家、新社会的重任，在执政条件下如何加强党的建设成为共产党人增强忧患意识的重要内容。1949 年 11 月，党中央作出决定，成立中央及各级党的纪律委员会。1955 年 3 月党的全国代表会议决定成立党的中央和地方监察委员会。1956 年 9 月，党的八大通过的新党章根据执政党的特点，提出了全面开展社会主义建设的任务；对贯彻党的民主集中制的根本原则作出了规定，明确中国共产党的组织原则是民主集中制，强调党的民主原则不能离开党的集中原则；在

---

① 毛泽东选集：第 2 卷［M］.北京：人民出版社，1991：602.

② 毛泽东选集：第 2 卷［M］.北京：人民出版社，1991：612

③ 毛泽东选集：第 2 卷［M］.北京：人民出版社，1991：612.

④ 毛泽东选集：第 2 卷［M］.北京：人民出版社，1991：612.

⑤ 毛泽东选集：第 2 卷［M］.北京：人民出版社，1993：232.

⑥ 中央档案馆.中共中央文件选集：第 12 册［M］，中共中央党校出版社，1991：155–156.

⑦ 毛泽东选集：第 4 卷［M］.北京：人民出版社，1991：1438–1439.

党员义务方面增加"维护党的团结，巩固党的统一"①"对党忠诚老实"②等内容。为了推进新形势下党的事业发展，党中央在 1957 年发动了整风运动，要求克服官僚主义、宗派主义和主观主义。面对 1958 年—1960 年社会主义建设中所经历的严重挫折，党中央进一步加强和改进党的建设。1961 年初，全党大兴调查研究之风，恢复党的实事求是的优良传统。中央领导人身体力行，深入实际进行调查研究，警醒全党要恢复党的优良传统和思想作风、加强党的建设。1962 年初召开七千人大会，对执政党建设经验作了新的总结，要求严格执行民主集中制，加强党委的集体领导；坚持群众路线，一切关系广大人民群众切身利益的事情都必须坚持群众路线；严格党的纪律，健全党内生活，加强党的监察工作等。这些要求，对加强党的作风建设、恢复党的优良传统起到重要作用。与此同时，怎样建设社会主义，如何推进中国的现代化，对当时的中国共产党来说，也是一个全新的课题。1954 年 6 月，毛泽东曾对社会主义建设发出警醒："现在我们能造什么？能造桌子椅子，能造茶碗茶壶，能种粮食，还能磨成面粉，还能造纸，但是，一辆汽车、一架飞机、一辆坦克、一辆拖拉机都不能造。"③1956 年 4 月，毛泽东在《论十大关系》的报告中提出了"要努力把党内党外、国内国外的一切积极的因素，直接的、间接的积极因素，全部调动起来，把我国建设成为一个强大的社会主义国家"④。1956 年 9 月，党的八大正确分析了国内主要矛盾，明确提出"把我国尽快地从落后的农业国变为先进的工业国"⑤的奋斗目标。在中国共产党的坚强领导下，我国全面开启了社会主义建设。经过全国人民自力更生、艰苦奋斗，我们很快有了中国历史上的无数个第一：生产出第一架飞机、第一辆汽车、第一台拖拉机，自行研制第一颗原子弹、氢弹先后爆炸成功，自行研制第一颗人造地球卫星发射成功，自行研制第一艘核潜艇顺利下水，自行设计建造第一座大桥——南京长江大桥，在世界上首次人工合成牛胰岛素，首次培育成功强优势籼型杂交水稻等。经过二十多年的奋斗，初步建立起独立的比较完整的工业体系和国民经济体系。邓小平同志说："如果六十年代以来中国没有原子弹、氢弹，没有发射卫星，中国就不能叫有重要影响的大国，就没有现在这样的

①　邓小平文选：第 1 卷［M］.北京：人民出版社，1994：243.

②　邓小平文选：第 1 卷［M］.北京：人民出版社，1994：244.

③　毛泽东文集：第 6 卷［M］.北京：人民出版社，1999：329.

④　毛泽东选集：第 2 卷［M］.北京：人民出版社，1991：628.

⑤　中共中央办公厅.中国共产党第八次全国代表大会文献［C］.北京：人民出版社，1957：809-810.

国际地位。"① 在这一时期，我国还初步解决了几亿人的吃饭穿衣问题，这在当时也被公认为是创造了一个世界奇迹。进行社会主义革命，确立社会主义基本制度，是以毛泽东同志为核心的党的第一代中央领导集体，团结带领全党全国各族人民进行的伟大创造，为开创中国特色社会主义提供了宝贵经验、理论准备、物质基础

3. 改革开放新时期：党在增强忧患意识中解放思想、锐意进取

教育引导大学生党员深刻领悟党的十一届三中全会以后，中国共产党认真总结特殊历史时期的深刻教训和新时期党的建设的新鲜经验，围绕在改革开放的历史条件下加强党的先进性建设，不断增强全党忧患意识。1978 年 12 月 13 日，邓小平在中央工作会议上发表《解放思想，实事求是，团结一致向前看》的重要讲话中指出："如果现在再不实行改革，我们的现代化事业和社会主义事业就会被葬送。"② 这篇讲话成为了党的十一届三中全会的主题报告，成为了新时期解放思想、实事求是的宣言书。1978 年 12 月召开的党的十一届三中全会，恢复和发扬了党内民主和党的实事求是、群众路线、批评和自我批评的优良作风。1981 年 6 月，党的十一届六中全会通过了《关于建国以来党的若干历史问题的决议》，标志着党胜利地完成了指导思想上的拨乱反正。针对党的队伍实际存在的思想不纯、作风不纯和组织不纯等问题，1982 年 9 月，党的十二大提出了"把党建设成为领导社会主义现代化事业的坚强核心"的目标及当前党的建设的任务，并提出"整顿党的作风和党的组织"③。1983 年，党中央通过了《中共中央关于整党的决定》，从 1983 年 10 月到 1987 年 5 月，分期分批进行了全面整党，对党的作风和党的组织进行了全面整顿，提高了党组织的战斗力，同时也积累了正确处理党内矛盾的经验，推动了新时期党的建设。1987 年 10 月，党的十三大进一步强调，要使党"以崭新的姿态，站在改革和现代化建设的前列，成为一个勇于改革、充满活力的党，纪律严明、公正廉洁的党，选贤任能、卓有成效地为人民服务的党"④。面对一些党员干部的骄傲自满情绪，邓小平告诫全党，"发展起来以后的问题不比不发展时少"⑤，"巩固和发展社会主义制度，还需要一个很长的历史阶段，需要我们几代人、十几代人，

---

① 邓小平文选：第 3 卷［M］.北京：人民出版社，1994：279.

② 邓小平文选：第 2 卷［M］.北京：人民出版社，1994：150.

③ 中共中央文献研究室.十二大以来重要文献选编（上）［M］.北京：人民出版社，1986：47.

④ 中共中央文献研究室.十三大以来重要文献选编（上）［M］.北京：人民出版社，1991：55.

⑤ 中共中央文献研究室.邓小平年谱（1975—1997）（下）［M］.北京：中央文献出版社，2004：1364.

甚至几十代人坚持不懈地努力奋斗，决不能掉以轻心"①，并且提出"三个有利于"的判断标准，进一步明确"人民拥护不拥护、人民赞成不赞成、人民高兴不高兴、人民答应不答应"②是评判党和国家一切工作成败的标准。1994 年 9 月，党的十四届四中全会指出："适应加快改革开放和现代化建设步伐的新形势，必须用邓小平同志建设有中国特色社会主义的理论武装全党，进一步加强党的建设和改善党的领导。"③全会把党的建设提到"新的伟大工程"的高度，明确提出了党的建设的总目标，进一步增强了全党密切党和人民群众的联系、坚决克服消极腐败现象、加强基层党组织建设等方面的忧患意识。随着中国特色社会主义事业的推进，党的根本宗旨不断深化，并体现在党的指导思想中。"三个代表"重要思想强调中国共产党始终代表中国最广大人民的根本利益。科学发展观强调其核心是以人为本，把人民的利益作为一切工作的出发点和落脚点。强烈的忧党、忧国、忧民意识，确保党始终践行初心使命，向人民交出了一份令人满意、经得起历史检验的合格答卷。

4. 党的十八大以来：党在增强忧患意识中自信自强、守正创新

教育引导大学生党员深刻领悟党的十八大以来，中国特色社会主义进入了新时代，中华民族迎来了实现伟大复兴的光明前景，习近平总书记以高远的战略眼光、辩证的思维方式，清醒看到前进道路上光明前景与风险隐患并存的客观态势，反复强调："前进的道路不可能一帆风顺，越是前景光明，越是要增强忧患意识，做到居安思危，全面认识和有力应对一些重大风险挑战。"④"我们共产党人的忧患意识，就是忧党、忧国、忧民意识，这是一种责任，更是一种担当。"⑤"越是取得成绩的时候，越是要有如履薄冰的谨慎，越是要有居安思危的忧患，绝不能犯战略性、颠覆性错误。"⑥使全党清醒认识到，中国共产党正在带领人民进行具有许多新的历史特点的伟大斗争，所面临的长期执政考验、改革开放考验、市场经济考验、外部环境考验具有长期性和复杂性，所面临的精神懈怠危险、能力不足危

① 邓小平文选：第 3 卷［M］.北京：人民出版社，1994：379–380.

② 毛泽东选集：第 2 卷［M］.北京：人民出版社，1991：138–139.

③ 中国共产党第十四次全国代表大会关于十三届中央委员会报告的决议（1992 年 10 月 18 日通过）［J］.求是，1992（21）：22.

④ 中共中央宣传部.习近平新时代中国特色社会主义思想学习纲要［M］.北京：学习出版社，2019：184.

⑤ 中共中央宣传部.习近平总书记系列重要讲话读本［M］.北京：学习出版社，2016：288.

⑥ 习近平.以时不我待只争朝夕的精神投入工作 开创新时 代中国特色社会主义事业新局面［N］.人民日报，2018–01–06（01）.

险、脱离群众危险、消极腐败危险具有尖锐性和严峻性，党内存在的思想不纯、组织不纯、作风不纯等突出问题尚未得到根本解决，一些老问题反弹回潮的因素依然存在，还出现了一些新情况新问题。在风险挑战面前，全党始终增强忧患意识，坚决同一切弱化党的先进性、损害党的纯洁性的问题作斗争，始终坚持党要管党、全面从严治党，坚定不移推进党风廉政建设和反腐败斗争，形成了党长期执政条件下实现自我净化、自我完善、自我革新、自我提高的有效途径。面对错综复杂的国际形势、艰巨繁重的国内改革发展稳定任务特别是中美贸易摩擦升级、新冠肺炎疫情严重冲击，习近平总书记团结带领全党以敢于斗争、敢于胜利的勇气和决心，将危机感、责任感、使命感深深融入新时代中国特色社会主义的伟大征程中，将增强忧患意识作为治国理政的一个重大原则，始终以"赶考"心态走好新的长征路。中国共产党以强烈的使命担当扭住当前我国社会主要矛盾，清醒认识内外环境新的重大变化和面临的风险挑战，坚持和完善中国特色社会主义制度、推进国家治理体系和治理能力现代化，坚持依规治党、形成比较完善的党内法规体系，战胜一系列重大风险挑战，实现第一个百年奋斗目标，正团结带领中国人民不断为美好生活而奋斗。

（二）中国共产党人增强忧患意识的经验教育

百余年来，中国共产党之所以能够从各种政治力量中脱颖而出，团结带领中国人民实现从站起来、富起来到强起来的历史性飞跃，正是因为始终增强忧患意识、保持居安思危。大学生党员教育应引导大学生党员深刻领悟在不同历史时期，中国共产党始终保持清醒，科学分析形势，下好先手棋、打好主动仗，在胜利顺境时力戒骄傲自满，在挫折失败中不断奋起拼搏，在风险来临时决断正确、赢得胜利。

1. 增强忧患意识必须聚焦保持党的先进性和纯洁性

教育引导大学生党员深刻领悟先进性和纯洁性是马克思主义政党的生命所系、力量所在，也是中国共产党的本质特征和不懈追求。中国共产党始终深怀忧患意识，坚持用时代发展的要求审视自己，以改革的精神完善自己。始终坚持解放思想、实事求是、与时俱进，把马克思主义基本原理同中国具体实际相结合，保持理论上的先进性；始终坚持立党为公、执政为民，把实现国家富强、民族振兴、人民幸福作为根本使命，保持实践上的先进性。恩格斯曾指出，马克思主义政党区别于任何其他政党的根本标志，"就是有一个新的科学的世界观作为理论的基础"①。回顾党的奋斗历程，中国共产党"始终重视思想建党、理论强党，使全党始终保持统一的

---

① 马克思恩格斯文集：第 2 卷 [M].北京：人民出版社，2009：599.

思想、坚定的意志、协调的行动、强大的战斗力"①。在长期斗争实践中，不断回答时代的重大课题，创立了毛泽东思想、邓小平理论，形成了"三个代表"重要思想、科学发展观。党的十八大以来，以习近平同志为主要代表的中国共产党人，系统回答了新时代坚持和发展什么样的中国特色社会主义、怎样坚持和发展中国特色社会主义这个重大时代课题，创立了习近平新时代中国特色社会主义思想。只有理论上清醒，政治上才能坚定，中国共产党坚持用马克思主义中国化最新成果武装全党，依靠学习不断提高执政能力，永葆党的先进性和纯洁性。1942 年 2 月，中国共产党以延安为中心，在全党范围内开展了深刻的马克思主义思想教育运动，实现了在以毛泽东同志为核心的党中央领导下全党新的团结和统一，开创了党内集中教育活动的先河。自此以来，整风运动、整党运动、"三讲"教育活动、保持共产党员先进性教育活动、深入学习实践科学发展观活动、争先创优活动、党的群众路线教育实践活动、"三严三实"专题教育、"两学一做"学习教育、"不忘初心、牢记使命"主题教育、党史学习教育、学习贯彻习近平新时代中国特色社会主义思想主题教育、党纪学习教育、深入贯彻中央八项规定精神学习教育，每一次全党集中教育活动都体现了党对先进性和纯洁性的不懈追求。从毛泽东要求党员干部"应成为学习的模范"，到邓小平同志提出"办好学校，培养干部，才是最基本的建设"②，再到习近平总书记强调"要教育引导全党从党的非凡历程中领会马克思主义是如何深刻改变中国、改变世界的，感悟马克思主义的真理力量和实践力量"③，充分体现出党一以贯之增强忧患意识，不断保持党的先进性和纯洁性的坚定决心，党的创造力、凝聚力、战斗力显著提高。广大共产党人不断提高政治判断力、政治领悟力、政治执行力，自觉在思想上政治上行动上同党中央保持高度一致，在大是大非面前旗帜鲜明，在风浪考验面前无所畏惧，在各种诱惑面前立场坚定，坚持以人民为中心的发展理念，践行全心全意为人民服务的宗旨意识，为人民办实事、解难题，有力推动了党的建设和党的各项事业不断发展。

2. 增强忧患意识必须用好党内关键节点与重大活动载体

教育引导大学生党员深刻领悟在党的百余年奋斗历程中，党内关键节点与重大活动载体对于增强全党忧患意识的作用尤为突出。革命时期，在红军第五次反"围

---

① 习近平谈治国理政：第 2 卷［M］．北京：外文出版社，2017：67.

② 邓小平文选：第 1 卷［M］．北京：人民出版社，1994：209.

③ 习近平．在党史学习教育动员大会上的讲话［J］．党建，2021（04）：4—11.

剿"失败和长征初期严重受挫的历史关头，党中央深怀忧患意识，1935 年 1 月，召开了具有伟大转折意义的遵义会议，确立了毛泽东同志在党中央和红军的领导地位，开启了党独立自主解决中国革命实际问题的新阶段，在最危急关头挽救了党、挽救了红军、挽救了中国革命。在党内对中国革命的道路、对革命形势的判断以及对如何运用马克思主义科学理论指导中国革命实践等重大问题的理解和把握存在重大争论和原则分歧的紧要关头，1938 年 10 月，毛泽东在六届六中全会上作了题为《论新阶段》的政治报告，提出"马克思主义中国化"的革命任务和发展道路，强调"马克思主义必须和我国的具体特点相结合并通过一定的民族形式才能实现"，"按照中国的特点去应用它，成为全党亟待了解并亟须解决的问题"①。他首次运用了"实事求是"的概念，指出"共产党员应是实事求是的模范，又是具有远见卓识的模范；因为只有实事求是，才能完成确定的任务；只有远见卓识，才能不失前进的方向"②。大会尤其批判了"一切经过统一战线""一切服从统一战线"的右倾投降主义主张，强调正确的统战方针应该是既统一又独立。中华人民共和国成立后，1950 年 6 月，朝鲜内战爆发，美帝国主义把战火烧到中朝边境，我国安全面临严重威胁。党和政府以强烈的忧患意识、非凡的气魄和胆略，作出抗美援朝、保家卫国的历史性决策。"打得一拳开，免得百拳来"，帝国主义再也不敢作出武力进犯我国的尝试，我国真正站稳了脚跟。同时，确立和巩固党对国家的领导地位也是关键。1954 年 2 月，党召开七届四中全会，通过《关于增强党的团结的决议》，强调党的团结是党的生命，全党同志特别是党的高级干部对于党的团结的必要和自身责任的重大要有高度的自觉性，在实行社会主义改造的紧要历史关头，唤起了全党同志的革命警惕性，更加增强党的团结，保证了过渡时期总路线的实施。"文革"结束后，党面临着思想、政治、组织等多领域全面拨乱反正的任务。1978 年 12 月，党召开党的十一届三中全会，实现了中华人民共和国成立以来具有深远意义的伟大转折。邓小平指出："解放思想是当前的一个重大政治问题"，"只有思想解放了，我们才能正确地以马列主义、毛泽东思想为指导，解决过去遗留的问题，解决新出现的一系列问题。"③全会高度评价关于真理标准的讨论，重新确立了党的实事求是的思想路线，开启了改革开放和社会主义现代化的伟大征程。党的十八大以来，

---

①　毛泽东选集：第 2 卷［M］.北京：人民出版社，1991：534.

②　毛泽东选集：第 2 卷［M］.北京：人民出版社，1991：522–523.

③　邓小平文选：第 2 卷［M］.北京：人民出版社，1994：141–142.

以习近平同志为核心的党中央高度重视用好党内关键节点加强忧患意识教育，尤其是在庆祝中国共产党成立 100 周年这个特殊的时间节点。习近平总书记强调："我们要抓住建党一百年这个重要节点，从具有许多新的历史特点的伟大斗争出发，总结运用党在不同历史时期成功应对风险挑战的丰富经验，做好较长时间应对外部环境变化的思想准备和工作准备，不断增强斗争意识、丰富斗争经验、提升斗争本领。"①同时，中国共产党依托重大活动载体持续强化增强忧患意识常态化制度化相关举措，不断构建忧患意识教育的长效机制。比如，以立法的形式确立了一系列重大纪念日，纪念重大历史事件、缅怀革命先烈，教育全党牢记初心使命，不能忘记来时的路，不能忘记为了民族独立和人民解放、国家繁荣富强和人民共同富裕而牺牲的人民英雄，不能忘记中华民族为实现伟大复兴所经历过的深重苦难。这些纪念日的确立和相关活动的制度化，激励全党坚决肩负好中国共产党作为执政党光荣而伟大的历史使命，将承载这一历史使命的忧患意识深刻融入日常，以制度化的形式代代相守世世相传。

3. 增强忧患意识必须发挥党组织引领作用与党员主体作用

教育引导大学生党员深刻领悟中国共产党是按照民主集中制原则组织起来的马克思主义政党。党的十九大将"中国特色社会主义最本质的特征是中国共产党领导，中国特色社会主义制度的最大优势是中国共产党领导，党是最高政治领导力量"②确立为习近平新时代中国特色社会主义思想的重要内容，并把这一重大政治原则写入党章。中国共产党之所以有力量，在于党在不同历史时期，始终增强忧患意识，面对重大风险挑战，迎难而上，敢于胜利，充分发挥了党组织引领与党员主体作用。革命战争年代，在残酷的斗争环境中，党时刻保持高度警惕，在与强大敌人的长期斗争中成长壮大。"红旗能打多久"这个问题时刻考验着党。毛泽东等老一辈革命家，始终增强忧患意识，坚定中国革命必定胜利的信念，探索和研究中国的道路和中国方案，写就了《中国的红色政权为什么能够存在》《井冈山的斗争》《星星之火，可以燎原》等著作，正面回答了"红旗能够打多久"的问题，极大的鼓舞了正处在革命困难的低潮期的广大共产党员。面对抗日战争会怎样发展，中国能否取得抗战胜利，如何才能取得胜利等问题，毛泽东同志写就了《论持久战》，为最终胜利提供了思想上政治上的指引，让深陷绝望中的广大人民豁然开朗。中华

① 习近平.在党史学习教育动员大会上的讲话［J］.党建，2021（04）：4-11.

② 习近平.决胜全面建成小康社会夺取新时代中国特色社会主义伟大胜利——在中国共产党第十九次全国代表大会上的报告［N］.人民日报，2017-10-28（01）.

人民共和国成立后，对于危及党的执政地位、国家政权稳定，危害国家核心利益，危害人民根本利益的重大风险挑战，党毫不犹豫、坚决斗争、坚决胜利。改革开放以来，面对社会矛盾易发多发频发，面对世界社会主义出现严重曲折，党把增强抵御风险能力作为党的建设重大历史性课题，成功应对各种风险挑战。1980年，邓小平郑重提出做合格党员问题，明确指出："执政党应该是一个什么样的党，执政党的党员应该怎样才合格，党怎样才叫善于领导？"①"我们这个党要恢复优良的传统和作风，有一个党员要合格的问题。合不合乎党员的资格，合不合乎党员的条件，这个问题不只是提到新党员面前，也提到一部分老党员面前了。"②并强调，"所有共产党员都要增强党性，遵守党的章程和纪律"③，要通过思想教育，"使全党在思想上政治上和精神状态上有显著的进步，党员为人民服务而不谋私利的觉悟有显著的提高，党和群众的关系有显著的改善"④。党的十八大以来，党清醒认识内外环境新的重大变化和面临的风险挑战，把保证国家安全作为巩固执政地位、坚持和发展中国特色社会主义的头等大事。习近平总书记强调："随着我国社会主要矛盾变化和国际力量对比深刻调整，必须增强忧患意识、坚持底线思维，随时准备应对更加复杂困难的局面。"⑤党统筹发展和安全，贯彻总体国家安全观，领导人民有效应对重大挑战、抵御重大风险、克服重大阻力、解决重大矛盾。从长征的突围到抗日的血战，从建设的探索到改革的攻坚，从站起来、富起来到强起来，历史实践不断证明，在百余年奋斗征程中，各级党组织和广大党员保持强烈的忧患意识，始终居安思危，克服各种艰难险阻、应对各种风险挑战，涌现出一大批视死如归的革命烈士、一大批顽强奋斗的英雄人物、一大批忘我奉献的先进模范。一代代优秀共产党人身上呈现出不畏强敌、不惧风险、敢于斗争、敢于胜利的风骨和品质，成为了党组织引领与党员主体作用发挥最鲜明的特质和特点。

4. 增强忧患意识必须大力推动党的自我革命

教育引导大学生党员深刻领悟"勇于自我革命，从严管党治党，是我们党最

---

① 邓小平文选：第2卷［M］.北京：人民出版社，1994：276.

② 邓小平文选：第2卷［M］.北京：人民出版社，1994：269.

③ 邓小平文选：第3卷［M］.北京：人民出版社，1993：46.

④ 邓小平文选：第2卷［M］.北京：人民出版社，1994：279.

⑤ 习近平在省部级主要领导干部坚持底线思维着力防范化解重大风险专题研讨班开班式上发表重要讲话强调 提高防控能力着力防范化解重大风险 保持经济持续健康发展社会大局稳定［N］.人民日报，2019-01-22.

鲜明的品格"①，是马克思主义政党的政治基因。党的自我革命精神源于马克思主义政党的极强自我修复能力和对崇高历史使命的高度自觉。党历经百余年风雨仍然走在时代前列、保持青春活力，在于党不但能够领导人民进行伟大的社会革命，也能够进行伟大的自我革命，始终坚持党要管党、全面从严治党，与时俱进推进自我净化、自我完善、自我革新、自我提高，始终保持肌体健康和生机活力。中国共产党在领导人民取得革命、建设、改革伟大成就的同时，也经历过失误和曲折。但是，党能够正视自身的问题，勇于坚持真理、修正错误，不断战胜自我、超越自我，领导人民继续前进。人民至上的深厚情怀、对党的事业的高度责任感、民主集中制的根本组织原则、批评与自我批评的有力武器，使得党既有敢于面对错误的勇气，也有认识错误、修正错误的能力。革命时期，中国共产党高度重视思想建设，为自我革命提供理论根基。建党初期，面临党内存在严重的极端民主化、重军事轻政治等非无产阶级思想，在 1929 年 12 月召开的古田会议上，毛泽东首次提出"使党员的思想和党内的生活都政治化、科学化"②的思想，会议通过的《关于纠正党内的错误思想》明确要求：党要成为部队的"领导中枢"，"党对于军事工作要有积极的注意和讨论。一切工作，在党的讨论和决议之后，再经过群众去执行"③。深刻阐述了党的思想建设的极端重要性，确立了党对军队绝对领导的原则。从古田会议决定把思想建设放在党的建设首位，到党的六届六中全会提出"马克思主义中国化"命题，再到党的七大将毛泽东思想确立为党的指导思想并写入党章，中国共产党逐步找到清除思想灰尘、实现自我净化的有力武器。此外，党非常重视加强革命纪律，不断丰富并严格执行"三大纪律、八项注意"，党员一旦违反纪律则要受到严厉惩处。延安时期，立下战功但犯有严重罪行的黄克功被依法处决，就是"共产党与红军，对于自己的党员与红军成员不能不执行比较一般平民更加严格的纪律"④的生动例证。社会主义建设时期，中国共产党着力制度反腐，探索自我革命的崭新路径。中华人民共和国成立初期，党内居功自傲、贪图享乐等消极情绪有所抬头，官僚主义、命令主义等不良作风有所滋长，严重危害党群关系，破坏执政根基。党深入总

---

① 习近平.决胜全面建成小康社会夺取新时代中国特色社会主义伟大胜利——在中国共产党第十九次全国代表大会上的报告［N］.人民日报，2017–10–28（01）.

② 中共中央宣传部理论局.全面从严治党面对面：理论热点面对面［M］.北京：学习出版社，2017：23.

③ 毛泽东选集：第 1 卷［M］.北京：人民出版社，1991：88–89.

④ 毛泽东选集：第 2 卷［M］.北京：人民出版社，1993：39.

结正反两方面经验教训，发挥制度建设的根本性、全局性和长期性作用，探索以制度建设特别是制度反腐推动自我革命的新举措、新路径。在 1951 年的"三反"中，党严肃查处了刘青山、张子善等贪污案，严肃了党纪党风。1955 年，党中央慎重严肃处理高岗、饶漱石破坏党的团结的严重事件，有力维护和增强了党的团结，使全党特别是党的高级干部受到深刻的教育。党逐步形成了领导干部廉洁自律、集中力量查处大案要案和纠正行业不正之风一起抓的工作格局，先后出台有关组织、监督、党风廉政建设的党规党法，着力用制度解决不正之风和腐败问题，为党的自我革命和全面从严治党奠定了制度基础。改革开放以来，中国共产党以党内突出问题的化解聚力自我革命。党的十一届三中全会冲破长期"左"的错误的严重束缚，批评"两个凡是"的错误方针，重新确立马克思主义的思想路线、政治路线、组织路线，作出把党和国家工作重心转移到经济建设上来、实行改革开放的历史性决策，实现了中华人民共和国成立以来党的历史上具有深远意义的伟大转折。党的十一届六中全会通过《关于建国以来党的若干历史问题的决议》，系统总结中华人民共和国成立以来社会主义革命和建设正反两方面的历史经验特别是"文化大革命"的沉痛教训，使党在坚持真理、修正错误中向前迈进了一大步。进入新时代，党的自我革命深入推进，开创了自我革命新境界。将"自我革命"明确纳入党的建设总要求，强调"不断提高党的建设质量，把党建设成为始终走在时代前列、人民衷心拥护、勇于自我革命、经得起各种风浪考验、朝气蓬勃的马克思主义执政党"[1]。面对党面临的重大风险考验和党内存在的突出问题，以习近平同志为核心的党中央以党的政治建设为统领推进自我革命，以顽强的意志品质正风肃纪，大力纠治形式主义、官僚主义、享乐主义和奢靡之风，以雷霆万钧之势反腐惩恶，坚持"打虎""拍蝇""猎狐"无禁区、全覆盖、零容忍，以彻底的自我革命精神铲除各种顽瘴痼疾、解决各种深层次矛盾和问题，消除了党和国家内部存在的严重隐患，党在革命性锻造中更加坚强有力。

（三）中国共产党增强忧患意识的启示教育

行百里者半九十。习近平总书记指出，"我们党是生于忧患、成长于忧患、

---

① 习近平.决胜全面建成小康社会夺取新时代中国特色社会主义伟大胜利——在中国共产党第十九次全国代表大会上的报告［N］.人民日报，2017-10-28（01）.

壮大于忧患的政党"①。大学生党员教育应引导大学生党员深刻理解百余年来，中国共产党领导人民创造了引以为豪的辉煌成就，但不能骄傲自满、止步不前，必须清醒认识到，我国仍处于并将长期处于社会主义初级阶段的基本国情没有变，我国是世界最大发展中国家的国际地位没有变；必须清醒认识到，实现伟大梦想从来都不是在风平浪静、一马平川中顺利进行的，必然是在应对挑战、化解风险中艰难奋进的。必须增强忧患意识，砥砺初心品格，时刻警惕精神懈怠，在新征程上始终保持永不懈怠的精神状态和一往无前的奋斗姿态。

1. 增强忧患意识是全党永葆初心、勇担使命的应然要求

教育引导大学生党员深刻理解增强忧患意识是中国共产党初心使命的坚守，作为马克思主义政党，中国共产党摆脱了以往一切政治力量追求自身特殊利益的局限，一经诞生就把为中国人民谋幸福、为中华民族谋复兴确立为自己的初心使命，这也决定了中国共产党人党性和人民性的高度统一。时代是出卷人，人民是阅卷人。谁能真正代表人民的利益，和人民一起奋斗、一起牺牲、一起创造，人民就会选择谁、跟谁干。习近平总书记深刻指出："当前和今后一个时期是我国各类矛盾和风险易发期，各种可以预见和难以预见的风险因素明显增多。""历史和现实都告诉我们，只要毫不动摇坚持和加强党的全面领导，不断增强党的政治领导力、思想引领力、群众组织力、社会号召力，永远保持党同人民群众的血肉联系，我们就一定能够形成强大合力，从容应对各种复杂局面和风险挑战。"增强忧患意识是党团结带领人民进行具有许多新的历史特点的伟大斗争的客观需要，全党必须始终牢记初心和使命，坚持以人民为中心，始终保持同人民群众的血肉联系，持之以恒加强思想淬炼、政治历练、实践锻炼、专业训练，向实现第二个百年奋斗目标努力奋进；必须深刻认识"进入新发展阶段，贯彻新发展理念，构建新发展格局，需要解决的问题会越来越多样、越来越复杂"②，提升解决复杂实际问题的能力和水平，更好地肩负起新时代的初心使命；必须不断提高依靠人民创造历史伟业的自觉性坚定性，坚持紧紧依靠人民，投身新时代中国特色社会主义伟大实践，为人民创造美好生活，实现中华民族伟大复兴。

---

① 中共中央政治局召开民主生活会 以认真学习贯彻习近平新时代中国特色社会主义思想 坚定维护以习近平同志为核心的党中央权威和集中统一领导 全面贯彻落实党的十九大各项决策部署情况为主题进行对照检查 中共中央总书记习近平主持会议并发表重要讲话［N］. 光明日报，2017-12-27（01）.

② 习近平在中央党校（国家行政学院）中青年干部培训班开班式上发表重要讲话强调 年轻干部要提高解决实际问题 能力想干事能干事干成事［N］. 人民日报，2020-10-11（01）.

2. 增强忧患意识要求全党必须牢固树立底线思维

教育引导大学生党员深刻理解中国共产党团结带领中国人民之所以能取得今天的发展成就，成功应对重大挑战、抵御重大风险、克服重大阻力、解决重大矛盾，正是因为不断增强"居安思危，未雨绸缪"的忧患意识，高度重视底线思维。"不困在于早虑，不穷在于早豫。"随着国内外形势发生深刻而复杂的变化，我国发展面临的内外部风险空前上升，全党增强忧患意识必须牢固树立底线思维，统筹发展和安全，防范和化解影响我国现代化进程的各种风险，坚持政治安全、人民安全、国家利益至上有机统一，以坚定的意志品质维护国家主权、安全、发展利益。习近平总书记深刻指出："面对波谲云诡的国际形势、复杂敏感的周边环境、艰巨繁重的改革发展稳定任务，我们必须始终保持高度警惕，既要高度警惕"黑天鹅"事件，也要防范"灰犀牛"事件；既要有防范风险的先手，也要有应对和化解风险挑战的高招；既要打好防范和抵御风险的有准备之战，也要打好化险为夷、转危为机的战略主动战。"① 辩证唯物主义是我们的世界观和方法论，是树牢底线思维的方法论基础，这就要求我们把握好三组辩证关系。一是把握好风险和机遇的辩证关系。底线思维不是守住底线而无所作为的消极、被动思维，而是着眼最坏、谋求主动，奋发向上的积极、主动思维。底线思维，就是要弄清什么是底线、底线在哪里、超越底线的最大危害是什么、如何有效规避不可预期的风险等问题，同时兼顾有利因素和不利因素，保持思想上的主动，采取积极的应对策略，更好地把握和运用事物发展的规律和趋势。二是把握好底线和高线的辩证关系。守住底线只是最低要求，更重要的是千方百计向高线进军。"凡事从坏处准备，努力争取最好的结果"②，每一次底线目标的达成都为高线目标的实现创造了前提条件，而以往许多似乎遥不可及的高线在历史的目的性活动中已悄然转化为底线。底线思维能力，就是客观地设定最低目标，立足最低点，争取最大期望值的能力。三是把握好防御和进取的辩证关系。科学的底线思维是建立在对主观能动性的正确理解之上的。坚持底线思维防范化解重大风险，就是要解决重大矛盾，进行伟大斗争，科学预见形势发展走势和隐藏其中的风险挑战，做到未雨绸缪。底线思维不是消极懈怠、无所作为的被动性思维，而是典型的积极防御思维。底线思维是杜绝侥幸心理和麻痹心态，把成功建立在穷尽我们所能实现的认知、竭尽我们所能具备的力量上。始终做到有备无患、

① 习近平谈治国理政：第 3 卷 [M].北京：外文出版社，2020：219-220.

② 以底线思维定边界——我们需要怎样的"改革思维"之五 [N].人民日报，2014-03-17 (05).

遇事不慌，牢牢把握主动权。

3. 从中华优秀传统文化中汲取增强全党忧患意识的有益滋养

教育引导大学生党员深刻理解中华优秀传统文化是民族的根与魂。忧患意识是中华民族自古就有的精神传统和内在品格，是中华民族绵延不息、赓续繁荣的重要基因。中华优秀传统文化能够为增强全党忧患意识提供强大精神支撑和丰厚文化滋养。"安而不忘危，存而不忘亡，治而不忘乱"的治理经验，"君子忧道不忧贫"的使命担当，"生于忧患而死于安乐"的深刻警醒，"先天下之忧而忧，后天下之乐而乐"的境界追求，这些都对中华民族历经沧桑却生生不息，苦难深重却绵延不绝起到了重要作用。这份内生于中华文明的忧患之心，更是为中国共产党人所传承并实现了创造性转化和创新性发展。新的征程上，增强全党忧患意识是对中华优秀传统文化中忧患意识的继承和发扬，是在新时代党中央治国理政的伟大实践中形成和发展起来的优秀思想意识和独特精神品格。爱国主义是中华民族的民族心、民族魂，增强全党忧患意识应当继承和发展以爱国主义为核心的民族精神，将热爱祖国与热爱中国共产党、热爱社会主义相统一，使爱国主义的思想内涵不断丰富、精神境界不断升华，始终与中华民族伟大复兴同频共进。改革创新精神是中华民族深沉而悠久的民族禀赋，更是关乎党的事业兴衰成败的重大命题，增强全党忧患意识应当继承和发展以改革创新为核心的时代精神，坚持创新在我国现代化建设全局中的核心地位，把科技自立自强作为国家发展的战略支撑，为全面建成社会主义现代化强国提供无比坚韧的信念支撑和源源不断的精神动力。

4. 在全面从严治党实践中探索建立增强全党忧患意识的有效机制

教育引导大学生党员深刻理解管党治党做得好、管得严，党和国家的事业就会高歌猛进、欣欣向荣；管党治党失之于宽、失之于松、失之于软，党和国家的事业就会受到损失，党的形象就会受到严重损害。"我们党作为百年大党，如何永葆先进性和纯洁性、永葆青春活力，如何永远得到人民拥护和支持，如何实现长期执政，是我们必须回答好、解决好的一个根本性问题。"[①]打铁必须自身硬。增强全党忧患意识，必须融入新时代党的建设新的伟大工程，应当着力解决好"其兴也勃焉，其亡也忽焉"的历史性课题，增强要管党、从严治党的自觉，提高党的执政能力和领导水平，增强党自我净化、自我完善、自我革新、自我提高能力，确保党

---

① 中共中央党史和文献研究院.习近平关于全面从严治党论述摘编［M］.北京：中央文献出版社，2021：44.

永远不变质、不变色、不变味。面对新时代新使命对党的建设提出的新要求新目标，应将增强忧患意识与推进全面从严治党有机统一、一体推进，以"越是艰险越向前"的英雄气概和"狭路相逢勇者胜"的斗争精神，一刻不停歇地推动全面从严治党向纵深发展，做到管党有方、治党有力、建党有效。第一，在加强党的全面领导上下功夫。习近平总书记反复告诫全党："中华民族伟大复兴绝不是轻轻松松、敲锣打鼓就能实现的。"①只有坚定不移坚持和加强党的全面领导、坚持不懈完善和健全党的全面领导制度，才能始终坚定正确政治方向，充分发挥党总揽全局、协调各方的领导核心作用，把党的领导落实到统筹推进"五位一体"总体布局、协调推进"四个全面"战略布局各方面。第二，在加强理论武装上下功夫。深入学习贯彻习近平新时代中国特色社会主义思想，完善并严格落实不忘初心、牢记使命的制度，将其作为加强党的建设的永恒课题和全体党员、干部的终身课题，形成长效机制，确保全党遵守党章，恪守党的性质和宗旨，自觉增强"四个意识"、坚定"四个自信"、做到"两个维护"，牢记"国之大者"，在思想上政治上行动上同以习近平同志为核心的党中央保持高度一致，锤炼忠诚干净担当的政治品格。第三，在完善全面从严治党制度上下功夫。全面从严治党，靠什么严、靠什么治？根本上还是靠严明党纪，靠法规制度。党的十八大以来，以习近平同志为核心的党中央，把制度建设作为事关党长期执政和国家长治久安的重大战略任务，摆在更加突出的位置，贯穿于政治建设、思想建设、组织建设、作风建设、纪律建设和反腐败斗争的全过程，推动形成了配套完备、有效管用的党内法规制度体系。新征程上，要全面贯彻新时代党的建设总要求，深化党的建设制度改革，通过依规治党，让制度发力生威，为全面从严治党提供有力保障。

（四）新时代开展大学生党员忧患意识教育的主要内容

对新时代大学生党员开展忧患意识教育应当注重从国家、社会、个体三个维度共同发力，引导和促进他们忧"国之将强"面临的风险与挑战，忧"民之向往"尚存的差距与弱项，忧"己之奋斗"潜在的懈怠与不足，把为国家、社会和集体分忧解忧内化为一种思想自觉和行动自觉。

1. 国家维度的忧患意识教育：忧"国之将强"面临的风险与挑战

当前，我国在中国共产党坚强领导下全面建成了小康社会，中华民族伟大复

---

① 习近平.决胜全面建成小康社会夺取新时代中国特色社会主义伟大胜利——在中国共产党第十九次全国代表大会上的报告［N］.人民日报，2017-10-28（01）.

兴进入了不可逆转的历史进程。党的十九大作出的"到二〇三五年……基本实现社会主义现代化""在本世纪中叶建成富强民主文明和谐美丽的社会主义现代化强国"①的战略安排，意味着中华民族正迎来从站起来、富起来到强起来的伟大飞跃。在"国之将强"的大趋势下，党和国家事业也面临着严峻挑战和不可忽视的风险。为此，在对大学生党员讲清楚光明前景，增强其信仰信念信心的同时，有必要对其进行"忧国"维度的忧患意识教育。一是教育引导大学生党员深刻认识全面建设社会主义现代化国家面临的风险挑战。当今世界正处于百年未有之大变局，国际和国内环境都存在诸多不确定因素。从国际环境来看，逆全球化愈演愈烈，国际经济格局深刻调整，新技术革命迅猛推进，国际治理体系加速重构，不稳定性不确定性因素明显增加。从国内环境看，进入新发展阶段还面临不少风险挑战，客观存在的"白天鹅"和"黑犀牛"事件对推进中国特色社会主义现代化事业提出了许多重大挑战。因此，必须加强对大学生党员的底线思维教育，确保其在重大风险考验面前不迷失方向。二是教育引导大学生党员牢固树立"红色江山来之不易"的历史自觉。当前，我国的经济实力、科技实力、综合国力显著增强，当代大学生党员见证了建党百年的光辉时刻，整体上呈现出强烈的爱国情和自豪感。高校应当把党和国家事业发展的光辉历程、重大成就和宝贵经验向大学生党员阐释清楚，把红色政权的来之不易、中华人民共和国的来之不易、中国特色社会主义的来之不易讲透彻，引导大学生党员在"中国之治"与"西方之乱"的鲜明对比中增强忧患意识，自觉地爱党爱国爱社会主义，在全面建设社会主义现代化国家进程中贡献力量。三是教育引导大学生党员直面新发展阶段存在的短板弱项并转化为个人奋斗目标。当前，我们已经开启全面建设社会主义现代化国家新征程，贯彻新发展理念，构建新发展格局，必须增强忧患意识、树牢底线思维。在从高速发展向高质量发展转化的进程中，我国正面临着许多困难和挑战，比如，脱贫攻坚成果还需巩固，经济发展不少领域大而不强，重点领域关键环节改革任务仍然艰巨，原始创新能力还不强，核心技术"卡脖子"问题仍然突出，高水平科技自立自强还有差距，等等。为此，迫切需要高校将国际环境的加速调整和国内改革发展稳定面临的问题挑战作为国家维度忧患意识教育的重要内容，教育引导大学生党员在增强忧患意识中奋发有为、建功立业。

---

① 习近平.决胜全面建成小康社会夺取新时代中国特色社会主义伟大胜利——在中国共产党第十九次全国代表大会上的报告［N］.人民日报，2017-10-28（01）.

2. 社会维度的忧患意识教育：忧"民之向往"尚存的差距与弱项

中国共产党始终坚持马克思主义发展观，始终把广大人民对美好生活的向往作为自身不懈奋斗的目标。从革命年代保护人民权利、实现"耕者有其田"，到社会主义建设时期集中力量提高生产力、改善人民生活水平，从改革开放以来提出"社会主义要消灭贫穷""社会主义最大的优越性就是共同富裕"①，到进入中国特色社会主义新时代把脱贫攻坚作为重中之重，并推动构建初次分配、再分配、三次分配协调配套的基础性制度安排，都以满足"民之向往"为根本目的。当前，我国已进入新发展阶段，社会主要矛盾已经转化为人民日益增长的美好生活需要和不平衡不充分的发展之间的矛盾。人民美好生活需要是多方面的，涉及经济、政治、文化、社会、生态文明等各领域，实现人民美好生活需要取决于推动人的全面发展以及全体人民共同富裕取得更为明显的实质性进展。不平衡不充分主要体现在教育改革需要持续深化，就业公共服务体系需要健全，城乡区域发展、收入分配差距较大，民生保障还有短板，社会保险制度尚不健全，生态环保有待提升，社会治理还需加强，公共文化服务水平仍有待提高等方面。《中华人民共和国国民经济和社会发展第十四个五年规划和 2035 年远景目标纲要》指出，"十四五"时期经济社会发展要实现"民生福祉达到新水平"。因此，大学生党员要成长为堪当民族复兴重任的时代新人，就应当将"民之向往"尚存的差距与弱项作为努力方向，将忧患意识转化为奉献祖国、奉献人民的不竭动力，肩负起推动社会发展的历史使命。要教育引导大学生党员深刻认识进入新发展阶段、贯彻新发展理念、构建新发展格局面临的新矛盾新挑战，增进对社情民情的了解，进一步明确学习目标和成长路径。要引导大学生党员坚持以人民为中心、为人民成才的理念，把所学专业和经济社会发展需求紧密结合，把个人价值追求与实现人民对美好生活的向往紧密相连，锤炼过硬本领，增强忧患意识，在对标"民之向往"中发现问题、直面问题、解决问题，为增强人民的获得感、幸福感、安全感而成才奉献。

3. 个人维度的忧患意识教育：忧"己之成长"潜在的懈怠与不足

中国古代先贤提出，"立志而圣则圣矣，立志而贤则贤矣"。故而只有把小我真正融入国家发展、民族进步、人民幸福的大我之中，才能在坚定信仰和实现价值中擦亮青春的底色。马克思、恩格斯提出，未来社会应该是"以每个人的全面而

---

① 邓小平文选：第 3 卷 [M].北京：人民出版社，1993：116，364.

自由的发展为基本原则的社会形式"①，青年人应该是"能够熟悉整个生产系统"，"摆脱……分工给每个人造成的片面性"②，只有这样才是一个全面发展的人。坚持德智体美劳全面发展，是当代大学生党员成长为祖国建设栋梁之才的基本规格。习近平总书记强调，"广大青年要爱国爱民，要锤炼品德，要勇于创新，要实学实干"③。这就要求当代大学生党员坚定听党话、跟党走的信念，胸怀忧国忧民之情，勇于奋进、勇于开拓、勇于奉献。当代大学生党员生逢盛世，享受着幸福生活，但是有的学生对于幸福生活从何而来以及来之不易缺乏深刻的体悟。一些学生缺乏坚定的理想信念和艰苦奋斗的精神，或多或少存在着发展目标不明、精神状态懈怠、学习动力不足、心理素质不强、追求享乐安逸等问题。伟大复兴的光荣使命，要靠不懈奋斗方能实现，加强忧患意识教育对于大学生党员树立崇高理想、激发奋斗精神至关重要。高校应当教育引导广大大学生党员牢固树立远大理想，激扬家国情怀，"审天下之势而应天下之务"，把志向定位于国家发展、社会脉动的时代坐标之中，坚定"强国有我"的思想自觉和行动自觉。应当教育引导大学生党员担当时代责任，砥砺坚毅品格，坚定"越是艰险越向前"的自信，涵养"千磨万击还坚劲"的勇毅，展现"乘风破浪""奋楫前行"的干劲，从挫折中不断奋起、永不气馁，以奋斗精神磨砺品格，牢记时代使命，勇挑历史重担。应当教育引导大学生党员坚持知行合一，在强烈的忧患意识中，刻苦学习，练就过硬本领，以真才实学让实现个人梦想与民族复兴同频共振。

---

① 马克思恩格斯选集：第 2 卷［M］.北京：人民出版社，1995：239.
② 马克思恩格斯文集：第 1 卷［M］.北京：人民出版社，2009：689.
③ 习近平.坚持中国特色世界一流大学建设目标方向 为服务国家富强民族复兴人民幸福贡献力量［N］.人民日报，2021-04-20（01）.

第四章 新时代大学生党员教育方法创新

党的十八大以来，高校各级党组织采取大规模集中轮训、严格日常教育、深化实践锻炼等举措，着力加强和改进大学生党员教育方法，取得明显成效。大学生党员教育方式方法，是指开展大学生党员教育时，在原则理念指导下，根据不同教育任务、内容、对象，所选择的工作路径、所依托的活动载体、所运用的抓手举措等。科学合理的方式方法是实现精准施教、提高党员教育针对性和有效性的关键所在。新时代大学生党员教育应积极创新思想政治工作方式方法，坚持以改革增强时代感、以创新提升吸引力，讲好"大思政课"，做到因事而化、因时而进、因势而新。坚持集中学习和自主学习相结合，坚持规定动作和自选动作相结合，开展特色鲜明、形式多样的学习教育；提高政治定力和政治能力，要靠学习，更要靠政治历练和实践锻炼；运用新媒体新技术使工作活起来，推动思想政治工作传统优势同信息技术高度融合。

第一节 大学生党员教育的基本组织方式

从基本组织方式看，大学生党员教育可分为集中性教育和经常性教育。大学生党员教育是一门科学，要聚焦"教"与"育"融合推进、"供"与"需"精准匹配等实践课题，总结、把握、运用内在规律。大学生党员教育应健全经常性教育与集中性教育协同机制，既及时总结集中性教育成功经验并运用到经常性教育之中，又着力抓实经常性教育以巩固拓展集中性教育成果。

一、集中性教育

大学生党员集中性教育指的是党组织按照党中央部署要求，组织大学生党员认真参加党内集中学习教育，引导大学生党员围绕学习教育主题，深入学习党的创新理论，查找解决自身存在的突出问题。进入新时代，以习近平同志为核心的党中央不断进行实践创新、理论创新、制度创新，推动了新时代党内集中教育不断取得新突破、开创新局面、展现新气象。习近平总书记关于党内集中教育的重要论述，为新时代开展党内集中教育提供了根本遵循。习近平总书记强调："在全党开展集中性学习教育，是我们党推进自我革命的重要途径，也是一条重要经验。"在亲自谋划、亲自部署、亲自推动、亲身参与新时代历次集中教育的实践中，习近平总书记深刻总结党内历次集中教育的成功经验，着力聚焦新的时代课题和党内突出问题，发表一系列重要讲话、作出一系列重要指示批示，对党内集中教育的重大意义、功能定位、基本要求、主题任务、具体路径和科学方法等提出明确要求、作出深入阐发，形成了关于党内集中教育的系统论述。这些重要论述是一个主题鲜明、思想深邃、内涵丰富、系统完备的有机整体，科学回答了新时代"开展什么样的党内集中教育""为什么开展党内集中教育""怎样开展党内集中教育"等理论与实践问题，丰富和拓展了党对于建设长期执政的马克思主义政党的规律性认识，有力指导和推动了新时代历次集中教育的深入开展。

新时代大学生党员集中教育应聚焦党的建设面临的突出问题，不断丰富实践，推动全面从严治党不断向纵深发展。进入新时代，以习近平同志为核心的党中央，成功部署开展了八次党内集中教育。自 2013 年 6 月开始，以为民务实清廉为主要内容，党的群众路线教育实践活动自上而下分两批开展；2015 年 4 月开始，围绕"严以修身、严以用权、严以律己，谋事要实、创业要实、做人要实"要求，"三严三实"专题教育在县处级以上领导干部中开展；2016 年 2 月开始，"学党章党规、学系列讲话，做合格党员"学习教育在全体党员中开展，党内教育从"关键少数"向广大党员拓展、从集中性教育向经常性教育延伸；2019 年 5 月底开始，以"守初心、担使命，找差距、抓落实"为总要求，以县处级以上领导干部为重点，"不忘初心、牢记使命"主题教育在全党自上而下分两批开展；2021 年 2 月开始，党史学习教育在全党开展，要求做到学史明理、学史增信、学史崇德、学史力行，教育引导全党同志学党史、悟思想、办实事、开新局。2023 年 4 月开始，全党自上而下分两批开展学习贯彻习近平新时代中国特色社会主义思想主题教育，以"学思想、强党性、重实践、建新功"为总要求，教育引导党员在以学铸魂、以学增智、以学正风、以学促干等方面取得实实在在的成效。2024 年 4 月至 7 月，全党开展党纪学习教育，教育引导党员干部学纪、知纪、明纪、守纪，搞清楚党的纪律规矩是什么，弄明白能干什么、不能干什么，始终做到忠诚干净担当。2025 年全国两会后至 7 月，全党开展深入贯彻中央八项规定精神学习教育，引导党员、干部锤炼党性、提高思想觉悟，密切党群干群关系，以作风建设新成效推动保持党的先进性纯洁性、不断赢得人民群众信任拥护，为进一步全面深化改革、推进中国式现代化提供有力保障。新时代的党内集中教育，每一次都是党勇于推进自我革命、保持生机活力的成功实践，都是党激发干事创业精神、开创历史伟业的广泛动员。经过八次集中教育的革命性锻造，全党经历了深刻的思想教育、政治锻炼、党性锤炼和实践历练，在思想上更加统一、在政治上更加团结、在作风上更加务实、在行动上更加一致，党把方向、谋大局、定政策、促改革的能力不断提高，总揽全局、协调各方的领导核心作用充分发挥。

大学生党员集中教育还应加强集中教育的制度化建设。党的十八大以来，以习近平同志为核心的党中央坚持思想建党和制度治党同向发力，从实际出发，不断总结新的经验，加强顶层设计，推动建章立制，推动党内集中教育实现制度化、常态化、长效化。从中央八项规定到《党政机关厉行节约反对浪费条例》《党政机关国内公务接待管理规定》等一系列制度规定的出台，到印发《中共中央政治局贯彻落实中央八项规定实施细则》，再到开展深入贯彻中央八项规定精神学习教育；从党的群众路线教育实践活动提出坚持和完善包括党员、干部直接联系群众制度在内的一系列制度安排，到"三严三实"专题教育提出"建制度、立规矩，强化刚性执行，推动践行'三严三实'要求制度化、常态化、长效化"；从"两学一做"学习教育提出把"两学一做"作为"三会一课"基本内容固定下来，到印发《关于推进"两学一做"学习教育常态化制度化的意见》；从"不忘初心、牢记使命"主题教育中印发《关于巩固深化"不忘初心、牢记使命"主题教育成果的意见》，到党的十九届四中全会专门提出建立不忘初心、牢记使命的制度；从党史学习教育中要求"把党史学习教育融入日常、抓在经常"，到印发《关于推动党史学习教育常态化长效化的意见》，出台《党史学习教育工作条例》；从学习贯彻习近平新时代中国特色社会主义思想主题教育提出"学思想、强党性、重实践、建新功"总要求，到出台《关于在全党大兴调查研究的工作方案》《关于巩固拓展学习贯彻习近平新时代中国特色社会主义思想主题教育成果的意见》；再到党纪学习教育印发《关于在全党开展党纪学习教育的通知》，要求全党学习修订后的《中国共产党纪律处分条例》。党中央先后提出一系列要求、出台一系列文件、规范一系列机制，构建起一套系统完备、科学规范、运行有效的党内集中教育运行机制和制度体系。

二、经常性教育

大学生党员经常性教育主要通过发挥各级党组织的职责作用，特别是大学生党支部直接教育党员的职责作用，对大学生党员进行日常教育，提高大学生党员思想政治素质，增强大学生党员学习能力，发挥大学生党员先锋模范作用。大学生党员经常性教育是党的建设的一项基础性工作，内蕴着科学性和规律性，这就决定了开展大学生党员经常性教育要遵循以下工作原则。

1.大学生党员经常性教育要坚持理论联系实际的原则。大学生党员经常性教育应当坚持用科学理论武装头脑，围绕中心，服务大局，并要紧密联系大学生党员的思想、学习和生活实际，加强教育的针对性，做到有的放矢。只有这样，才能使大学生党员教育工作产生实效，使学生真正能受到教育。只讲理论，不联系实际，即使是正确的理论，也难以被大学生党员所接受。

2.大学生党员经常性教育要坚持正面灌输与自我教育相结合的原则。一方面，大学生党员经常性教育不仅要坚持正面灌输，还要努力增强教育的吸引力、感召力。另一方面，还要努力激发大学生党员自我提高、自我完善的内在动力，使他们能够自觉地用党章规范自己的言行，从而自觉形成奋发向上、刻苦学习的良好风尚。

3.大学生党员经常性教育要坚持教育与管理、监督相结合的原则。教育与管理、监督是紧密相连、互相依存的。教育要以管理、监督作为保证，离开了严格的管理、监督，教育的成果就难以巩固；管理、监督也应以教育为前提，离开了教育，再严格的管理、监督措施也失去了应有的教育意义。

4.大学生党员经常性教育要坚持身教重于言教的原则。大学生党员教育工作者如果讲得好，自己却做不到，言行不一，反而会使得大学生党员产生逆反心理。与言传相比较，如教育者能够以身作则、处处垂范，那更是一种无声的教育，也会是大学生党员教育产生实际效果的前提。因此，教育者对自己要高标准、严要求，处处以自己的模范行为影响被教育者。

5.大学生党员经常性教育要坚持解决思想问题与解决实际问题相结合的原则。大学生党员在工作、学习和生活中产生的各种思想问题，往往是由具体实际问题所引起的。因此，党组织在做大学生党员思想工作的同时，要积极主动地去发现、梳理并帮助大学生党员解决存在的实际问题。对于部分短时间内难以解决的问题，要耐心细致地做好宣传解释工作。

6.大学生党员经常性教育要坚持加强党性教育与严肃党纪相结合的原则。在加强大学生党员经常性教育的同时，对一些违反党的纪律的行为，应当坚决执行党的纪律。如果只进行教育，没有纪律的约束，教育也难以取得实效。

关于加强大学生党员经常性教育的具体方法，笔者认为抓实大学生党员经常性学习教育，应突出抓好大学生党员理论学习，落实"三会一课"、主题党日等制度，运用"学习强国"、共产党员网等平台，采取课堂讲授、政策解读、案例教学、现场体验等方式，推动党的创新理论学习走深走实走心。大学生党员经常性教育的方法途径主要如下。

1. 通过抓好学习培训加强大学生党员经常性教育。加强大学生党员经常性教育可以采取举办培训班、上党课、举行报告会和组织专题研讨等形式，有计划地组织好大学生党员的教育培训和集体学习。倡导大学生党员自主学习，引导大学生党员根据自身实际制定学习计划，利用课外时间自主选择学习内容和方式，认真开展自学。

2. 通过严格组织生活加强大学生党员经常性教育。加强大学生党员经常性教育应当教育引导大学生党员认真执行"三会一课"制度，坚持和完善民主评议党员制度，定期开展党员评议。大学生党员党支部应结合每年一次的专题组织生活会，开展民主评议党员工作，让大学生党员及时总结提升自身的学习成效。

3. 通过强化实践锻炼加强大学生党员经常性教育。加强大学生党员经常性教育可以通过重温入党誓词、过"政治生日"，用好学校和周边的红色资源、党性教育培训基地等，学习先进典型和身边榜样，常态化长效化开展经常性学习教育，开展党的宗旨教育、革命传统教育和爱国主义教育等，引导大学生党员筑牢信仰之基、补足精神之钙、把稳思想之舵，始终忠诚于党、忠诚于人民、忠诚于马克思主义。

第二节 大学生党员教育的一般组织形式

从一般组织形式看，大学生党员教育主要有集中培训、个人自学、组织生活、实践锻炼等方式。此外，加强新时代大学生党员教育还应当创新开展"党课开讲啦""学习身边榜样"等活动，因地制宜打造特色项目，不断提高大学生党员教育效果。

一、集中培训

集中培训是提高大学生党员思想觉悟和政治理论水平的最直接有效的形式之一。大学生党员教育集中培训应根据党的事业发展和党的建设重点任务，有计划地组织大学生党员参加集中培训（党员每年集中学习培训时间一般不少于32学时），使大学生党员教育实现全覆盖、有保证、见实效。

第一，大学生党员集中培训应当依托学校或学院分党校，结合实际，研究确定重点项目、对象和专题，以办班为基本方式，采取示范培训、重点培训、普遍培训等形式开展集中培训，并聚焦"教什么""谁来教""怎么教"的问题，不断推进大学生党员教育方式方法的创新。

第二，大学生党员集中培训应当坚持把党的创新理论作为党员教育培训的必修课，以"理论宣讲"为抓手，"量身定制"培训课程、"靶向"设置教学内容。大学生党员集中培训要把学习贯彻习近平新时代中国特色社会主义思想作为贯穿大学生党员教育培训的主题主线，坚定正确政治方向，抓好大学生党员集中培训、入党培训"第一课"，提高大学生党员拥护"两个确立"、做到"两个维护"的自觉性。

第三，大学生党员集中培训应发挥师资队伍主力军作用，坚持教育者先受教育，让有信仰的人讲信仰，创新打造党校系统"名师工程"。建立稳定师资队伍，注重从高校、党校等选派一批理论师资，从知名学者、重大典型人物中邀请一批专家师资，从优秀基层党组织书记中培养一批实践师资，常态化开展培训授课、课程录制、送教基层、课题研究等活动。

第四，大学生党员集中培训还应加强日常跟踪督导，延伸集中培训与集体学习相结合的学习链条，持续激发学习热情。抓好培训阵地建设，打造一批集中培训基地和现场教学基地，让党员培训有场所、学习有阵地。集中培训结束后，大学生党员应当及时进行培训总结，进一步深化学习内容，促进培训入脑入心。

二、个人自学

除了集中培训之外，开展大学生党员教育，还要积极倡导大学生党员自主学习，引导大学生党员根据自身实际和工作需要，制定学习计划，利用业余时间自主选择学习内容和方式，认真开展自学，这是大学生党员自我教育的好方法。

第一，开展大学生党员个人学习要求大学生党支部结合当代大学生党员的实际，对大学生自学的内容、教材、学习态度、学习方法、时间安排等统筹谋划并提出具体要求，全程认真做好组织工作。大学生党支部要督促大学生党员根据个人的实际情况，记好学习笔记，做到坚持不懈。

第二，开展大学生党员个人学习要注意形式和载体创新。大学生党员个人自学要适应时代发展要求，充分运用互联网技术和信息化手段，推动基层党建传统优势与现代信息技术深度融合。深度整合党建信息化资源，用好大学生党员教育培训平台，建设开通大学生党员网络学院、网上班级、E 支部等系统，让大学生党员可以随时随地开展学习培训。通过创新图文、视频、沙画、动漫等形式，推动大学生党员教育培训内容进网络、宿舍、教室、食堂等，定期策划大学生党员学网用网活动，线下统筹开展座谈交流、个别访谈、走访慰问等送学上门活动，为大学生党员利用碎片化时间学习培训提供支撑。

第三，开展大学生党员个人学习要求学生党支部定期组织集体讨论和必要的辅导，帮助大学生党员解决自学中遇到的问题。加强对大学生党员的学习指导，为其学习创造良好条件。此外，还可以通过开展读书活动和知识竞赛、交流学习成果、评选表彰学习标兵等方式，激发大学生党员自学的积极性和主动性。

三、组织生活

党内政治生活会是党组织教育管理党员和党员进行党性锻炼的主要平台。开展大学生党员教育，大学生党支部要担负好直接教育党员、管理党员、监督党员和组织群众、宣传群众、凝聚群众、服务群众的职责，依托"三会一课"、主题党日、组织生活会（每年至少召开 1 次）、民主评议党员（一般每年开展 1 次）、谈心谈话等制度，组织大学生党员进行学习交流，汇报思想、工作等情况，开展批评和自我批评，进行党性分析，定期参加支部主题党日（每月开展 1 次）、按期交纳党费，不断强化大学生党员意识、增强党的观念、提高党性修养，以严密组织生活激发大学生党员学习党的创新理论的内生动力，切实推进大学生党员教育常态化制度化。

第一，开展好大学生党员组织生活应按时召开组织生活会，通过开展认真的批评和自我批评，使人人受教育。通过民主评议和组织考察，检查评价每个大学生党员的先锋模范作用，表彰优秀党员，处理不合格党员，提高大学生党员整体素质，增强党组织的凝聚力和战斗力。民主评议党员要注意听取群众意见，发扬党内民主，认真开展批评和自我批评，注重实效。对不履行党员义务、不符合党员条件的大学生党员，要及时帮助教育，促其改正；对屡次教育拒不改正的，党支部应按照党章和党内有关规定及时作出处理。

第二，开展好大学生党员组织生活应定期上党课，开展有组织的集体学习。上党课是对大学生党员进行教育的基本形式。大学生党支部应制订好年度党课教育计划和制度。通常是一两个月上一次党课，由党组织负责同志或党校教师讲课。上党课应注意联系大学生党员的思想、学习实际，使每堂课都能对大学生党员的党性修养起到有益作用。课后要组织好讨论，消化党课内容。讨论时最好提前确定2—3个题目，有明确要求。讨论后党支部要及时简明扼要、条理分明地做好总结，巩固培训效果。上党课时也可吸收要求入党的积极分子参加，提高大学生入党积极分子对党的认识。

第三，开展好大学生党员组织生活应结合开展主题党日，提高党的组织生活质量。主题党日活动是"党日制度"、"党员活动日"制度、"党员主题实践活动"的延续和发展，是党的组织生活的重要创新。每年年初，大学生党支部可结合支委及支部成员意见，制定好主题党日活动计划，做到"一月一主题"。首先，主题党日可以围绕专题开展学习分享会，重点学习党章党规，党史国史，工作报告及决议，系列重要讲话及专业知识和综合能力。其次，主题党日可以开展党员志愿服务行动，结合学校和当地实际，深入开展服务敬老院、学习雷锋精神、文明校园、义务支教等志愿服务行动，增强党员的责任意识，树立良好的行为作风。最后，主题党日还可以开展主题特色活动，结合重要的时间节点，组织主题演讲、朗诵、知识竞赛、观看专题片、走访革命圣地，素质拓展等特色主题党日活动，增强大学生党支部党员的凝聚力，提升大学生党员的综合能力。

第四，开展好大学生党员组织生活应通过谈心谈话，做好大学生党员的思想政治教育工作。谈心谈话应当坚持以人为本，从政治、思想、学习和生活上关心、爱护、帮助大学生党员。高校辅导员、班导师、任课教师、管理人员、服务人员等教育管理服务人员都可以通过与大学生党员开展经常性谈心活动，沟通思想，开展启发教育。通过谈心谈话，党组织可以动态了解大学生党员的思想状况，提前预判并及时解决大学生党员的思想问题，有效增强大学生党员思想政治工作的预见性、针对性和实效性。

四、实践锻炼

实践锻炼的直接理论依据是马克思主义认识论和实践观。马克思主义认识论和实践观认为，社会实践是人的思想形成发展的源泉和动力，也是检验人的思想是否正确的唯一标准。[①] 社会实践活动是大学生党员形成正确的世界观、人生观、价值观的根本途径，对大学生党员的思想品德具有重要的作用。大学生党员实践锻炼是通过有目的有计划地组织、引导大学生党员参加社会实践活动，促使大学生党员在实践中形成良好的思想品德和行为习惯。

第一，开展大学生党员实践锻炼可以通过设立大学生党员先锋岗、大学生党员示范岗、大学生党员责任区，并开展设岗定责、承诺践诺等活动，引导大学生党员参与志愿服务或结对帮扶，充分调动大学生党员的积极性主动性创造性，引导大学生党员干在实处、走在前列，在联系服务群众中勇于担当作为，真正做到平常时候看得出来、关键时刻站得出来、危急关头豁得出来。

第二，开展大学生党员实践锻炼可以结合党员帮扶活动，针对入党积极分子、学习困难生、家庭经济困难生、参加活动积极性弱的、服务意识淡薄的、性格内向封闭等学生群体，采取"一帮一""多帮一"或"集体帮"等多种形式，实现"心连心"思想上结对，由思想积极上进的党员帮扶意识淡化，行动力弱化的同学，深入细致，言传身教地做好思想工作。根据专业结对，相互学习，相互促进，共同提高。

第三，开展大学生党员实践锻炼可以引导大学生党员在学校、学院等志愿服务平台上主动服务同学，积极在学校各社团、学生会、班级班委、宿舍长等实践锻炼岗位中承担工作，主动配合老师开展年级管理、班级管理和学生会、社团管理工作，服务同学。此外，深入开展各类志愿服务活动，在文明城市创建、大型活动赛事等志愿服务中树立大学生党员的良好精神风貌。

---

① 陈万柏，张耀灿．思想政治教育学原理（第三版）［M］．北京：高等教育出版社．2015：222-223.

　　第四，开展大学生党员实践锻炼可以组织大学生党员根据自身的专业特点和职业规划，主动加强党性锻炼和实践历练。根据上级要求，有计划地分期分批组织大学生党员到基层锻炼，到艰苦地区、艰苦岗位锻炼，在科技创新、乡村振兴、绿色发展、社会服务、卫国戍边等各领域各方面工作中争当排头兵和生力军。引导大学生党员毕业后主动选择参军入伍、"三支一扶"、农村特岗教师、大学生志愿服务西部计划等项目，主动到人民群众中去，到祖国最需要的地方去，让基层一线成为青春起跑线，让奋斗的青春在强国建设、民族复兴的火热实践中绽放绚丽之花。

第三节 大学生党员教育的具体教学方式

从具体教学方式看,大学生党员教育主要有"课堂＋基地"实训模式、案例培训、典型教育和主题活动等方式。

一、"课堂＋基地"实训模式

抓好大学生党员教育,既要坚持实事求是、理论联系实际的马克思主义学风,又要坚持问题导向,既注重回答普遍关注的问题,又注重解答大学生思想上的问题,做到力戒主观主义、教条主义、形式主义。高质量的大学生党员教育,应当是针对有益需求进行有效供给,最终产生有利输出的过程。面对大学生党员队伍庞大、类型多样、需求多元等情况,如果不注重因地制宜、因材施教、因势利导,内容方法上千篇一律,那么势必会收效甚微。因此,大学生党员教育应当注重增强大学生党员教育吸引力和感染力,探索"课堂＋基地"实训模式。

一方面,课堂是大学生党员接受教育的主阵地,大学生党员教育应当根据实际需要和具体情境,综合运用讲授式、研讨式、模拟式、互动式、观摩式、体验式等教学方法,使广大大学生党员学深悟透党的创新理论。实践中,只有坚持精准施教、分类指导,注重体现不同学生党员特点,统筹好事业需要、组织要求、个人需求,干什么教什么、缺什么补什么,增强大学生党员教育的针对性有效性。

另一方面,参观走访教育基地是对党员一种直观的、生动的、具体的教育形式。大学生党员教育应用好这一解放思想、开阔眼界、转变观念、提高认识的好途径。参观走访教育,首先要选好参观对象,选择能体现党的路线、方针、政策的典型单位和个人,通过参观达到教育目的。此外要突出重点,一个典型集体和先进个人,通常具有多方面先进性,参观走访的原则是缺什么学什么,需要解决什么问题,就到那些解决问题好的单位去参观学习。

二、案例培训

实践是检验真理的唯一标准,生动鲜活的案例本身就具有强大的说服力。用事实说话,大学生党员教育才更有力量。因此,大学生党员教育应坚持以事说理,选好用好各条战线各个领域各个行业的生动鲜活案例,加强案例培训。新时代以来,在各种重大风险挑战面前，全国各级党组织和广大党员闻令而动、英勇奋战，涌现出许多先进典型，他们用实际行动展示了共产党人光辉形象，让人在感动中受教育、学先进。实践中，大学生党员教育只有用真理说服人、行动打动人、真情感染人，才能使大学生党员真学真信、入脑入心，实现改造主观世界、进而改造客观世界的目的。

一方面，大学生党员案例培训能够培养学生综合能力。在大学生党员案例培训中，大学生参与各类主题案例的思辨，需要运用自己所具备的理论知识与技能进行独立思考和解决问题。这一过程，不仅能够培养大学生党员批判性思维和创新能力，还可以提高大学生党员的沟通能力和团队合作意识。这种培养综合能力的教育方式能够帮助大学生党员全面发展。

另一方面，大学生党员案例培训能够促进学生交流合作。大学生党员案例培训通常以小组形式进行，学生之间需要相互协作、共同探讨并解决问题。通过与他人的有效互动，学生能够学习到不同的观点和思考方式，并从中获得新知识和经验。此外，案例培训还可以加强师生之间的沟通交流，建立良好的师生关系，为大学生党员提供更多个性化的指导。

三、典型教育

开展典型教育，是通过具有典型意义的人或事的示范引导、警示警戒作用，引导大学生党员提高思想认识、规范自身行为。典型教育包含正反两方面的内容，既要引导大学生党员学习重大先进典型和身边榜样，又要运用反面教材加强警示教育。大学生党员典型教育须遵循以下要求：一是必须实事求是地选择和运用典型。典型的力量在于真实，能够得到大学生党员的普遍认同，才能发挥应有的作用。二是尽可能让典型人物现身说法。让有理想的人讲理想，让守纪律的人讲纪律，让有道德的人讲道德，让廉洁的人讲廉洁，典型示范就会产生更强的感染力和说服力，也就更能打动人，产生更好地教育效果。三是多途径开展典型教育。积极采用现代化教育手段，充分用好互联网、手机、电视、报刊等大众传播媒介，强化典型示范的效果。

一方面，榜样的力量是无穷的，在大学生党员中大力表彰和宣传先进典型，就会使大学生党员学有榜样，赶有目标，激励大学生党员奋发向上。大学生党支部要善于利用典型人物的先进思想和先进事迹对大学生党员进行生动、具体的教育工作，大力宣传张富清、黄大发、黄文秀等一大批重大典型先进事迹，广泛开展"学习身边榜样"活动，引导广大党员学习先进、争做先锋，形成示范引领效应。组织大学生党员对照先进典型找差距，明确努力方向，积极争取步入先进列。

另一方面，也要善于利用反面典型进行教育，发挥其威慑、劝阻、警示作用。对违反党纪的问题，中国共产党始终把纪律挺在前面，强化监督执纪问责，勇于进行自我革命，不断推动全面从严治党向纵深发展。对犯有严重错误或违法乱纪的党员，不但要敢于发扬斗争精神，坚持发现一起坚决查处一起，而且要在一定范围内通报，用他们犯错误的事实面向大学生党员开展警示教育，防微杜渐，防患未然。

四、主题活动

随着社会的发展和进步，大学生党员主题教育活动成为了一种重要而有效的教育方式。大学生党员教育应以重大节庆日、重要活动、重要节点为契机，组织大学生党员就近就便到红色基地学习、重温入党誓词、过"政治生日"等，开展形式多样的主题教育活动，提高大学生党员教育的学习效果，增强大学生党员的实践经验。主题活动不仅符合现代教育的要求，而且对学生的全面发展能起到积极的推动作用，可以进一步推广和深化，为大学生党员提供更加丰富多样的学习体验。

一方面，大学生党员主题教育活动能够提高大学生党员教育的学习效果。大学生党员主题教育活动一般以具体主题为中心，并通过开展丰富多样的实践活动来激发大学生党员的学习兴趣。这种针对性和实践性的学习方式比传统课堂的知识灌输更容易被学生接受和理解。同时，主题教育活动还可以帮助大学生党员将所学的理论知识与现实生活相结合，加深对马克思主义的理解和认同，提升其运用马克思主义立场观点方法观照现实的能力。

另一方面，大学生党员主题教育活动能够增强大学生党员教育的实践经验。大学生党员主题教育活动注重实践环节，在参观考察、社会调研等实际行动中培养大学生党员的实践能力和创新精神。通过亲身体验和参与其中，大学生党员可以加深对理论的理解，锻炼分析问题和解决问题的方法，提高发现问题和解决问题的能力。这些实践经验将在大学生党员日后面对工作和社会挑战时起到积极推动作用。

第四节 大学生党员教育的创新开展方式

笔者认为新时代大学生党员教育应当创新开展方式，与学生工作紧密结合起来，起到"抓两头促中间"的效果，比如大学生党员教育与学风建设相结合，与班团活动相结合等。本节重点阐述大学生党员教育与学风建设相结合。

一、大学生党员教育与学风建设相结合

学风建设是高校学生教育管理工作的重中之重，良好的学风对高校人才培养质量的提升具有重要意义。高校肩负着人才培养的重要使命，为国家经济社会发展提供了应用型、创新型、复合型人才，学生的培养质量是高校生存发展的生命线，学风建设是事关全局的长期任务。在高等教育大众化的背景下，大学生学业问题成为影响学生在高校成长发展的主要问题。如何帮助大学生提高学习能力和综合素质，保证人才培养质量，已成为高等教育亟待解决的重要课题。《2023 年全国教育事业发展统计公报》显示，我国各种形式的高等教育在学总规模达 4763.19 万人，高等教育毛入学率 60.2%[①]。根据美国著名学者马丁·特罗的高等教育阶段理论，我国高等教育已从"精英模式"转向"大众模式"[②]。笔者对某 211 高校本科生学习情况进行分析后发现，每年都有少数学生因学业问题退学，部分学生还有多门不及格，比例较高的学生存在一定的学业问题。高等教育在大规模扩张的同时亟须加强内涵建设，不仅要提升学生的专业知识和文化素养，更要以大学生党建引领学生坚定报国信念，增强学习动力。

为进一步了解学校本科生学习现状，分析存在的问题及原因，提升学风建设的针对性和实效性，笔者对南京某高校本科生开展了问卷调查，通过对一手调查数据的统计分析，掌握当前大学生的学习情况。研究以问卷调查法为主要方法，通过对相关文献的梳理，调查主要依照学习态度、学习方法、对教师教学的评价、学习环境、考风考纪状况、学习目标及状态、对学校学生整体学习风气的评价七个维度进行问卷设计。

---

① 教育部 .2023 年全国教育事业发展统计公报 [EB/OL].[2024-12-24].https://www.moe.gov.cn/jyb-sjzl/sjzl_fztjgb/202410/t20241024_1159002.htm.

② 马丁·特罗 . 从精英教育向大众高等教育转变中的问题 [J]. 外国高等教育资料，1999（01）.

表 4-1 问卷设计表

序号	一级指标	二级指标
1	学习动力及目标	目前的学习状态
		学业目标
		学习成绩对未来发展的影响
		影响学习动力的人
		学习动力减弱的主要因素
2	学习方法及习惯	每天自主学习时间
		课余时间的安排
		自身专业学习难度
		作业完成方式
		学习专业知识的途径
		解决学业困难的途径
3	学习态度及兴趣	对所学专业的兴趣
		上课时在做些什么
		影响课堂认真听讲的因素
		学习习惯
4	自我评价与教师评价	对老师上课水平是否满意
		课堂学习体验的期待
5	考风考纪状况	如何看待考试作弊
		引发学生作弊最主要的原因
6	学习环境	对好的学习环境的认识
		对日常管理制度的考虑
		对学习有帮助的活动
7	对学校整体学习风气的评价	对目前学校学习风气的打分
		改进建议

（一）大学生学风现状

为了进一步全面了解大学生学风状况，笔者面向某高校四个年级全体本科生开展了学习情况问卷调查，从学生的学习动力及目标、学习方法及习惯、学习态度及兴趣、自我评价与教师评价、考风考纪状况、学习环境及纪律、对学校整体学习风气的评价等方面进行实证调查。问卷调查共有 24 道题目，10，662 名本科生积极参与，其中部分数据结果值得关注。

本次问卷调查对象的基本概况如下：

1．性别

性别

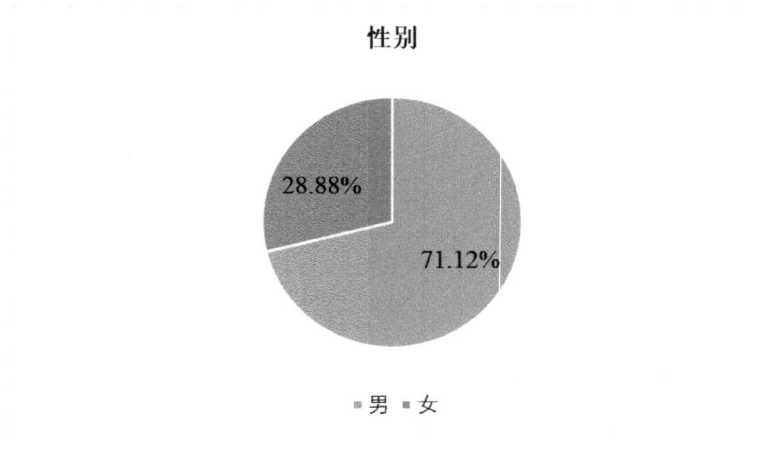

图 4-1 问卷调查性别统计图

参与本次问卷调查的总人数为 10，662 人，其中男生 7583 人（占比 71.12%），女生 3079 人（占比 28.88%）。

2．专业

专业

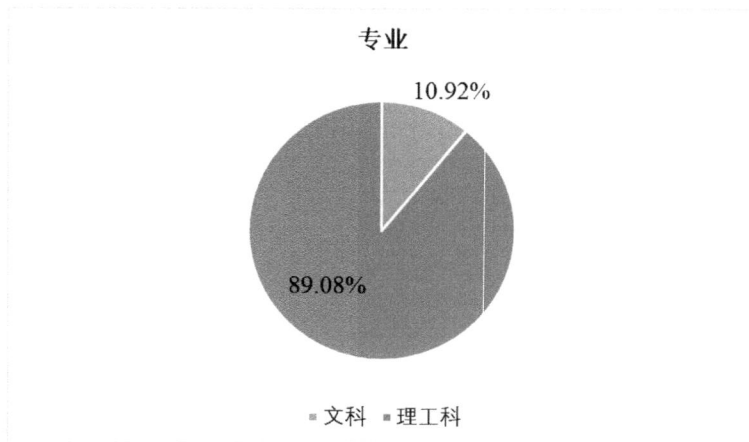

图 4-2 问卷调查专业统计图

参与本次问卷调查的学生中，理工科学生占大多数，为 89.08%，文科学生占

10.92%。

3．年级

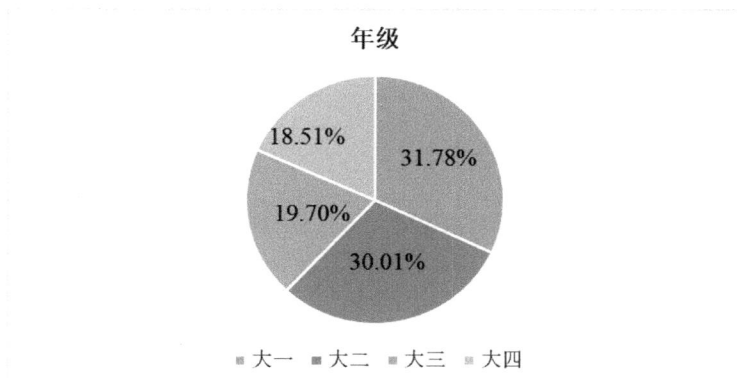

图 4-3 问卷调查年级统计图

接受本次问卷调查的对象是学校大一（占比 31.78%）、大二（占比 30.01%）、大三（占比 19.70%）和大四（占比 18.51%）的本科学生，大一、大二参与人数较多。

（一）总体情况

总体来看，学生对该学校学风状况的总体评价比较乐观。

调查结果显示，97.37% 同学打分在 3 分及以上，反映学风总体较好；但仅有 23.23% 的学生给学校学习风气打了满分，说明学风建设仍有更进一步的空间。

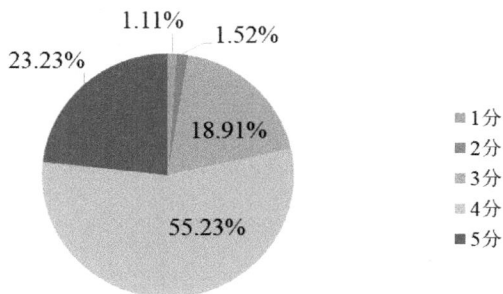

图 4-4 问卷调查"学生对目前学校学习风气打分"统计图

（二）现状分析

本科生学风总体较好，大部分学生积极进取，与此同时，相关的调查结果及数据分析表明，该校在学风方面也存在一些问题。

1. 学习动力及目标方面，约四分之一同学动力不足、状态不佳，还未能找到明确的学习目标。

（1）你目前的学习状态怎么样？

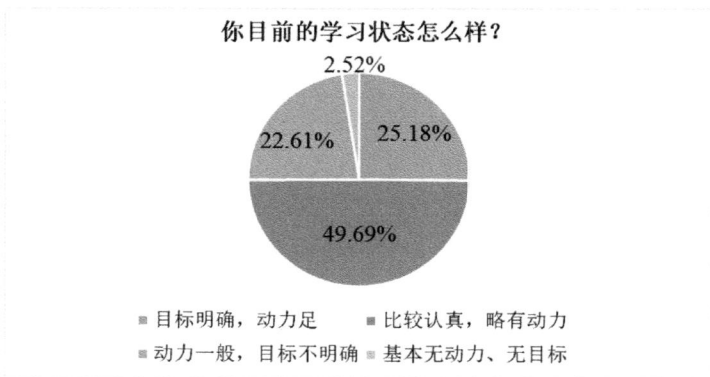

图 4-5 问卷调查"目前的学习状态"统计图

调查结果显示，大部分学生的学习状态较为良好。"目标明确，动力足"的占 25.18%，"比较认真，略有动力"的占到了 49.69%，还有 22.61% 和 2.52% 的同学选择了"动力一般，目标不明确"和"基本无动力、无目标"。大部分学生学习状态较好。多数同学目标明确，学习状态比较认真，占比 74.87%，但仍有少部分"无动力，无目标"的学生，需要引起注意，加强对学生的目标指引。

（2）你的学业目标是什么？

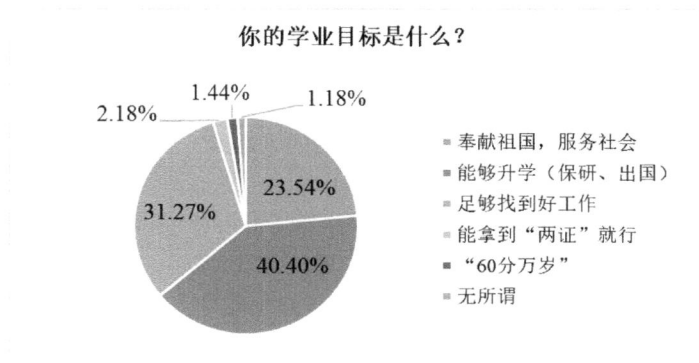

图 4-6　问卷调查"学业目标"统计图

调查结果显示，有 23.54% 的学生将"奉献祖国，服务社会"定为自己的学业目标，40.40% 的学生选择了"能够升学（保研、出国）"作为学业目标，31.27% 的学生以"足够找到好工作"为学业目标，2.18% 的学生选择了"能够拿到两证就行"为学业目标，1.44% 的学生选择了"60 分万岁"作为自己的学业目标，此外还有 1.18% 的学生没有自己的学业成绩目标，选择无所谓的态度。有很多学生对自己的学业成绩目标有了更高的追求，但是仍存在部分学生对自己的要求并不是很高的问题。

（3）你认为学习成绩对未来自身发展有影响吗？

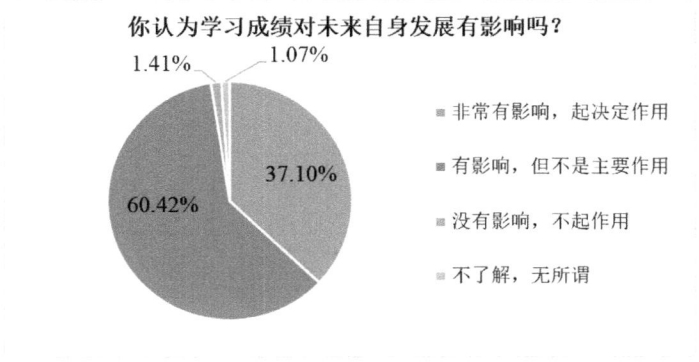

图 4-7　问卷调查"学习成绩对未来发展的影响"统计图

调查结果显示，有 37.10% 的同学认为学习成绩对未来自身发展"非常有影响，起决定作用"，有 60.42% 的学生认为"有影响，但不是主要作用"，也有极少数人认为"没有影响，不起作用"和"不了解，无所谓"。由此可见，绝大部分同学都认为学习成绩对未来自身发展起到重要作用。

（4）你认为对自己的学习起到积极作用的人是谁？［不超过 3 项］

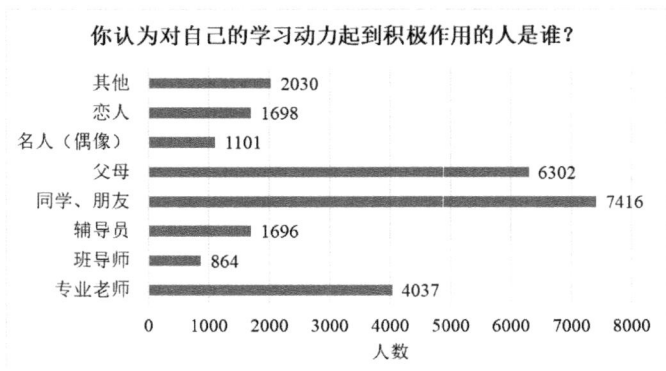

图 4-8 问卷调查"影响学习动力的人"统计图

调查结果显示，多数同学认为同学、朋友、父母、专业教师、辅导员是对自己学习动力起到积极作用的人，也有部分同学认为名人（偶像）、恋人对自己的学习动力起到积极作用。值得注意的是，只有少部分同学认为班导师对自己的学习动力起到积极作用。班导师制度有待进一步调整，给予同学们更多的帮助。

（5）你认为使你学习动力减弱的最主要因素是什么？［不超过 3 项］

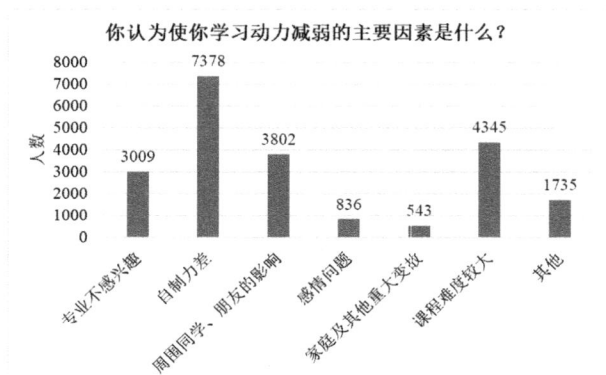

图 4-9 问卷调查"学习动力减弱的主要因素"统计图

调查结果显示，大部分同学认为自制力差、课程难度较大和受周围同学、朋友的影响是自己学习动力减弱的主要因素，还有部分同学认为对专业不感兴趣、感情问题、家庭重大变故等因素也会对自己的学习动力减弱产生影响。

2．学习方法及习惯方面，少部分学生需要更多的督促与帮助，自主学习能力亟须加强。

（1）你每天用来自主学习相关课程的时间平均约有多少？

你每天用来自主学习相关课程的时间平均约有多少？

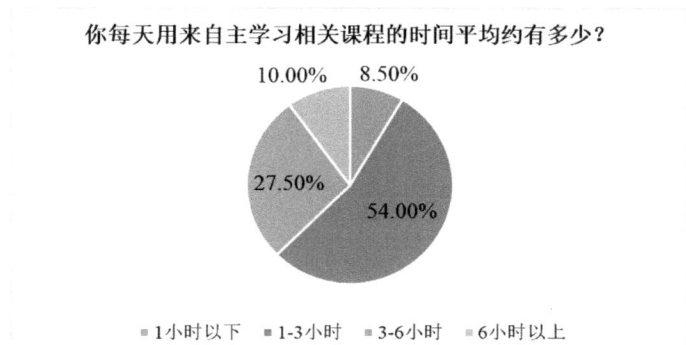

10.00%　8.50%
27.50%
54.00%

■1小时以下　■1-3小时　■3-6小时　■6小时以上

图 4-10 问卷调查"每天自主学习时间"统计图

调查显示有 54% 的同学每天自习 1—3 小时，有 27.5% 的同学每天自习 3—6 小时，有 10% 的同学每天自习 6 小时以上，有 8.5% 的同学每天自习 1 小时以下。可见大部分学生的自主学习时间有一定保障。

（2）你的课余时间主要都去哪儿了？［不超过 3 项］

你的课余时间主要都去哪儿了？

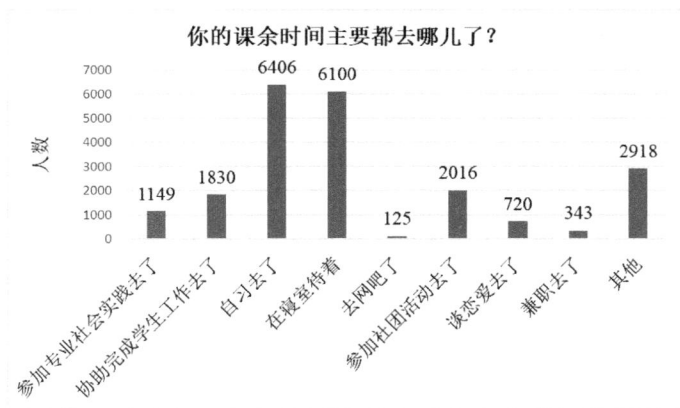

人数

1149　1830　6406　6100　125　2016　720　343　2918

参加专业社会实践去了　协助完成学生工作去了　自习去了　在寝室待着　去网吧了　参加社团活动去了　谈恋爱去了　兼职去了　其他

图 4-11 问卷调查"课余时间的安排"统计图

调查显示，大部分同学的课余时间主要由去自习、在寝室待着和参加社团活动构成，也有部分同学选择参加专业社会实践，协助完成学生工作，谈恋爱和兼职。

（3）你认为学习本专业课程的难度有多少？

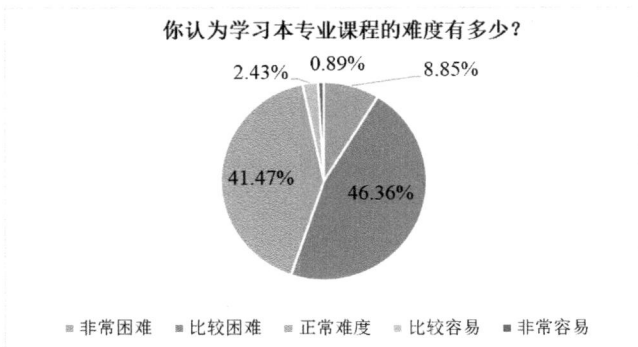

图 4-12 问卷调查"自身专业学习难度"统计图

调查显示，大部分同学认为专业课程难度比较困难和正常难度，也有部分同学认为专业课程非常困难、比较容易，只有少部分同学认为其非常容易。

（4）一般情况下，你的作业是怎么完成的？

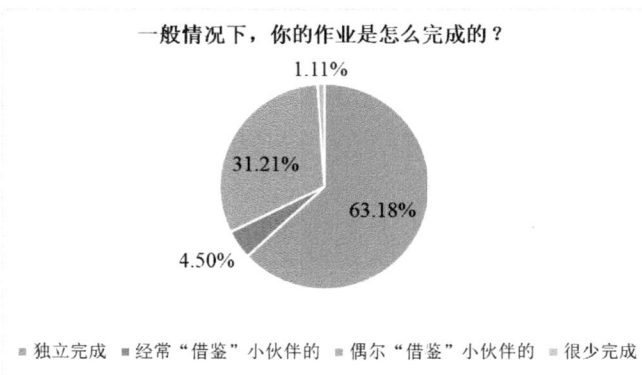

图 4-13 问卷调查"作业完成方式"统计图

调查结果显示，大部分同学的专业都有可以独立完成，也有部分同学偶尔"借鉴"小伙伴的，只有少部分同学很少完成或经常"借鉴"小伙伴的。可见绝大多数学生还是能够独立自主地完成作业，也体现出作业量与难度的适宜，但仍存在"借鉴"作业与完不成作业的情况，需要加以重视。

（5）一般情况下，你学习本专业知识的途径有哪些？ ［不超过 3 项］

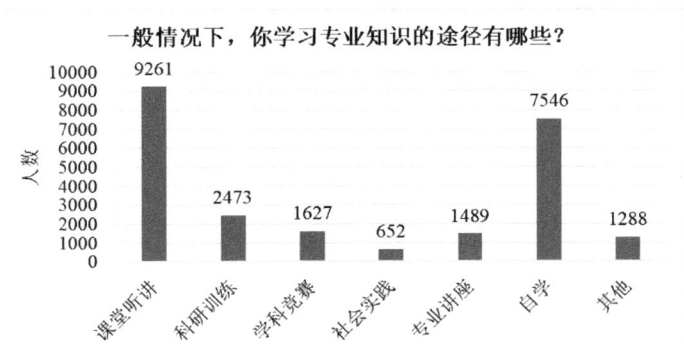

一般情况下，你学习专业知识的途径有哪些？

图4-14 问卷调查"学习专业知识的途径"统计图

由上图学生学习本专业知识的途径的分布情况可以看到，分别有 9261 名同学选择"课堂听讲"，7546 名同学选择"自学"，其余也有接近四分之一的同学选择通过"科研训练"学习本专业知识，1627 名同学选择"学科竞赛"、1489 名同学选择"专业讲座"、652 名同学选择"社会实践"，还有 1288 名同学有其他的学习途径。由此可见，学生学习的途径是多样的。

（6）在学习上遇到困难时，你常用的解决途径有哪些？ ［不超过 3 项］

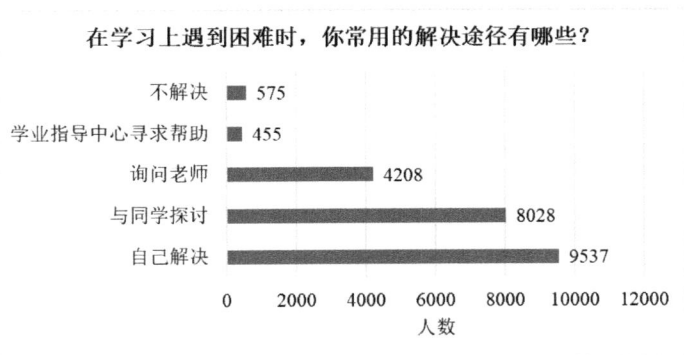

在学习上遇到困难时，你常用的解决途径有哪些？

图4-15 问卷调查"解决学习困难的途径"统计图

调查结果显示，绝大部分学生在遇到困难时会选择自己解决，有 8028 人会选择与同学探讨，有 4208 人会选择询问老师，说明大多数学生自学能力较强，能想方设法解决问题。但仍然存在小部分人选择不解决，可见需要对这部分学生加强学业引导。

3．学习态度方面，少部分学生对学习积极性不高，课堂参与程度低，学习认真程度有待进一步加强。

（1）你对所学的专业感兴趣吗？

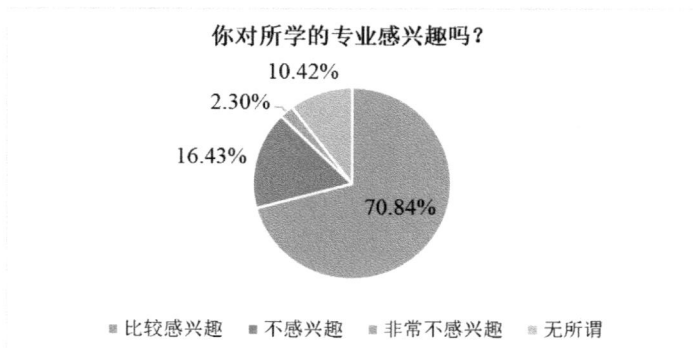

图 4-16 问卷调查"对所学的专业的兴趣"统计图

调查结果显示，绝大多数学生对自己所学专业感兴趣，占比 70.84%，有 16.43% 的学生表示不感兴趣，有 10.42% 的学生表示无所谓，还有 2.30% 的学生对自己的专业非常不感兴趣。可见部分同学在选择专业时，对专业的认识不够全面，专业教育有待加强。

（2）一般情况下，你上课的时候都做些什么呢？

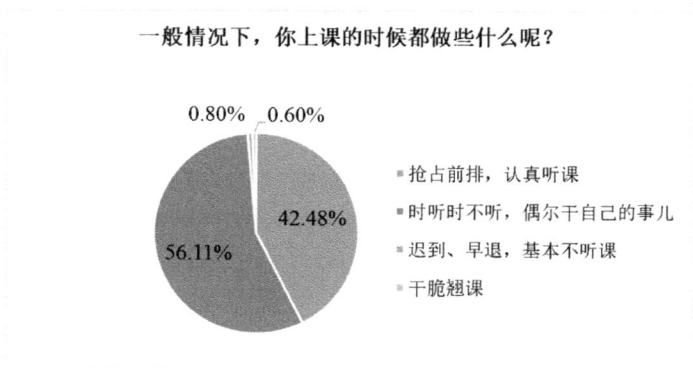

图 4-17 问卷调查"上课时在做什么"统计图

调查结果显示，56.11% 的学生上课时不认真听讲，偶尔干自己的事，42.48% 的学生抢占前排认真听课。可见绝大多数同学们上课还是会去听的，对知识有着较高的渴求，明白学习的重要性。但是许多学生没有足够的自制力迫使自己全程认真听讲，并且存在迟到、早退，基本不听课，甚至翘课的极个别情况，所以应注意加强课堂对学生的吸引力。

（3）影响你或身边小伙伴认真上课的最主要因素是什么？［不超过 3 项］

影响你或身边小伙伴认真上课的主要因素是什么？

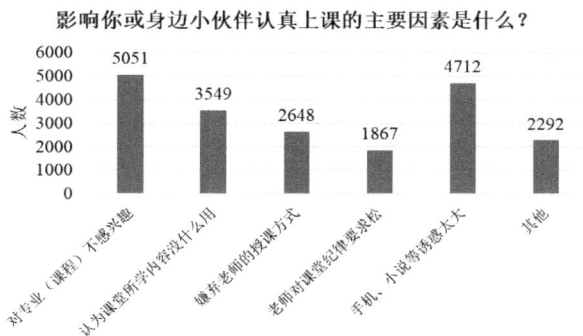

图 4-18 问卷调查"影响课堂认真听讲的因素"统计图

调查结果显示，绝大部分学生因为对专业（课程）不感兴趣或者手机、小说等诱惑太大而受到影响，有 3549 人会因认为课堂所学内容没什么用而受到影响，有 2648 人被影响是因为嫌弃老师的授课方式以及 1867 人认为老师对课堂纪律要求松，2292 人有其他被影响的原因。说明大多数学生都会被多种因素影响上课的专注度，应该注重教学质量的提升以及关注提升学生的上课积极性从而减少学生注意力不集中的情况。

（4）你经常有哪些学习习惯？［不超过 3 项］

你经常有以下哪些学习习惯？

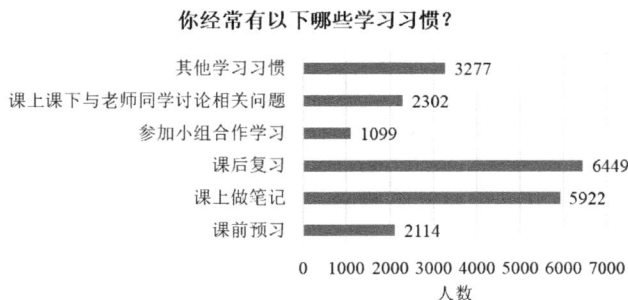

图 4-19 问卷调查"学生学习习惯"统计图

调查显示，有 6449 名同学会课后复习，有 5922 名同学有课上做笔记的习惯，有 2302 名同学在课上课下会与老师同学讨论相关问题，有 2114 名同学会课前预习，说明同学们的学习习惯较为良好，存在的问题是学生参与合作学习的占比较少，所以应注意培养学生合作学习意识。

4．自我评价与教师评价方面，部分同学自我管理意识较弱，对教师改进教学方式和更新教学内容有更大需求。

（1）给你上课的大多数老师的上课水平怎么样？

给你上课的大多数老师的上课水平怎么样？

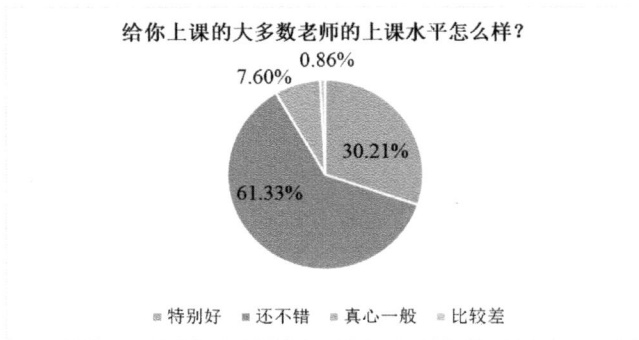

0.86%
7.60%
30.21%
61.33%

■特别好　■还不错　■真心一般　■比较差

图 4-20　问卷调查"对老师上课水平是否满意"统计图

调查结果显示，61.33%的学生表示给其上课的大多数老师的上课水平还不错，30.21%的学生表示给其上课的大多数老师的上课水平特别好，7.60%的学生表示给其上课的大多数老师的上课水平真心一般，0.86%的学生表示给其上课的大多数老师的上课水平比较差。可见，学生对老师有着较高的认可度。

（2）你对课堂学习体验有怎样的期待？（不超过 3 项）

你对课堂学习体验有怎样的期待？

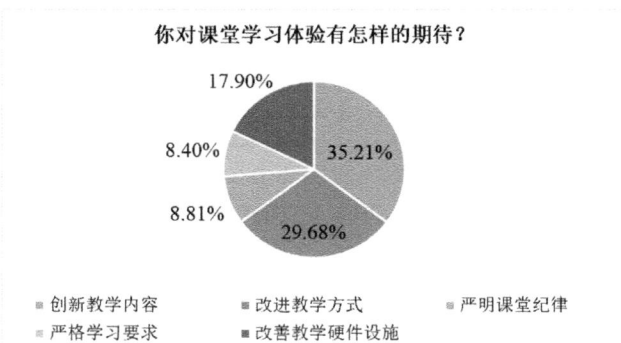

17.90%
8.40%
8.81%
35.21%
29.68%

■创新教学内容　　■改进教学方式　　■严明课堂纪律
■严格学习要求　　■改善教学硬件设施

图 4-21　问卷调查"课堂学习体验的期待"统计图

调查结果显示，35.21%的学生希望课堂学习能够创新教学内容，29.68%的学生希望课堂学习改进教学方式，17.90%的学生希望课堂学习能够改善教学硬件设施，8.81%的学生希望课堂学习能够严明课堂纪律，8.40%的学生希望课堂学习能够严格学习要求。可见，大学生对课堂学习体验的提升有着较高的期待，学生对老师能够创新教学内容，改进教学方式的期待尤为突出。

5. 考风考纪方面，部分同学思想不够端正，存在少数比较松散的现象。

（1）你如何看待考试作弊？

图 4-22 问卷调查"如何看待考试作弊"统计图

调查结果显示，对于考试作弊，23.47%学生表示很气愤会举报，60.42%的学生很气愤但不会举报，11.59%的学生表示能理解，4.52%的学生持无所谓的态度。可见，许多学生还是追求公平的考试环境，且近年来学生对作弊的包容度下降，要进一步肃清考试纪律，营造风清气正的考试环境。

（2）你认为引发学生作弊的最主要原因是什么？

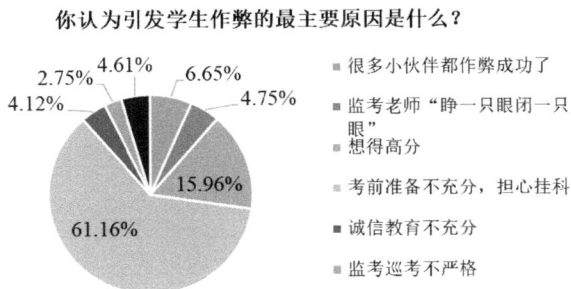

图 4-23 问卷调查"引发学生作弊最主要的原因"统计图

调查结果显示，61.16%的学生认为作弊的原因是考前准备不充分害怕挂科，

15.96%的学生认为是想要得到高分。可见绝大多数同学对自己的成绩还是相当重视的，对挂科有着很大的畏惧感。一定程度上反映了同学们平时花在学习上的时间还不够，学科考试难度较大，挂科率较高，一些难度较大学科的日常学习和考前备考期间的学业帮扶有待进一步加强。

6．学习环境及纪律方面，学生有较大的学习自主性和选择性，亟需进一步构建"三全育人"格局。

（1）你认为一个好的学习环境中最重要的因素是什么？

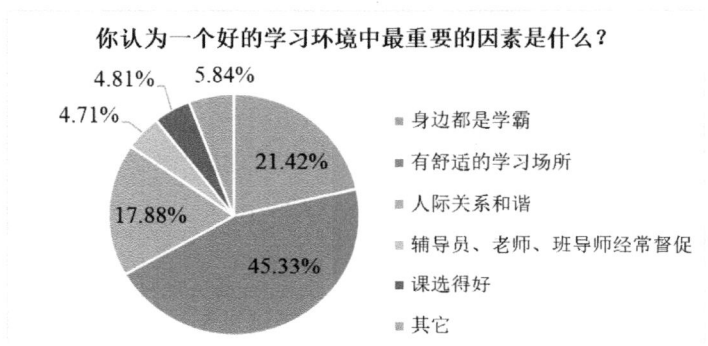

你认为一个好的学习环境中最重要的因素是什么？

4.81%　5.84%
4.71%
21.42%
17.88%
45.33%

■ 身边都是学霸
■ 有舒适的学习场所
■ 人际关系和谐
■ 辅导员、老师、班导师经常督促
■ 课选得好
■ 其它

图 4-24 问卷调查"对好的学习环境的认识"统计图

调查结果显示，45.33%的学生认为有舒适的学习场所是好的学习环境的最重要的因素，其次有近40%的学生认为身边都是学霸以及人际关系和谐对于营造好的学习环境也很重要，少部分人认为辅导员、老师、班导的督促以及选课对学习氛围的营造十分重要。

（2）你对学校查早操、晚自习、查课、查寝、晚限网等日常管理制度内心真实想法是什么样的？

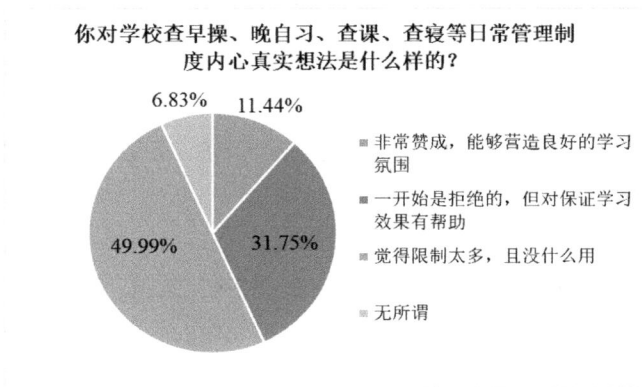

你对学校查早操、晚自习、查课、查寝等日常管理制
度内心真实想法是什么样的？

- 非常赞成，能够营造良好的学习氛围
- 一开始是拒绝的，但对保证学习效果有帮助
- 觉得限制太多，且没什么用
- 无所谓

图 4-25 问卷调查"对日常管理制度的考虑"统计图

调查结果显示，有 31.75% 的同学在体会到日常管理制度的成效后，能够与 11.44% 的同学一道，对日常管理制度能营造良好学习氛围的作用予以肯定，但仍有 49.99% 的同学对于这项管理制度表示不认同，对其作用存在疑惑。在同学的真实反馈下，日常管理制度有待进行进一步调整，争取同学更大程度的理解。

（3）你参加过哪些学业支持活动并觉得有帮助？ （不超过 3 项）

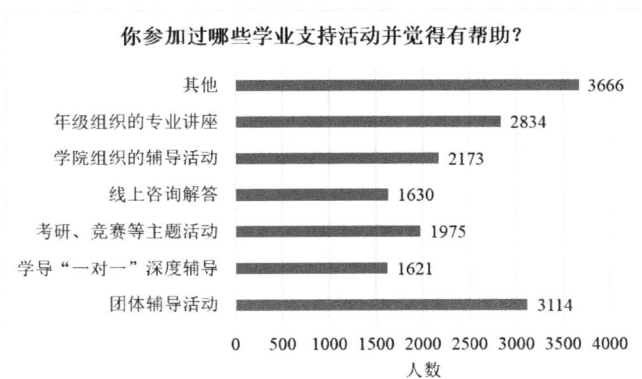

你参加过哪些学业支持活动并觉得有帮助？

活动	人数
其他	3666
年级组织的专业讲座	2834
学院组织的辅导活动	2173
线上咨询解答	1630
考研、竞赛等主题活动	1975
学导"一对一"深度辅导	1621
团体辅导活动	3114

图 4-26 问卷调查"对学习有帮助的活动"统计图

调查结果显示，多数学生通过参加学校团体辅导活动、学院或年级组织的辅导活动以及其他形式的学业支持活动得到学业帮助，也有部分同学通过参与学导"一对一" 深度辅导或者学导提供的电话、网络咨询解答的方式得到学业帮助。学生参与的学业支持活动形式多样，学生可以结合自身情况自行选择。

（三）主要问题

以调查高校为例，学校本科生生源质量较高，学习基础扎实，学习能力较强。多数学生能以学习为重，重视考试成绩，学习比较努力，学校整体的学风情况较好。但相关的调研结果及数据分析表明，党建引领学风建设方面也存在一些问题，体现在"学、教、管"三个方面。

1．"学"的方面

（1）目标不明确，学习动力不足，缺乏"精英"意识。

部分学生自身发展目标不明确，生涯规划不清晰，对自身没有高要求，存在随大流、得过且过的思想。问卷调查显示，"目标明确，动力足"的仅占25.18%，"比较认真，略有动力"的占到了49.69%，此外，还有22.61%和2.52%的同学选择了"动力一般，目标不明确"和"基本无动力、无目标"。31.27%的学生以"足够找到好工作"为学业目标的底线，2.18%的学生选择了"能够拿到两证就行"为学业目标，1.44%的学生选择了"60分万岁"作为自己的学业目标，此外还有1.18%的学生没有自己的学业成绩目标，选择无所谓的态度。

（2）学习态度不主动，不积极，不努力。

问卷调查显示，56.11%的学生上课时，时听时不听，偶尔干自己的事。认真听课的比例不高（占42.48%），"专业思想"问题、手机等新兴媒体工具以及课堂内容是影响学生听课质量的主要原因。用于自习和完成作业的时间不足，有8.5%的同学每天自习1小时以下，有54%的同学每天自习1—3小时。关于学习动力减弱的最主要因素，调查结果显示，自制力差是使学习动力减弱的学生人数最多，占比69.2%。此外，相当一部分同学认为课程难度较大、受周围同学朋友的影响和对专业不感兴趣也是使学习动力减弱的主要因素。

（3）极少数存在侥幸心理，纪律和诚信意识有待进一步加强。

少部分学生考试"临时抱佛脚"的情况较为严重。调查数据显示，对于考试作弊，23.47%学生表示很气愤会举报，60.42%的学生很气愤但不会举报，11.59%的学生表示能理解，4.52%的学生持无所谓的态度。较多同学（61.16%）认为作弊是因为"考前准备不充分，担心挂科"。

2．"教"的方面

（1）教师的上课水平和责任心得到学生的普遍认可，但少部分教师的上课水平还需提升。

问卷调查显示，61.33%的学生表示给其上课的大多数老师的上课水平还不错，

30.21% 的学生表示给其上课的大多数老师的上课水平特别好，7.60% 的学生表示给其上课的大多数老师的上课水平真心一般，0.86% 的学生表示给其上课的大多数老师的上课水平比较差。应该来说，少部分教师的上课水平还有进一步提升的空间。

（2）教师的教学投入和教学水平也是影响学生学习的重要因素。

学生们对课堂学习体验的提升有着较高的期待，对老师能够创新教学内容（35.21%），改进教学方式（29.68%）的期待尤为突出。通过座谈调研了解，部分教师受制于学校的教师评价体系的引导，缺乏足够时间精心备课，讲授内容也来不及做到与时俱进，上课照本宣科的多，课堂教学气氛相对比较沉闷；课堂管理不严格，上课纪律不维持，不经常性点名，对学生上课迟到、上课睡觉、玩手机、看其他书籍的不管不问。有些青年教师缺乏足够的教学技巧，教学经验不足，教学水平不高，不能把握学生的学习规律，吸引学生的注意力。

3．"管"的方面

（1）学习场所的情况和周围同伴的学习氛围对学生的学习有较大影响，而辅导员、老师的督促作用发挥不够。

问卷调查显示，45.33% 的学生认为有舒适的学习场所是最重要的因素，其次有近 40% 的学生认为身边都是学霸以及人际关系和谐对于营造好的学习环境也很重要，少部分人认为辅导员、老师、班导的督促以及选课对学习氛围的营造十分重要。

（2）专业教育和朋辈帮扶是促进学生学习的重要渠道，其积极作用发挥还可以更加充分。

问卷调查显示，多数学生通过参加院系年级组织的专业讲座（46.97%）、学校团体辅导活动（29.21%）、学院或年级专业指导部组织的辅导活动以及其他形式的学业支持活动得到学业帮助，也有部分同学通过参与学导"一对一"深度辅导或者提供的电话、网络咨询解答的方式得到学业帮助，形式比较多样。

（3）日常管理制度有待进行进一步调整，争取获得同学们的理解和认同，这样才能发挥出应有的成效。

调查结果显示，对学校查早操、晚自习、查课、查寝、晚限网等日常管理制度，有 31.75% 的同学在体会到日常管理制度的成效后，能够与 11.44% 的同学合流，对日常管理制度能营造良好的学习氛围的作用予以肯定，但仍有 49.99% 的同学对于这项管理制度表示不认同和有疑惑。

（四）原因分析

1. 从党建引领学风建设的受教育主体——学生层面来看，部分学生学习目标不明确，对自身发展规划认识不清晰。当代学生思想活跃，富有个性，但同时也存在懒惰和怕吃苦等特点，学习目的不明确，学习态度不端正，自觉性较低，功利性较强。部分学生虚度大学时光，用于休息、娱乐等方面的时间过多，缺乏努力进取和刻苦学习的精神，学习的主动意识和自控能力较差。部分学困生纪律意识淡薄，存在侥幸心理，考试时存在舞弊现象。

2. 从党建引领学风建设的教育主体——老师层面来看，教学内容、课程设置陈旧，课堂对学生吸引力不大。专业课教学大纲修订不及时，教学方式、内容、教材更新不及时，部分学科与社会需求脱轨，内容陈旧，教学组织中对学生的考核激励欠缺，吸引力不够，学生学习效率低下。此外，有极少教师责任心不强，缺乏从严执教的精神，部分青年教师教学方法、教学技巧有待加强。

3. 从党建引领学风建设的环境氛围——管理服务层面来看，学生教育管理过程中的教育引导、帮扶力度有待加强。学生工作队伍特别是辅导员对于年级学风建设较为重视，学生日常上课情况的检查和督促力度较大，但对于学生生涯目标教育、"勤学"文化氛围的营造、学业困难学生的谈心谈话等指导力度不够。对于学生第一课堂外的学习支持力度较小，课后对学生的辅导力度较小，学生学习难题较难得到解决。

（五）大学生党员教育与学风建设相结合的理论依据

大学生党员教育能够为大学生学习提供有力支持。大学生学习支持是基于假设"学生的学习若得到专业、及时的支持和帮助，学习效率将会得以提高"，充分依靠管理人员、专业教师、高年级学生及校外资源，帮助大学生学会学习、热爱学习，提高学习素质和学习能力，养成良好的学习习惯和自主学习的能力。作为学习支持体系的理论基础，皮亚杰、维果茨基等学者提出的建构主义学习理论和情境认知学习理论突出了学生在教育过程中的中心地位。建构主义学习理论认为：知识是学生在特定的背景、他人的帮助及必要的学习媒介下自主建构的，学习是学生与环境相互作用的结果。建构主义学习理论突出学生是学习的中心，鼓励学生在多样的学习资源基础之上进行自主学习；布鲁纳等学者对建构主义学习理论作了进一步的探索与发展，提出了情境认知理论。该理论将学生视为"原动者"，认为知识并不是给定的，而是由学生在特定的情境中自主创造的，重视学习过程中环境的重要性和学习情境的创设。建构主义学习理论和情境认知理论均表明学生在教育过程中占主动地位， 学习是学生自主建构、创造知识的过程， 需要良好情境的支持。将大学生党员教育与学风建设有机结合，能够有效发挥两者的互促协同作用。

（六）大学生党员教育与学风建设相结合的现实依据

大学生党员教育与学风建设相结合的目的是对学生的学习动机、学习策略、学习方法、学习内容、学习过程、心理调适和发展能力等方面进行系统性、全方位、全过程的指导， 引导大学生以党的创新理论为引领，认真思考各类知识的价值以及如何有效地学习等基本问题， 帮助学生尽快明确学习目标， 深度利用学习资源，创新学习方式， 以坚强党性顺利高效地完成学业。

第一，大学生党建工作引领学风建设工作。中国共产党自创建初期就高度重视党的学风建设工作。毛泽东曾在《整顿党的作风》一文中表明了自己的观点：所谓学风，不但是学校的学风，而且是全党的学风，学风问题是领导机关、全体干部、全体党员的思想方法问题，是我们对待马克思列宁主义的态度问题，是全党同志的工作态度问题。中华人民共和国成立后，党和国家历届领导人都高度重视中国共产党的学风建设问题，习近平总书记指出，学风问题是关系党的事业成败的一个重大政治问题。不仅如此，党对高校学风建设也尤为重视。习近平总书记强调，要大力弘扬优良学风，把软约束和硬措施结合起来，推动形成崇尚精品、严谨治学、注重诚信、讲求责任的优良学风，营造风清气正、互学互鉴、积极向上的学术生态。中国高校的人才培养，必须循遵循听党的话、坚定不移坚持中国特色社会主义道路、将实现中华民族伟大复兴中国梦作为学业事业目标等原则。由此观之，对于我国大学来说，党风校风学风是影响大学办学性质、目标方式和质量的重要因素，影响着大学的前途和命运。因此在教育部印发了《关于切实加强和改进高等学校学风建设的实施意见》之后，中共教育部党组又印发了《中共教育部党组关于强化学风建设责任实行通报问责机制的通知》，强调"学风建设是高校党风廉政建设主体责任重要内容，必须站在全面从严治党的高度来认识和落实……高校党政主要领导是学风建设和学术不端行为查处的第一责任人……主管部门应把学风建设成效纳入高校领导班子考核指标"，将高校学风建设提升到了新的高度。

第二，大学生党员教育工作与学风建设工作目标相契合。理想信念教育是大学生党员教育工作的主旨，而学风建设工作的目标也是帮助大学生树立正确的世界观、人生观和价值观。学风问题是人的价值观在学习方面的具体表现，学风问题的实质是价值观问题。因而二者在工作目标上是高度契合的。一名合格的当代大学生首先必须树立正确的世界观、人生观和价值观，认真学习并践行社会主义核心价值观，在这一基础之上做好自身的学习工作，提高自己的综合素质能力，端正入党动机，树立实现共产主义的远大理想。大学生党员教育工作和学风建设工作并非并行存在的关系，二者相互交叉、相互融合。大学生党员教育工作与学风建设工作的高度契合既能够避免学风建设工作中对数据的过度追求而忽视理想信念的教育，又能够避免大学生党员教育工作单纯依赖理论教育而陷入空洞之中。二者的有机结合能够实现工作的相互统一、过程互补，实现学生党员教育工作与学风建设工作的共同推进。

第三，大学生党员教育工作与学风建设主体一致。大学生党员教育工作与学风建设工作不但在目标上是高度契合的，在主体上也存在着高度的一致性。大学生党员教育工作的主体是高校党务工作者(主要是思政辅导员、专职党务工作教师等)、大学生党员群体、大学生入党积极分子群体等。学风建设工作的主体是高校教师(包括思政辅导员、班主任、任课教师等)、全体学生。从两项工作所包含的主体不难看出，思政辅导员是两项工作中最重要的主体，而大学生党员和入党积极分子也是两项工作中最主要的主体。大学生党员教育工作与学风建设工作目标的契合性、主体的一致性，决定了思政辅导员工作的方式与方法。学风建设中思政辅导员需要加强与任课教师的交流沟通，以便随时掌握学生的学习动态。思政辅导员通过全面掌握和了解学生的情况，才能够推选那些思想进步、三观正确的优秀学生在思想上进一步向党组织靠拢，且将那些综合表现优良的学生党员的优秀事迹扩散开来以在全体学生中发挥引导作用。将大学生党员教育工作与学风建设工作结合，引导大学生党员筑牢理想信念根基，带领全体大学生紧跟时代要求，充分发挥大学生党员的示范引领作用，激发全体大学生的学习动机，提供学习过程中的服务功能、因材施教的拓展功能和交流互动的促进功能，引领更多优秀大学生积极主动向党组织靠拢，坚定信念跟党走。

（七）大学生党员教育与学风建设相结合的基本方式

第一，大学生党员教育与学风建设相结合应发挥学习动机的激发功能。学习动机是引发并维持学生学习活动的内部心理倾向，对学生的学习行为有着唤起、指向、强化和维持功能。基于需要层次理论、成就动机理论、自我价值理论、自我效能感理论等对学习动机的理解，大学生党员教育可以针对当代大学生的特点，利用恰当的历史事件、时间节点，增强大学生党员对于学习的认识，激发全体大学生学习的主动性。如重现钱学森、钱三强、华罗庚、孙家栋、钱七虎、邓稼先、王淦昌、于敏等一大批爱国科学家一心为国、刻苦学习、呕心沥血、报效国家的历史情境，对广大学生党员以及全体大学生实施情境教学，积极引导全体大学生的学习动机由外向内转化，促使大学生主动学习、善于学习。高校可以构建"学校有主题，学院创品牌，年级抓常规"的党建学习支持教育活动机制，学校确定每年学习支持活动主题，学院、年级根据学校主题开展形式多样、内容丰富、特色显著的学习支持主题活动，如实施评优评奖预申报制、召开学生总结表彰大会和典型事迹报告会等，各学院、各年级还可以根据实际情况，定期举办专业前沿讲座、诚信学问讲堂、兴趣学习沙龙，开展社会实践等，激发学生学习的原动力。

第二，大学生党员教育与学风建设相结合应发挥学习过程的服务功能。增强党建工作在学风建设工作中的引领作用，能够以全过程的系统培养帮助学生把握好学习过程中的各个环节，做好学习生活的设计和规划，党建工作日常的活动、谈话都可以为大学生了解专业教师、合理选择课程、实现优秀学习资源共享、合理调适心理等提供专业的、全面的指导，使学习过程便捷化、人性化、高效化，为学生成长、成才保驾护航。通过大学生党员为身边同学提供学习过程的指导服务，能够有效提高大学生积极主动学习的能力，将单纯接受知识变化成为具有分析思考能力的学习过程，通过交流正确和有效的学习方法，培养大学生良好的自发性学习习惯和多元化的思考技能以及终身学习的能力和兴趣。以党建引领学风建设须遵循系统性、全面性、灵活性和可操作性等原则，以提升学生的学习能力为核心，努力实现促进学生全面发展和个性成长的目标。高校可以通过完善工作网络，努力实现服务全覆盖，引导全体大学生自主学习和自我发展。为此，高校应积极构建和完善"学校有机构、学院有组织、班级有阵地"的三级党员工作网络。学校层面，设立学校大学生党员服务中心，除了大学生党员，还要设置机构人员，提供办公场所，接受学生专业辅导咨询，接受学生网上、电话预约以及线上、线下留言咨询。学校党员服务中心在主要教学楼、学生宿舍区设立纸质版信箱平台，学生可将在学习过程中产生的疑惑及时记录下来，就近投递于信箱中，由中心每周定期收集并予以反馈和解答，促进教学互动，提升体系教育能力。学院层面，建立学院党员服务站，下设有考研、出国、创业、学科竞赛、基础课学习等兴趣小组，开展日常指导咨询，通过整合管理人员、专业教师、关工委老师以及优秀高年级学生党员的力量，负责学生日常面对面交流及线上、线下的学习咨询。

第三，大学生党员教育与学风建设相结合应发挥因材施教的拓展功能。大学生群体可分为优秀生、普通生和学困生，大学生党建工作与学风建设相结合就需根据不同类型学生的特点，分类制定不同的培养计划，抓两头促中间，以形成整体带动作用。对于学有余力的优秀学生，党建活动中就可以通过组织安排专业教师指导、组织学生参与各类学科和课外竞赛及前沿讲座，利用新媒体等途径发布考研、就业等职业发展资讯等，为学生提供丰富的教育教学资源，进行优化培养。对于学习存在困难的学生，党建活动中则可以通过帮助解决实际生活困难、指导学生掌握学习方法、及时疏导学生心理问题等，提供线上线下、单独咨询等多种途径收集学生的诉求，做好分层分类答疑及个体帮扶。高校可以建设大学生党员服务中心网站，网站集成各年级网站链接，方便学生及时关注年级动态，设学校教管、教务、心理、资助、就业等专项交流版块，实现教学互动的促进功能。同时，中心借助当前大学生日常使用的社交软件、网页，采用贴吧、QQ群、官方微博主页、微信公众平台等新媒体形式，及时发布与学生相关的事件、考试信息、学习理论和课程资料。

第四，大学生党员教育与学风建设相结合应发挥交流互动的促进功能。大学生党建工作与学风建设相结合可以增强大学生党员与教师、同学以及社会间的互动功能，促进教学相长。大学生朋辈教育可以在学生党员建设工作中能够很好的发挥优势，并且能够针对大学生党员的特点进行实践，应当加以科学运用。有研究表明，大多数人倾向于向非正式的网络求助。日常学习工作中，大学生党员对于奉献持赞同态度的比例也较高。因而在日常的学生工作中，需要保证学生党组织的核心地位，强化大学生党员的模范引领作用，切实发挥大学生党员的朋辈效应。大学生党建工作与学风建设相结合既能广泛深入收集各方面意见，及时反馈至一线教师和相关部门，也能通过选择固定场所，比如大学生党员服务站，安排党员值班，开展定期交流，便于学生更快捷地获取个性化指导，还能通过选聘部分学有余力、在学生中具有模范带头作用的高年级学生党员担任学导，既有助于调动大学生党员参与教学、管理的积极性，又能提升全体大学生参与教育教学反馈的意识，增强育人效果。学生是学习的主体，既是参与者，也是服务对象。可以通过成立大学生党员学习工作坊，构建学习团队，发挥大学生党员的主体能动性和朋辈互助的功能，为全体大学生提供相互学习、经验交流、信息反馈的机会，让学生学会自我负责，并受到集体共同负责的锻炼。

二、大学生党员教育与班团活动相结合

此外，学生党员教育工作与学生工作相结合的另外一个有效途径，就是将大

学生党员教育工作与班级、学生组织、社团工作相结合，充分发挥学生党建在学生工作中的引领核心作用，将大学生党员教育工作融入学生工作的各个方面。

1. 大学生党员教育工作与班级管理工作相结合

一般来说，入党积极分子群体及学生党员群体都是具有一定模范带头作用的先进学生群体，尤其是学生党员群体，往往经过了党组织的考察，日常表现优异、思想态度端正、模范带头作用明显。而班级是学生工作开展的主要依托组织，班委则在班级管理中发挥着主要作用。班委配合教师负责班级日常事务的处理，事情较为庞杂，因而入党积极分子、学生党员等参与班级管理和服务当中，既是"全心全意为人民服务"宗旨的体现，又能够带动班级建设，实现党建带团建、团建促党建。此外，目前"大类招生"模式较为常见，学生按照专业大类进入学校进行学习，一般入校后会分配到行政班进行管理。在一段时间后再进行专业分流，有的高校重新进行分班，有的高校则是专业班和行政班并存，造成"大类招生"后学生的班集体归属感普遍较弱的问题，为学生工作带来了复杂的挑战。针对这种情况，可以在班级设立党小组，由大学生党员带领入党积极分子共同参与到班级建设当中去；或由高年级学生党员担任低年级班级的"学业指导小教师""朋辈导师"等。一方面能够提高学生党员的责任意识和服务意识，另一方面也为学生党员发挥其模范带头作用提供了切实可依的平台，再者也能够为学生工作提供不同的管理视角、提高班级的凝聚力。

2. 大学生党员教育工作与宿舍管理工作相结合

学生宿舍是学生日常生活和学习的主要场所，其整体的氛围对学生意识形态的树立起着关键作用，是课堂之外学生思想政治教育的重要阵地。现今大学生普遍具有较强的个人意识且个性突出，不同地域、家庭、文化、经济水平的学生在同一宿舍生活和成长，不同的生活习惯容易导致日常生活中产生矛盾，因而高校学生宿舍人际关系问题成为学生工作中的难题。宿舍是高校学生工作中的基础单位，和谐整洁的宿舍可以为学生提供良好的学习和成长环境，对班级、年级整体风貌有着重要的影响作用。因而在宿舍建设中，可以充分发挥学生党员及积极分子的作用，按照宿舍、班级情况划分责任区，通过党员发挥模范带头作用，带动入党积极分子及周围同学主动承担起宿舍日常的相关工作如谈心谈话、安全教育、自我管理等工作。

3. 大学生党员教育与学生活动相结合

学生组织和学生社团是对学生工作中班级、宿舍工作之外的覆盖与补充。由学生组织、学生社团开展的丰富多彩的体育、文化活动构成了校园文化活动的主要部分，将学生党员教育工作与之有机结合，能够为学生党员教育工作及学生工作提供有利的平台。相对班级和宿舍而言，学生组织和学生社团具有一定的灵活性与灵动性，学生活动不仅能够丰富学生课余生活，还能够开拓学生的视野、提高学生综合素质，是学生德智体美劳全面发展中不可或缺的组成部分。在日常的学生组织、学生社团活动中有效融入学生党员教育工作，既能丰富校园文化活动的内涵，避免活动庸俗化，又能够提升学生活动的层次，丰富思想政治教育活动开展的方式方法，将思想政治教育"入脑入心"。通过学生组织、学生社团所开展的丰富多彩的活动，可以将党员教育的形式，尤其是党课的形式多样化，避免党员教育活动说教化、单一化等问题，提高大学生党员及积极分子参与教育活动的积极性。通过大学生党员、积极分子参与学生组织、学生社团的活动，也可更全面地观察、考察其言行举止，视其是否能够发挥模范带头作用。

第五章 新时代大学生党员教育载体创新

进入新时代，大学生党员教育应当针对本（专）科生、研究生等不同类型学生的特点，构建以校、院党校为主体、基层组织专题学习为重点、网络学习教育为辅助、主题教育实践为支撑的多层次、多渠道的学生党员学习教育载体。

第一节 创新党课教育方式

一、创新党课教育载体

立德树人是高校的根本任务。聚焦立德树人，加强大学生党员教育，应发挥课堂教学主渠道作用，在坚持好传统党课制度的基础上，积极探索引领式、沉浸式、实战式、自主式"四式"党课教育模式。大学生党员教育应紧密结合大学生思想实际，合理设置教学方案，科学制订教学计划，用党的理论创新成果武装学生头脑，不断增强党课的思想性、理论性和亲和力、针对性。

（一）开展"引领式"党课，增强大学生党员学习教育凝聚力

大学生党员教育可以组织大学生党支部书记带头，讲好"示范课"。每月开设大学生党员"必修课"，由党支部书记以现场讲解、专题解读、原文朗读等形式，以贯彻落实"第一议题"制度为抓手，从习近平总书记重要讲话精神、党史党情、党章党纪等方面组织深入学习，进一步提升大学生党员理论基础。先进模范引路，讲好"典型课"。邀请优秀党务骨干、身边榜样在教室、宿舍、活动中心等场所进行讲授，通过微党课视频、PPT展示、现场演讲等形式，把先进模范的"典型效应"发展为"规模效应"，以身边人讲身边事，在广大大学生党员中形成比学赶超、争做典型的浓厚氛围。

（二）开展"沉浸式"党课，强化大学生党员学习教育仪式感

大学生党员教育应当搭建由室内到室外、由书本到实景的全方位、宽领域沉

浸式党课载体。结合主题党日活动，组织大学生党员利用党建阵地、红色教育基地、革命遗址等进行体验式学习，通过音乐党课、唱红歌、诗词诵读、重温入党誓词、廉洁宣誓等形式，把党课搬到革命旧址、纪念场馆等地点，让大学生党员在参观一件件历史文物、体验一幕幕革命场景、聆听一个个感人故事中，把党性教育从被动接受向主动参与、从传统说教向全身心体验转变，重走初心之路、唤醒初心意识，让大学生党员"听得进""记得住""悟得深"。

（三）开展"实战式"党课，提升大学生党员学习教育鲜活度

大学生党员教育可以通过实行大学生党员责任区制度，推动大学生党员联系服务师生全覆盖，让大学生党员干部在与人交流、帮助师生和群众解决问题的实践中实现精神状态、能力素质、服务质量的全面提升。广泛开展大学生党员突击队、党员示范岗、党员志愿服务队，通过开展党员义工、咨询便民服务等"实战"式党课，实地学习攻坚克难本领和无私奉献精神，锻造有情怀、有规矩、有担当的大学生党员队伍。

（四）开展"自主式"党课，拓展大学生党员学习教育便利性

大学生党员教育还可以积极实践"互联网＋党建"模式，搭建"微"平台，教育引导大学生党员充分运用"学习强国"等线上平台，收听党史有声读物、观看红色影视展播、在线学习党课知识，把大学生党员教育培训内容，用音频、视频、漫画、文字等多种形式展现出来，让大学生党员参加教育培训变得更方便快捷、更生动有趣。大学生党员之间还可以通过"学习强国"、党支部微信群等"微"交流形式，进行答题 PK、学习分享、晒积分，进一步激励大学生党员学习积极性，推动大学生党员组织生活正常化、学习教育常态化。

综合大学生党课实施情况，为了推进大学生党课载体创新，使之更加合理和科学，还要坚持以下几个方面的原则。

第一，大学生党课教育应坚持政治性与科学性相统一，以厚实学理支撑强化政治引领。讲政治是根本和灵魂，决定着党课教育的大方向是否正确；科学性是基础和支撑，决定着党性教育、理论教育的实现程度。首先要旗帜鲜明把政治标准贯穿基层党课始终，突出对习近平新时代中国特色社会主义思想的学习和讲授，确保党课在政治立场、政治方向、政治原则、政治道路上同以习近平同志为核心的党中央保持高度一致。其次，党课要具有相应的科学性、学理性，用透彻的学术支撑、强大的学理力量、准确的数据材料，讲清楚新时代中国特色社会主义的历史逻辑、理论逻辑、实践逻辑，让理论支撑政治、阐释政治、回应政治。一堂成功的党课，应当做到两者兼顾。

第二，大学生党课教育应坚持原则性与灵活性相统一，一切从实际出发。在讲授党课时，对党的基本理论、基本经验、基本方略、基本思想有着严格规定和严格表述，对这些问题的讲授在内容上必须有标准答案。但是，还要联系大学生党员的思想状况，既要反映党中央总体要求，也要体现区域经济社会发展战略以及高校对于大学生党员的具体要求，将统一标准与地方特色、实际情况结合起来。

第三，大学生党课教育应坚持柔性教育与刚性约束相统一，确保党课数量和质量。党课开讲前，要进行系统培训与广泛动员，主讲人应把自己的身份转变为一个党课老师，而不再仅仅是工作层面的领导，进而调整好自己的心态，并乐于接受大学生党员的评价。在讲党课前，主讲人应当做好充分准备，想清楚讲什么、怎么讲，以灵活多样的形式让听课的大学生党员充分参与到党课中来，实现"教"与"学"的和谐互动。

第四，大学生党课教育应坚持必要的刚性约束。为此，党支部应当及时地将大学生党员听课的评估结果反馈给授课人，引导授课人对党课主题、授课内容、授课形式等内容进行提升完善，然后再修正、再提高、再完善，建立起"目标、过程、评价、反馈、修正"的教学互进模式。同时，要加强对党课评估结果的使用，使之成为个人评先评优的一个参考。

二、将党课融入课堂教学

（一）将党课融入大学生思想政治理论课

思想政治理论课是落实立德树人根本任务的关键课程，对于广大学生党员把握好人生的"拔节孕穗期"，树立正确的世界观、人生观、价值观具有重要作用。

第一，大学生党课要把道理讲深。办好思想政治理论课，最根本的是要全面贯彻党的教育方针，解决好培养什么人、怎样培养人、为谁培养人这个根本问题。培养德智体美劳全面发展的社会主义建设者和接班人，要求思想政治理论课把道理讲深，善于从本质层面、原理层面、规律层面深入阐释马克思主义的科学性和真理性、人民性和实践性、开放性和时代性，立足我国独特的历史、独特的文化、独特的国情，深入阐释历史和人民选择马克思主义是完全正确的，中国共产党把马克思主义写在自己的旗帜上是完全正确的，坚持把马克思主义基本原理同中国具体实际相结合、同中华优秀传统文化相结合，不断推进马克思主义中国化时代化是完全正确的。立足新时代党和国家事业取得的历史性成就、发生的历史性变革，深入阐释中国共产党为什么能，中国特色社会主义为什么好，归根到底是马克思主义行，是中国化时代化的马克思主义行，教育引导大学生党员不断增强中国特色社会主义道路自信、理论自信、制度自信、文化自信，厚植爱国主义情怀，把爱国情、强国志、报国行自觉融入坚持和发展中国特色社会主义事业、建设社会主义现代化强国、实现中华民族伟大复兴的奋斗之中，自觉做习近平新时代中国特色社会主义思想的坚定信仰者和忠实实践者。

第二，大学生党课要把道理讲透。中国共产党立志于中华民族千秋伟业，必须培养一代又一代拥护中国共产党领导和我国社会主义制度、立志为中国特色社会主义事业奋斗终身的有用人才。思想政治理论课是落实立德树人根本任务的关键课程，对于大学生党员把握好人生的"拔节孕穗期"，树立正确的世界观、人生观、价值观具有重要作用。办好思想政治理论课，必须直面学生所关注、有困惑的问题，把事实和道理讲清楚，切实达到沟通心灵、启智润心、激扬斗志。面对各种错误观点和思潮，必须理直气壮传播主流意识形态，把大是大非问题讲清楚、讲透彻。以透彻的学理分析回应学生，以彻底的思想理论说服学生，用真理的强大力量引导大学生党员，教育学生全面客观认识当代中国、看待外部世界。教育引导大学生党员把握好习近平新时代中国特色社会主义思想的世界观和方法论，坚持好、运用好贯穿其中的立场观点方法，养成独立发现问题、分析问题、思考问题的能力，自觉树立正确的理想信念、学会正确的思维方法，以辩证方法分析事物，以系统观念看待全局。

第三，大学生党课要把道理讲活。习近平总书记指出："上思政课不能拿着文件宣读，没有生命、干巴巴的。"①办好思想政治理论课，只有做到入耳，才能做到入脑和入心。当代大学生党员思想活跃、思维敏捷，观念新颖、兴趣广泛，探索未知劲头足，接受新生事物快。办好思想政治理论课，必须适应当代大学生党员的群体特征，不断推进内容创新、话语创新、形式创新，充分利用各种资源，将理论知识与新时代的鲜活实践联系起来，与新时代党和国家事业取得的历史性成就、发生的历史性变革结合起来。多用贴近生活、联系实际、言之有物、更接地气的平实话语进行教学，在深入浅出、融会贯通中把道理讲进学生心里，让思想政治理论课更加温暖鲜活、可亲可信。综合运用案例式教学、探究式教学、体验式教学、互

---

① 张晓松，邹伟．"办好人民满意的教育"——习近平总书记在全国政协医药卫生界教育界联组会上回应教育领域热点问题［N］．光明日报，2021-03-07（01）．

动式教学、专题式教学、分众式教学等多种形式，探索运用现代科技手段，努力拓展学习时空、延伸学习链条、增强学习实效，使思想政治理论课更加贴近时代、贴近学生，让大学生党员听之解渴、学有所得，真正爱上"真理的味道"。

（二）将党课融入课程思政建设

第一，将党课融入课程思政建设应当强化马克思主义理论学科引领作用，推出一批特色哲学社会科学精品。加大哲学社会科学各学科专业中的马克思主义理论类课程建设。要扎实推进哲学社会科学专业课程思政建设。比如文学、历史学、哲学类专业课程要帮助大学生党员掌握马克思主义世界观和方法论，从历史与现实、理论与实践等相结合的维度深刻理解习近平新时代中国特色社会主义思想。经济学、管理学、法学类专业课程要培育大学生党员经世济民、诚信服务、德法兼修的职业素养。教育学类专业课程要注重加强大学生党员师德师风教育，引导学生树立学为人师、行为世范的职业理想，等等。

第二，将党课融入课程思政建设还要统筹课程思政与思政课程建设，构建全面覆盖、类型丰富、层次递进、相互支撑的课程体系。重点建设一批提高大学生党员思想道德修养、人文素质、科学精神和认知能力的公共基础课程。比如，理工类专业课程要注重大学生党员科学思维方法的训练和科技伦理的教育，培养大学生党员探索未知、追求真理、勇攀科学高峰的责任感和使命感，培养大学生党员精益求精的大国工匠精神。农学类专业课程要注重培养大学生党员的大国"三农"情怀，引导大学生党员"懂农业、爱农村、爱农民"。医学类专业课程要注重加强医德医风教育，注重加强医者仁心教育，教育引导大学生党员尊重患者，学会沟通，提升综合素养。艺术学类专业课程要教育引导大学生党员树立正确的艺术观和创作观，积极弘扬中华美育精神。

第二节 开展联学共建活动

开展大学生党员教育应当主动适应区域经济发展需求，整合校内外育人资源，实现培养过程多环节、多要素的协同。一方面，大学生党员教育应树立协同育人理念，建立整合统筹、集成优化的内部协同培养机制；另一方面，大学生党员教育应建立高校与高校、企业、政府等社会主体"合理分工、互利互惠、责任共担"的外部协同育人机制。

一、校校共建，推进高校育人资源整合

高等教育担负着培养社会主义合格建设者和可靠接班人的重任。

一方面，校校共建应围绕"培养什么人、怎样培养人、为谁培养人"这一根本问题，紧抓新时代党务干部"主力军"、党建思政建设"主阵地"、党课教学"主渠道"，通过校校协作，将各个育人资源有机整合，共同打造大学生党建育人基地、大学生党建实践平台，建立价值引导和知识传授、校校联动和社会实践相融合，显性教育和隐性教育相融合的党建思政体系，探索新时代大学生党员教育新机制。高校之间也应以大学生党员理想信念教育为核心，以培育践行社会主义核心价值观为主线，以课程思政为抓手，全面推进"十大育人体系"建设，集成学校各领域、各环节、各方面的育人资源和育人力量，推动大学生党员教育思想引领、知识传授、能力培养的有机结合。

另一方面，校校共建可以选取办学地点相近、学校类型相似、学科专业相关的高校开展共建活动，充分发挥党建引领作用，推动高校在教学、科研、管理、服务等方面的共建合作，促使在人才培养、科学研究、社会服务等方面取得更加显著的成果，有效将党的政治优势、组织优势转化为推动学校发展的强大动力。高校之间开展党建结对，既能帮助高校学习借鉴其他学校党建方面的成熟经验，又有利于系统梳理和总结自身党建工作的好做法，努力破解制约自身党建质量提升的瓶颈，共同奋力谱写高校大学生党员教育高质量发展的新篇章。

二、校企共建，发挥校企联合育人作用

高等教育的人才培养要紧跟时代前沿，就必须加快加大自身的开放程度，积

极主动地融入社会和经济发展，融入企业的发展和技术的进步中去。

第一，高校可以通过与企业共建，打通大学生党员人才链创新链产业链，实现"四个零距离"。一是高校和企业零距离，打破物理边界、校企空间融合、平台共建共享。二是高校教师与企业员工零距离，打破身份边界、实现角色轮转、共研共促提高。三是学生与平台零距离，打破学科边界、面向科技前沿、解决真实问题。四是理论与实践零距离，打破课堂边界、现场实境教学、推动理论与实际有效连接。

第二，校企共建应当瞄准国家和地方产业发展重大需求，促进教育链、人才链与产业链、创新链的有机衔接，通过优化学科布局，创办行业产业学院，整合产教资源，搭建创新平台，加强与产业之间的对接，将大学生党员培养成为复合创新人才。围绕国家战略和区域经济社会发展需要，推动学科转型升级，主动布局新学科新专业。抢抓学科建设发展的重大战略机遇，充分整合学校和企业的优质资源，培养具备新时代创新能力和实践能力的高层次人才。协同共建创新平台，推动科教育人与产教育人的深度融合。高校可以通过与科研院所协同创新，建立机制先进、学科交叉融合、创新能力强的创新平台。整合高新技术企业资源，组建大学生党员服务平台等。通过项目参与、教学实践、定向培养等方式鼓励大学生党员在创新平台中进行锻炼，推动科教融合反哺育人。比如，通过定期开展"国企大讲堂"活动，实现国资国企与学校在人才培养和科学研究方面精准对接，发挥产教融合的协同育人作用。科教融合搭建激发学生创新热情的培养平台

第三，校企共建应当创新校企合作模式，建立产教紧密合作的专业合作机制。高校可以通过与当地政府共建，优化个性化人才培养方案，创新"产学研"一体化的人才培养模式，整合更多产业优质资源，应用到人才培养中去，让大学生党员能够更多、更早地接触到工作实际，提高大学生党员的动手能力和实践能力。推进课程、专业、学科一体化建设，引导学生在解决实际问题的过程中培养创新能力。重视对学生科研能力的培养，通过高水平科研引领学生进入学术前沿、掌握学术规范、培育学术诚信、恪守学术道德，激发学生的创新热情。推进创新创业教育，设置创新创业必修课程，积极搭建学科竞赛平台，以赛促学，培养具有创新能力的高素质人才，全面构建"四轮同驱"人才培养模式：以专业教育为基础，夯实专业技能；以创新教育为驱动，提升竞争能力；以素质教育为核心，提升综合能力；以创业教育为牵引，增强就业活力，为地方经济建设和社会发展做出更多贡献。

三、校地共建，打造思政育人协同模式

增强校地交流，能够汇聚多元创新资源，实现协同育人。

一方面，校地共建应当强化人才培养优势，结合地方产业发展和创新的需求，建立大学生党员联合培养机制，发挥校地联盟作用，全面构建思政育人新格局。一是坚持"一盘棋"谋事。高校与地方建立共同谋划开展党建活动的常态化工作机制。定期开展策划协调会，统筹部署文明实践、理论宣讲、特色党建等工作，推动共商联办。二是落实"一张网"服务。建立高校与地方理论学习共享资源清单和需求清单制度，在征集高校师生理论学习、思政教育、校外实践需求基础上，充分发挥地方职能优势和产业发展特色，整合师资库、内容库以及基层实践场馆、就业基地等资源，深入落实双向服务，共享党的创新理论、地方人才资源、中华优秀传统文化。三是开展一体化宣传。注重活动的宣传和成效展示，发挥"学习强国"学习平台、地方广电、高校公众号等平台载体优势，传播大学生党建活动动态、分享活动成效，促进结对共建工作出特色、出亮点、出品牌。

另一方面，校地共建应当坚持"资源整合、优势互补、共建共享"合作方向，搭平台、建队伍，促进互惠互利，推动高校和地方党建共同发展。一是地方的政策理论、法律法规、文化文艺、科普推广、农技知识、健康卫生等多个方面宣讲团可以积极走向高校，深化校地党建理论传播合作成果。二是高校专家学者政治素质过硬、理论功底扎实，可以与地方签约结对，深度融入地方基层理论宣讲工作，面对面辅导、点对点服务，切实提升基层宣讲员的工作水平。三是高校可以通过创新开展红色故事宣讲、红色读物赠阅、红色基地校地共建等活动，充分发挥地方党史陈列馆、革命烈士馆等红色文化教育基地红色资源、红色场馆、红色故事的育人作用，进一步用好地方的红色文化资源，拓展高校思政教育形式，为推进新时代大学生党员教育工作助力赋能。

第三节 强化党建阵地建设

一、打造"一站式"大学生社区党建阵地

高校"一站式"学生社区建设，是学习宣传贯彻习近平总书记关于教育的重要论述，特别是加强高校党的建设和思想政治工作的有力举措。高校"一站式"学生社区一般依托书院、宿舍等学生生活园区，探索学生组织形式、管理模式、服务机制改革，推进党团组织、管理部门、服务单位等进驻社区开展工作，把校院领导力量、管理力量、服务力量、思政力量集中到教育管理服务学生一线，将社区打造成为集学生思想教育、师生交流、文化活动、生活服务于一体的教育生活园地。强化大学生党建阵地建设应当以党建引领为核心，以"一站式"学生社区建设为切入点，将领导、管理、思政、服务等各种力量汇聚到学生中间，开展全方位全时段的大学生党员教育。

第一，强化大学生党建阵地建设应当以党建思政为牵引，打造"一站式"学生社区党建阵地。高校将"一站式"学生社区作为育人的重要场域，以党建思政一体化为牵引，培养担当民族复兴大任的时代新人。一是打造党建活动阵地，建设党建活动室，搭建学生社区"党员服务站＋党员责任区＋党员先锋岗"三级组织架构，推动学生社区党组织建设与学生成长深度融合。二是打造思政教育阵地，依托学生宣讲团推进党的二十大精神进社区，以学生视角宣讲思政故事，帮助学生筑牢理想信念根基。三是打造文化宣传阵地，将学生社区物理空间打造成宣传党的二十大精神的沉浸式场景，设置"二十大金句"宣传海报、"喜迎二十大"主题墙绘等宣传载体，推动党的创新理论融入学生日常生活。

第二，强化大学生党建阵地建设应当以全员参与为保障，狠抓"一站式"学生社区建设的队伍建设。高校构建全员参与的"一站式"学生社区工作格局，发挥育人力量在大学生党员教育中的重要作用。一是选好"大家长"，学校领导、党员教师等担任学生"导师"，以宿舍为单位开展教育引导，有针对性解决大学生党员的成长困惑。二是当好"主心骨"，全体辅导员包括学生工作副书记定期入驻学生社区，24小时与大学生党员同吃同住，全时段问需学生、解决问题。三是用好"顶梁柱"，建立学生社团组织，将涌现出的学生先进集体、先进个人评选纳入学校荣

誉体系，激发大学生党员骨干参与社区治理的积极性和主动性。

第三，强化大学生党建阵地建设应当以人才培养为导向，把握"一站式"学生社区建设的主要阶段。高校将人才培养与"一站式"学生社区工作相结合，将学生社区打造成党建引领大学生党员全面发展的成长空间。一是抓好新生适应阶段，聘请经验丰富的教师担任新生辅导员和班主任，手把手、传帮带，带领青年辅导员为大学生党员系好大学"第一粒扣子"。二是抓好成长发展阶段，建设学生党团一体化协同育人中心、创新创业训练基地、阳光体育长廊、劳动教育基地、心理沙盘区和放松减压室等育人空间，满足大学生党员多元化需求。三是抓好学生毕业阶段，设置就业指导和生涯教育工作室，开展职业素养提升工作坊、就业直通车、就业政策进社区等系列活动，让社区成为大学生党员开启梦想的"加油站"。高校通过推进学生社区党建阵地建设，围绕大学生党员的思想、思维、生活特点，创新聚合教育资源，进一步提升大学生党员教育的针对性和实效性。

二、拓展大学生党员教育实践阵地

开展大学生党员教育，高校应当把大学生党员教育融入社会实践、志愿服务、实习实训等活动中，健全志愿服务体系，以形式多样的"行走课堂"深化大学生党员的实践教育。高校应当以大学生党员实践奉献基地为载体，以服务树党员意识，以实践创党员先进，通过在校内外建立多层次多维度的学生党员实践基地，为基层党支部和大学生党员践行宗旨、志愿服务搭建平台，比如，开展"青年红色筑梦之旅""'小我融入大我，青春献给祖国'主题社会实践"等活动，组织大学生党员广泛参加自我管理、志愿服务、社会调查、承诺践诺等活动，使每一个大学生党员个体都得到全面锻炼。

新时代大学生党员教育应当依托大学生党员实践基地，建立党员立体化的服务网络，以服务实践为导向，着力激发大学生党员的积极性创造性，提升大学生党支部的战斗力和凝聚力。高校大学生党支部可以将实践基地的工作与支部入党积极分子的培养、党员的日常考察、专题组织生活会相结合，推动支部的组织建设不断迈向新的台阶。大学生党员在实践基地中的身体力行，不仅能够提升自身党性修养，也能让党旗在心中牢牢扎根。根据大学生党员思想活跃、专业技能多样等特点，高校大学生党员实践基地建设在项目设计中应立足实际，着眼于日常服务，强调发挥各个大学生党支部的特色，使大学生党员先进性的发挥有更多落脚点。

新时代大学生党员教育应当结合高校自身特点和实际，积极拓展志愿服务实践平台，比如在地铁高峰期间开展文明宣传、维持秩序，在红色景点开展志愿讲解服务，在繁华市区开展咨询服务，到中小学开展科普系列活动等，合理安排大学生党员上岗时间，成立服务小组，做到"一人一岗，职责明确"。大学生党支部还应当定期召开党员志愿者沟通协调会议，统一思想，明确职责，将工作要求贯彻落实到全体参与志愿服务的大学生党员之中，引领大学生党员在志愿服务中长才干、作贡献。

三、建强流动大学生党员教育阵地

党员行千里，组织一线牵。由于实习、调研、外出求职等个人原因必须暂时离开学校的流动大学生党员是大学生党员队伍的重要组成部分，加强和改进流动大学生党员教育管理，把流动大学生党员牢牢凝聚在党旗下，对于提高大学生党员队伍建设质量具有重要意义。建强流动大学生党员教育阵地，就要把流动大学生党员组织起来、管理起来、凝聚起来，让他们始终处在党组织的视野内，流动不流失、有家更有为。

一方面，建强流动大学生党员教育阵地，就是要做到大学生党员流动到哪里，党组织工作就应该覆盖到哪里。根据《中国共产党支部工作条例（试行）》有关要求，流动大学生党员党支部，应当组织流动大学生党员开展政治学习，过好组织生活，进行民主评议，引导大学生党员履行党义务，行使党员权利，充分发挥作用。对组织关系不在本党支部的流动大学生民主评议党员等情况，应当通报其组织关系所在的高校大学生党支部。要保证管理"不断线"，依托网格化管理制度，开展流动大学生党员核查纳管，摸清在外流动的大学生党员情况，及时发现"隐形党员""口袋党员"，分类建立流动大学生党员信息库，就近纳入相应党组织管理，让他们在哪都能找到"家"。要保证学习"不松线"，高校党组织运用学生互动社区、主题教育网站和"两微一端"等网络新媒体，创建网上党建园地、网上党校等党员教育平台，确保外出实习、毕业班求职学生党员等流动党员正常接受教育，另外定期召开视频会议，及时推送学习资料，督促流动大学生党员及时跟进学习；协调流入地党组织组建送学小分队，深入流动大学生党员开展上门宣讲。要保证服务"不掉线"，制定"基层党组织书记—片区组织员—网格员"联系责任制，开展流动大学生党员结对帮扶，了解掌握他们的思想动态和家庭情况，针对性解决流动大学生党员的急难愁盼事项，增强流动大学生党员的归属感。

另一方面，建强流动大学生党员教育阵地，还要做到每一名流动大学生党员，就是一面流动的旗帜。建强流动大学生党员教育阵地，一是要唤醒流动大学生党员的党性意识，让流动大学生党员们凝聚成一支支流动的先锋队；二是要创新载体、搭建平台，根据流动大学生党员的个人特长、兴趣爱好、学习经历等情况，分类组建以流动大学生党员为主体的大学生党员志愿服务队，引导流动大学生党员主动融入流入地基层社会治理，当好理论政策宣传员、矛盾纠纷调解员、创新创业领跑员；三是要发挥流动大学生党员个人所长，当好高校和流入地党组织的沟通桥梁，发挥好纽带作用，促进校地企产学研深度交流合作。

第四节 创新网络教育载体

一、建强大学生党员网络育人阵地

进入新时代，大学生党员教育应充分利用新媒体技术，占领党建思政领域的高地，运用微信公众号、微博、QQ、贴吧等新媒体平台加强大学生党员网络育人阵地建设。党的十八大以来，各级党组织推出了一系列线上党员教育平台和教育内容，提供给党员学习使用，比如，中央组织部联合中央广播电视总台策划制播的《榜样》系列专题节目、重点题材党员教育电视片《信仰》《筑梦中国》《让党旗在防控疫情斗争第一线高高飘扬》《美村三十六法》《红色故事汇》《党史故事100讲》《二十大代表风采录》等、组织建设的全国首批76个党性教育基地网上展馆、拍摄的电视剧《初心》、电影《小巷管家》和《半条棉被》等，打造的"学习强国""共产党员"教育平台和"先锋网""党建在线"等特色平台，不断推进全国党员教育内容共建共享，为基层党组织和广大党员提供丰富、优质的学习内容。大学生党员教育应当运用好这些优质资源，建强大学生党员网络育人阵地，建好管好覆盖全体大学生党员的远程教育终端站点，形成大学生党员教育平台矩阵，助力党的声音直达基层，推动大学生党员教育思想引领力、理论传播力、社会影响力不断增强。

随着网络技术的发展、人工智能、5G 应用的普及，大学生党员获取信息的渠道更加多元，接受信息也越来越多样化、碎片化。传统大学生党员教育模式正在经历转化和转型，通过微信、微博、QQ、短信、语音、电邮、党建网站等现代科技手段开展教育已经逐渐形成，利用"资源通融、内容兼融、宣传互融、利益共融"的"融媒体"开展党员教育的例子也不鲜见，如"学习强国"App，运用微视频、纪录片、培训片、新媒体课件等，为党员教育培训营造身临其境般的课堂，让党员在体验教育中增强学习效果。这些都是党员教育在实践手段和方法上的创新和突破，立足于现代科技的"互联网＋党建"党员教育形式，极大地丰富了教育手段、拓展了教育范围、提升了教育效果，为广大党员利用网络传递新信息、普及新知识、开阔新视野、开展新实践提供了很好的平台。开展大学生党员网络育人阵地建设需要注意以下四个方面。一是依托大学生党员教育资源库，建立党性教育基地网上平台，用好"共产党员"教育平台、"学习强国"学习平台等载体；二是依托大学生党员管理信息化工程，探索建立大学生党员学习电子档案，注重大学生党员教育信息化建设整体推进；三是坚持线上线下相结合，探索适应大学生党员特点的教育培训有效方式，运用大数据对党员学习情况进行动态分析，精准推送教育内容，引导大学生党员主动学网用网；四是统筹推进远程教育、电化教育、网络新媒体平台教育，提高大学生党员教育培训现代化水平。

二、发挥大学生党员在网络空间的作用

一名党员就是一面旗帜，一名先锋就是一盏明灯。信息网络时代，互联网是汇聚社情民意的重要平台，也是大学生党员发挥先锋模范作用的新空间新阵地。大学生党员网络行为应当严格遵守党规党纪，模范遵守法律法规，自觉坚守原则和底线。

一方面，大学生党员学网、懂网，才能融网、用网。发挥大学生党员在网络空间的作用首先应当推动大学生党员在网络空间正确发声，汇聚网络空间的正能量。大学生党员如果对网络信息分辨不清、传播规律把握不准、舆论引导能力不足，就容易陷入失声失语、跑偏变味的境地。为此，大学生党员教育应当全面提升大学生党员的网络素养，依托大学生党员集中培训、"党课开讲啦"、"三会一课"、支部主题党日等载体，组织大学生党员深学细悟习近平总书记关于网络强国的重要思想，常态开展大学生党员依规依法上网用网专题教育，帮助大学生党员强化网络思维、掌握网络技术、适应网络生态、熟悉网络话语体系，练就发挥网络空间先锋模范作用的基本功。

另一方面，推动大学生党员在网络空间发挥作用是系统工程。网络行为是大学生党员言行的重要组成部分，因此要教育引导大学生党员认真学习《中国共产党党员网络行为规定》，教育引导大学生党员规范网络行为，坚持正确政治方向、舆论导向、价值取向，严守政治纪律和政治规矩，发挥先锋模范作用，营造健康向上、风清气正的网络环境，推动形成良好网络生态，维护政治安全和意识形态安全，自觉在思想上政治上行动上同以习近平同志为核心的党中央保持一致。大学生党员应当积极通过网络，广泛宣传习近平新时代中国特色社会主义思想，宣传党的路线方针政策和党中央重大决策部署，宣传中国特色社会主义制度，宣传党带领人民团结奋斗的重大成就、历史经验和生动实践，宣传中华优秀传统文化、革命文化、社会主义先进文化，弘扬社会主义核心价值观和社会主义荣辱观，大力弘扬主旋律、传播正能量。此外，党组织要主动关心关爱为党和人民利益在网上亮剑发声的大学生党员，引导大学生党员对网络不良言论行为展开积极斗争，让正能量充盈网络。

第六章 新时代大学生党员教育评价创新

第一节 评价的主要内容

大学生党员教育是高校党建工作中的重要一环，科学合理的大学生党员教育评价体系是提高学生党员质量的重要保证。新时代大学生党员教育评价，要通过对教育计划的实施进行检查和评估，以便能够及时地了解教育的实施与期望的结果是否一致。采用综合评价方法，构建一套科学合理的大学生党员教育评价体系，有利于提升大学生党员教育评价的科学性、专业性和客观性，保证监督党的教育方针贯彻落实，巩固马克思主义在高校意识形态领域的指导地位，加强思想政治引领，筑牢学生理想信念根基，落实立德树人根本任务，保证教学科研管理各项任务完成。

根据《深化新时代教育评价改革总体方案》《中国共产党支部工作条例（试行）》等文件精神，结合高校党务工作者、党建专家、辅导员、学生党员和群众等人的意见，在充分考虑指标选取的科学性、目的性、全面性、可操作性和适用性原则的基础上，笔者从理论素养、组织生活、模范作用、群众基础、创新引领等五个方面尝试构建对大学生党员教育效果进行全面、全过程评价的体系，为高校大学生党员教育提供参考。笔者认为，大学生党员教育评价体系可以设置理论素养、组织生活、模范作用、群众基础、创新引领共五个一级评价指标，根据具体考核内容设置若干二级评价指标，每个考核内容可以设有相应观测点及对应五级评价标准（优、良、中、合格、不合格）。

1. 理论素养。大学生党员的理论素养是党员保持先进性的源泉，也是大学生党员接受组织考验、革命洗礼的精神动力，在高校大学生党员评价体系中占据核心地位。本项指标体系主要是考察大学生党员掌握党的理论知识水平，鼓励大学生党员积极参加马克思主义理论研究，研讨马克思主义经典著作，撰写党的理论学术论文和心得体会，提升大学生党员的理论水平和研究能力。主要分三部分：一是考察大学生党员参加理论学习的积极性、主动性，要求大学生党员每学期撰写相应的论文或心得体会，积极参加社会主义理论学习研讨活动和各级各类征文比赛，对获奖大学生按不同等级给予对应分值；二是考察大学生党员在网络空间对青年大学生的思想引领，如考察大学生党员在网络空间、舆论阵地上是否勇于发声、敢于发声、善于发声；三是考察大学生党员是否认真学习、研读、悟通《中国共产党章程》，掌握党员权利和义务内涵，坚守政治纪律和政治规矩。

2. 组织生活。组织生活是大学生党员围绕党的方针、政策展开思想交流、落实工作、研究问题的活动形式，是大学生党员教育评价的主要内涵之一。大学生党员组织生活的质量高低决定了党员的党性修养、作风建设及入党动机。本项指标主要是对大学生党员的党性修养、组织生活品质、服从党组织安排、做好入党积极分子培养、做好新生思想工作以及群众基础等多层次的考察，通过对大学生党员的组织生活考察，全方位考察大学生党员的入党动机。一是乐于接受和服从党组织安排的各项任务，且积极主动、任劳任怨、保质保量地完成。二是自觉、准时参加组织生活会和学院党委或大学生党支部组织的其他活动。三是做好入党积极分子的培养，每名大学生党员每学期至少联系 3 名入党积极分子。四是做好"结对子"新生思想引导及教育工作，每学期至少联系 3 名新生。五是言行一致、知行合一，认真履行承诺，深得群众好评。六是是否按时交纳党费、是否按时参加组织生活。

3. 模范作用。先锋模范作用是中国共产党党员的基本要求，也是体现大学生党员党性修养的最直观表现。本项考核评价主要是考察大学生党员综合表现，一是在思想上是否发挥思想引领作用，树牢"四个意识"，坚定"四个自信"，坚决做到"两个维护"等；二是在行动上是否起模范带头作用、遵纪守法、工作能力、组织能力、执行能力、社会责任感等；三是在学习上是否刻苦学习、努力钻研专业知识、学习成绩及学习态度、是否获得学生荣誉等；四是在工作上是否担任学生干部、社团干部并获得表彰等；五是在生活上是否遵纪守法、遵守校纪校规、课堂出勤情况、寝室表现等；六是在集体观念上是否关心集体、主动参与院校及班级组织开展活动、在各项日常事务和活动中能否发挥带头作用、参与集体活动的积极性、主动性。

4. 群众基础。衡量大学生党员素质的一个重要因素是群众基础。如果大学生党员群众基础不好、群众认可度不高，一定程度上反映大学生党员素质还有待提高。因此，本项指标体系主要是考察大学生党员的群众认可度，一是考察他们是否落实全面从严治党、全心全意为人民服务，是否贯彻落实党的路线方针政策和有关精神；

二是考察大学生党员是否具有远大的理想信念，爱党爱国爱校的家国情怀，团结同学、助人为乐、具有高度的集体主义精神；三是对担任学生干部、社团组织负责人的大学生党员，还要考察他们是否积极主动关心群众和服务群众、为群众解决实际困难、积极参与校内校外的公益活动、青年志愿者活动，能否真正贯彻"从群众中来，到群众中去"的群众路线精髓，是否具备为集体争创佳绩、敢为人先、勇于担当的气概。

5. 创新引领。科技创新是第一生产力，未来国家之间综合实力竞争是创新人才的竞争。大学生党员的创新能力是衡量高校大学生党员教育的标准之一。大学生党员是否具有创新意识、创新能力、创新精神关系到党和国家的未来事业发展。大学生党员要发挥科技创新排头兵作用，积极参与各类各级科技创新活动，如参与大学生课外科技创新竞赛、申报国家级省级大学生创新创业训练项目、参与教师科研项目等。考核大学生党员创新能力指标体系可以设置为大学生党员参与国家、省、市、校四级创新竞赛的获奖情况、获得专利授权数、发表学术论文、大学生创新训练项目申报及立项情况等。本项评价是以结果为导向，全方位考察大学生党员是否在科技创新方面发挥引领作用。

第二节 评价的基本方法

360 度评价方法最早由英特尔公司提出并加以实施，现已成为许多企业进行员工能力发展与人才盘点工作的主要方法。作为一种全面的评估方法，360 度评价法通过多个角度来评价被评估者的绩效，包括自我评价、上级评价、下级评价、同事评价以及客户评价等。这种方法的主要优点在于能够从不同角度全面了解被评估者的表现，有助于被评估者更全面地认识自己，同时也能避免单一来源评价可能带来的主观偏见。然而，360 度评价也存在一些缺点，如评价过程可能较为耗时和成本较高，以及不同评价者之间的评价标准可能存在不一致性。360 度评价不仅包括对被评价者的行为表现进行全方位的评价，还涉及对被评价者的能力素质、品德修养、知识水平应用等方面的综合评价。这种方法通过数学计算和数理统计为工具，采取无记名填表的方式进行，旨在消除由评价者主观因素对评价带来的偏差，从而更客观地反映被测评者的德行表现和才能。具体操作中，360 度评价通常由与被评价者有较多接触、对被评价者的表现比较了解的不同方面人员，从不同角度对被评价者进行评价，然后根据不同评价者打分所占权重，算出最终的结果。360 度的评价者通常包括：来自上级的自上而下的评价、来自下属的自下而上的评价、来自同级之间的评价、来自服务对象的评价，以及本人的自我评价等。

总体而言，360 度评价是一种比较客观的评价方法，这种全面、可量化的评估方式可以运用到大学生党员教育评价之中。采用 360 度评价对大学生党员教育进行评价的主要目的是为了高校能够得到及时的反馈，通过不断完善，进而更好地服务大学生党员的成长与发展。

1. 评价主体设计

（1）学生党支部评价。学生党支部是对党员进行教育、管理的基层组织，支部委员会对大学生党员的教育管理、组织工作、"三会一课"、党日活动、学习创新、工作服务等方面都了如指掌，其权重可以设置在 30%。

（2）教师评价。辅导员、班主任、专职教师在日常工作中对大学生党员的日常表现，特别是在理论学习、服务奉献、作用发挥等方面比较了解，由他们来进行评价具有一定的权威性和说服力，其权重可以设置在 20%。

（3）大学生党员评估。大学生党员之间互相打分，这个环节主要是为了让大学生党员增强互相了解，取长补短，学习其他大学生党员的先进做法，帮助自身改进一些存在问题，其权重可以设置在 20%。

（4）大学生党员的服务对象评价。为提升可操作性，大学生党员的服务对象可以选择班上非党员同学，以他们的意见为主，衡量学生党员有没有宗旨意识，有没有坚定的信念，有没有政治可靠，有没有发挥应有的榜样作用，其权重可以设置在 20%。

（5）大学生党员的自我评价。自我评价是大学生党员能够通过及时的自省，清醒自觉地发现自身的不足，并对自身存在问题进行改进，不断提高自己能力的一种重要方式，其权重可以设置在 10%。

2. 评价问卷设计

360 度评价一般采用问卷法。问卷的形式分为两种，一种是等级量表，给评价者提供 5 分或者 7 分等级的量表，让评价者选择相应的分值；另一种是开放式问题，让评价者写出自己的评价意见，二者也可以综合采用。问卷的内容可以是与被评价者的日常表现密切相关的行为，也可以是比较共性的行为，或二者的综合。比较常见的 360 度评价问卷大多采用等级量表的形式，有的同时包括开放式问题。问卷的内容一般都是比较共性的行为，采用问卷进行 360 度评价实施起来比较容易。在实际工作中，高校可以参照其他学校的党员教育或者其他教育成效的相关问卷设计，然后由评价者、被评价者共同组成专家小组，判断问卷中所包括的行为与拟评价方面的关联程度，保留关联程度比较高的行为。然后，再根据对大学生党员特质的分析，增加一些必要的与大学生党员教育成效密切相关的行为。采用这种方式，能保证问卷所包括的行为与拟评价教育成效具有较高的关联性。

3. 评价过程组织

360 度评价作为一种有效的工具，能够帮助大学生党员更全面地了解自己的日常表现和个人能力，从而促进大学生党员的成长发展和高校党建工作的整体成效的提升。在实施过程中，需要注意避免一些常见的误区，如确保评价宣贯到位、避免无效问卷的产生等，以确保评价的有效性和准确性。

通过对大学生党员进行评估，结合日常的教育管理工作，每年 6 月和 12 月对大学生党员进行考察和评估，采用定量测评和座谈访谈的方法，综合辅导员、班主任、专职教师、非党员学生、党员的评价进行评估。360 度评价的实施过程包括设定测评用表、分组、确定参加测评人员、动员、发表、回收、数据录入、出报告和反馈面谈等步骤。这一过程不仅有助于大学生党员的发展，还能为大学生党员评优评奖等提供客观的依据。

4. 评价注意事项

360 度测评结果的分析与应用都基于测评表的打分情况。因此有以下事项需要予以注意。

第一，应注意必须保证测评数据的真实性和实用性。大学生党员教育 360 度测评结果受发动宣传效果、测评表的发放范围及参与测评人员的素质及好恶情感所影响，同时也受被测评大学生党员的性格及日常的行为所影响。

第二，不能把 360 度评价绝对化，要考虑到有些被测评大学生党员的个别行为仅有少数接触多的人知道，360 度评价结果只能反映大家对被测评大学生党员总体上的情况了解。所以，从客观上讲 360 度测评只能作为扩大对被测评大学生党员了解的途径与信息量，掌握他们在学生群体中的形象。因此，必须把 360 度测评结果与其他评估结果共同考虑，而不能把 360 度测评绝对化。

第三，需要注意的是，当大学生党员的 360 度测评结果与测评人心目中的情况不相符时，不要轻易地否决测评结果，要认真思索，并加以综合判断。

第三节 评价结果的运用

大学生党员教育 360 度测评可提供大量有用的信息。360 度测评结果不仅仅是高校管理者的有效信息，同时也是被测评的大学生党员的个人成长历程中的宝贵财富，将 360 度测评结果反馈给大学生党员，指出其长处以及还做得不到位的地方，指明他们下一步改进的方向，对于引领大学生党员的成长非常有针对性和指导意义；另一方面，大学生党员教育 360 度测评结果也为高校党建各项工作提供依据，可以检查高校大学生党员教育工作过程中各项政策的有效性和正确性。因此，必须强化大学生党员教育 360 度测评结果的应用，避免使 360 度测评工作流于形式。

第一，对大学生党员教育进行科学评价与反馈，能够有效促进大学生党员教育向制度化、规范化的方向发展，充分调动基层党组织的工作积极性，形成人人热爱学习、个个担当作为的良好氛围，有力促进高校党建工作的有序开展，提升大学生党员的综合素质，强化大学生党员的服务意识和政治敏锐性，增强是非鉴别力和自我把握能力，充分发挥党员的模范表率作用，维护党组织的战斗堡垒地位，达到理论教育在实践中有效体现的目的。

第二，大学生党员教育应当加强对于大学生党员教育考核结果的运用。一是将大学生党员教育评价结果与所在基层党支部年终考核结合起来，考核达标的基层党支部年终有资格评为先进基层党组织。二是将大学生党员教育评价与年终考核结合起来，本年度大学生党员教育评价不合格者年终不得评优评先。三是将大学生党员教育评价与学生骨干选拔任用结合起来，建立学生党员的学习档案，并把党员教育的评价结果作为衡量大学生党员素质的重要内容和学生骨干任免奖惩的重要依据。

第三，大学生党员教育还应当注重大学生党员评价的效果反馈与自我完善。一是在检查和评估的基础上，及时总结所取得的成绩，使其固定为自身的组织优势，进一步规范化。二是对尚未解决的或正在产生的问题进行深入分析思考，并转移到下一个周期。评价改善是一个不断完善的体系。在大学生党员的教育管理工作中，应该以大学生党员的考察和评价为基础，有目的地从学生党员个体和学生党支部的基层组织两个层次进行提升，将大学生党员教育引入新的 PDCA 循环，并在此基础上逐步完善。

参考文献

一、中文著作

[1] 马克思恩格斯文集：第 1 卷 [M]．北京：人民出版社，2009．

[2] 马克思恩格斯文集：第 2 卷 [M]．北京：人民出版社，2009．

[3] 马克思恩格斯文集：第 3 卷 [M]．北京：人民出版社，2009．

[4] 马克思恩格斯文集：第 10 卷 [M]．北京：人民出版社，2009．

[5] 马克思恩格斯全集：第 2 卷 [M]．北京：人民出版社，2005．

[6] 马克思恩格斯选集：第 1 卷 [M]．北京：人民出版社，2012．

[7] 马克思恩格斯选集：第 4 卷 [M]．北京：人民出版社，2012．

[8] 马克思恩格斯选集：第 2 卷 [M]．北京：人民出版社，2012．

[9] 马克思．法兰西内战 [M]．北京：人民出版社，2018．

[10] 列宁选集：第 1 卷 [M]．北京：人民出版社，2012．

[11] 列宁选集：第 2 卷 [M]．北京：人民出版社，2012．

[12] 列宁选集：第 4 卷 [M]．北京：人民出版社，2012．

[13] 列宁全集：第 37 卷 [M]．北京：人民出版社，2017．

[14] 列宁全集：第 40 卷 [M]．北京：人民出版社，2017．

[15] 列宁专题文集：论无产阶级政党 [M]．北京：人民出版社，2009．

[16] 毛泽东早期文稿 [M]．长沙：湖南人民出版社，1990．

[17] 毛泽东文集：第 1 卷 [M]．北京：人民出版社，1993．

[18] 毛泽东文集：第 2 卷 [M]．北京：人民出版社，1993．

[19] 毛泽东文集：第 3 卷 [M]．北京：人民出版社，1996．

[20] 毛泽东文集：第 6 卷 [M]．北京：人民出版社，1999．

[21] 毛泽东文集：第 7 卷 [M]．北京：人民出版社，1999．

[22] 毛泽东文集：第 8 卷 [M]．北京：人民出版社，1999．

[23] 毛泽东选集：第 1 卷 [M]．北京：人民出版社，1991．

[24] 毛泽东选集：第2卷［M］．北京：人民出版社，1991．

[25] 毛泽东选集：第3卷［M］．北京：人民出版社，1991．

[26] 毛泽东选集：第4卷［M］．北京：人民出版社，1991．

[27] 建国以来毛泽东文稿（第10册）［M］．北京：中央文献出版社，1996．

[28] 毛泽东年谱（一九四九——一九七六）：第2卷［M］．北京：中央文献出版社，2013．

[29] 周恩来选集（上卷）［M］．北京：人民出版社，1997．

[30] 周恩来年谱（1898-1949）上册［M］．北京：中央文献出版社，2007．

[31] 周恩来早期文选（上卷）［M］．北京：中央文献出版社，1998．

[32] 周恩来经济文选［M］．北京：中央文献出版社，1993．

[33] 周恩来教育文选［M］．北京：教育科学出版社，1984．

[34] 刘少奇选集（上卷）［M］．北京：人民出版社，1981．

[35] 刘少奇选集（下卷）［M］．北京：人民出版社，1985．

[36] 刘少奇年谱（1898-1969）［M］．北京：中央文献出版社，1996．

[37] 朱德选集［M］．北京：人民出版社，1983．

[38] 朱德军事文选［M］．北京：解放军出版社，1997．

[39] 邓小平文选：第1卷［M］．北京：人民出版社，1994．

[40] 邓小平文选：第2卷［M］．北京：人民出版社，1994．

[41] 邓小平文选：第3卷［M］．北京：人民出版社，1993．

[42] 邓小平年谱（1975—1997）下册［M］．北京：中央文献出版社，2004．

[43] 江泽民文选：第1卷［M］．北京：人民出版社，2006．

[44] 江泽民文选：第2卷［M］．北京：人民出版社，2006．

[45] 江泽民文选：第3卷［M］．北京：人民出版社，2006．

[46] 江泽民思想年编（1989—2008）［M］．北京：中央文献出版社，2010．

[47] 江泽民．论党的建设［M］．北京：中央文献出版社，2001．

[48] 胡锦涛文选：第1卷［M］．北京：人民出版社，2016

[49] 胡锦涛文选：第2卷［M］．北京：人民出版社，2016．

[50] 胡锦涛文选：第3卷［M］．北京：人民出版社，2016．

［51］习近平．习近平谈治国理政［M］．北京：外文出版社，2014．

［52］习近平．习近平谈治国理政：第 2 卷［M］．北京：外文出版社，2017．

［53］习近平．习近平谈治国理政：第 3 卷［M］．北京：外文出版社，2020．

［54］习近平．习近平谈治国理政：第 4 卷［M］．北京：外文出版社，2022．

［55］习近平关于党的群众路线教育实践活动论述摘编［M］．北京：党建读物出版社，2014．

［56］中共中央文献研究室．习近平总书记重要讲话文章选编［M］．北京：中央文献出版社，2016．

［57］中共中央宣传部．习近平总书记系列重要讲话读本［M］．北京：学习出版社，2016．

［58］习近平．决胜全面建成小康社会夺取新时代中国特色社会主义伟大胜利——在中国共产党第十九次全国代表大会上的讲话［M］．北京：人民出版社，2017．

［59］中共中央宣传部．习近平新时代中国特色社会主义思想学习纲要［M］．北京：学习出版社，2019．

［60］习近平关于防范风险挑战、应对突发事件论述摘编［M］．北京：中央文献出版社，2020．

［61］习近平．在党史学习教育动员大会上的讲话［M］．北京：人民出版社，2021．

［62］习近平．高举中国特色社会主义伟大旗帜为全面建设社会主义现代化国家而团结奋斗——在中国共产党第二十次全国代表大会上的报告［M］．北京：人民出版社，2022．

［63］习近平著作选读：第 1 卷［M］．北京：人民出版社，2023．

［64］中共中央党史研究室．中国共产党历史第一卷（1921—1949）上下册［M］．北京：中央党史出版社，2002．

［65］中共中央党史研究室．中国共产党历史第二卷（1949—1978）上下册［M］．北京：中央党史出版社，2011．

［66］中共中央文献研究室．建国以来重要文献选编（第八册）［M］．北京：

人民出版社，1994.

　　[67] 中共中央文献研究室.十六大以来重要文献选编（上）[M].北京：人民出版社，2005.

　　[68] 中共中央文献研究室.十八大以来重要文献选编（上）[M].北京：中央文献出版社，2014.

　　[69] 中共中央宣传部理论局.全面从严治党面对面：理论热点面对面 [M].北京：学习出版社，2017.

　　[70] 中国共产党第十九次全国代表大会文件汇编 [M].北京：人民出版社，2017.

　　[71] 党的十九大报告辅导读本 [M].北京：人民出版社，2017.

　　[72] 党的十九大报告学习辅导百问 [M].北京：人民出版社，2017.

　　[73] 《新时代爱国主义教育实施纲要》学习读本 [M].北京：人民出版社，2020.

　　[74] 中共中央关于党的百年奋斗重大成就和历史经验的决议 [M].北京：人民出版社，2021.

　　[75] 中国共产党简史 [M].北京：人民出版社，2021.

　　[76] 党的二十大文件汇编 [M].北京：党建读物出版社，2022.

　　[77] 中国共产党重要文献汇编：第 11 卷 [M].北京：人民出版社，2022.

　　[78] 雷厚礼.中国共产党执政学 [M].北京：人民出版社，2007.

　　[79] 朱有志，贺培育，等.当代中国共产党人的忧患意识 [M].北京：红旗出版社，2009.

　　[80] 魏继昆.居安思危——中国共产党人的忧患意识研究 [M].北京：人民出版社，2009.

　　[81] 牟永生.范仲淹忧患意识研究 [M].南京：南京大学出版社，2014.

　　[82] 杨德山.中国政党学说文献汇编.第一卷 [M].北京：中国人民大学出版社，2014.

　　[83] 王小锡.底线思维 [M].南京：江苏人民出版社，2015.

　　[84] 万美容.青年学 [M].北京：中国人民大学出版社，2016.

　　[85] 胡适.哲学的盛宴·中国篇 [M].北京：新世界出版社，2017.

　　[86] 陈万柏，张耀灿.思想政治教育学原理（第三版）[M].北京：高等教育出版社，2021.

二、中文论文

［1］何云峰．试论毛泽东的执政忧患意识［J］．河南大学学报（社会科学版），2011，51（01）．

［2］王怀乐．试论中国忧患意识的传统及其思想内涵［J］．郑州航空工业管理学院学报（社会科学版），2012，31（05）．

［3］步新娜，魏继昆．忧患意识：党史文化的重要传统来源论析［J］．学术论坛，2013，36（03）．

［4］舒毅彪，张彧．从毛泽东的"赶考"精神看我们党的执政忧患意识［J］．科学社会主义，2014（01）．

［5］杜丹阳．中国古代治国理念中的忧患意识研究［J］．中共天津市委党校学报，2017，19（01）．

［6］彭华．儒家忧患意识述论［J］．江苏科技大学学报（社会科学版），2017，17（02）．

［7］黄大周．网络自媒体环境下大学生党员教育管理初探［J］．学校党建与思想教育，2018，（18）．

［8］白永生．依托网络教学平台加强大学生流动党员教育管理的实践探索与效果评估［J］．学校党建与思想教育，2018，（15）．

［9］王记录．中国古代历史教育与人文素养［J］．史学史研究，2018（02）．

［10］赵曼．先秦儒家忧患意识探源［J］．产业与科技论坛，2019，18（13）．

［11］陶倩，石玉莹．习近平关于增强忧患意识重要论述探析［J］．毛泽东邓小平理论研究，2019（3）．

［12］袁源．加强大学生党员教育管理工作的思考与实践［J］．思想政治教育研究，2019，35（06）．

［13］杜桂萍，周彬，王继明．艺术类大学生党员持续教育创新性探究［J］．学校党建与思想教育，2019，（18）．

［14］何善蒙．忧患意识与君子的责任［J］．东南大学学报（哲学社会科学版），2020，22（03）．

［15］王颖．从中共七大文献看毛泽东如何应对"大事变"［J］．党的文献，2020（04）．

[16] 颜晓峰．新时代增强忧患意识与防范风险挑战［J］．中国特色社会主义研究，2020（2）．

[17] 习近平．思政课是落实立德树人根本任务的关键课程［J］．求是，2020（17）．

[18] 刘有升，李倩雯．深化新时代爱国主义教育的思考［J］．思想教育研究，2020（10）．

[19] 习近平．坚持人民至上［J］．求是，2022（20）．

[20] 房广顺，赵姝婕．推动自我革命精神融入大学生党员教育［J］．思想政治教育研究，2022，38（04）．

[21] 张亚琴，孙成武．伟大建党精神融入大学生党员党性教育略论［J］．学校党建与思想教育，2022（15）．

[22] 刘世斌，贺新元．新媒体介入高校大学生党员的教育实践及提升策略研究［J］．思想政治教育研究，2022，38（03）．

[23] 高希．新时代大学生忧患意识教育：必要性、内容与路径［J］．南京理工大学学报（社会科学版），2022，35（04）．

[24] 高希，季卫兵．中国共产党增强全党忧患意识的百年历程与经验启示[J]．长白学刊，2023（01）．

[25] 何蔚超．人民至上视域下"两在两同"的逻辑必然、历史呈现与实践要略［J］．南京理工大学学报（社会科学版），2023，36（02）．

[26] 张泽强．新时代大学生党员思想政治教育提升策略［J］．中学政治教学参考，2023（21）．

[27] 易金华，钟声．红色文化融入大学生党员党性教育的理论认知与实践路径［J］．湖南社会科学，2023（01）．

[28] 刘光明．习近平强军思想的道理学理哲理［J］．党建，2023（12）．

[29] 杨德山．习近平总书记关于党的建设的重要思想的道理学理哲理［J］．党建，2024（01）．

[30] 习近平．完整、准确、全面贯彻落实关于做好新时代党的统一战线工作的重要思想［J］．求是，2024（02）．

[31] 吴昊，严勇俊．大学生党员对党忠诚教育的价值意蕴及实现路径［J］．学校党建与思想教育，2024（05）．

三、报刊类

[1] 习近平 . 在纪念孙中山先生诞辰 150 周年大会上的讲话 [N] . 人民日报，2016-11-12（02）.

[2] 习近平 . 把思想政治工作贯穿教育教学全过程开创我国高等教育事业发展新局面 [N] . 光明日报，2016-12-09（01）.

[3] 中共中央政治局召开民主生活会以认真学习贯彻习近平新时代中国特色社会主义思想坚定维护以习近平同志为核心的党中央权威和集中统一领导全面贯彻落实党的十九大各项决策部署情况为主题进行对照检查中共中央总书记习近平主持会议并发表重要讲话 [N] . 光明日报，2017-12-27（01）.

[4] 习近平 . 以时不我待只争朝夕的精神投入工作，开创新时代中国特色社会主义事业新局面 [N] . 人民日报，2018-01-06（01）.

[5] 习近平 . 在北京大学师生座谈会上的讲话 [N] . 人民日报，2018-05-03（02）.

[6] 习近平 . 坚持中国特色社会主义教育发展道路培养德智体美劳全面发展的社会主义建设者和接班人 [N] . 光明日报，2018-09-11（01）.

[7] 习近平在省部级主要领导干部坚持底线思维着力防范化解重大风险专题研讨班开班式上发表重要讲话强调提高防控能力着力防范化解重大风险保持经济持续健康发展社会大局稳定 [N] . 人民日报，2019-01-22（01）.

[8] 习近平在中央和国家机关党的建设工作会议上强调全面提高中央和国家机关党的建设质量建设让党中央放心让人民群众满意的模范机关 [N] . 人民日报，2019-07-10（01）.

[9] 习近平 . 在全国抗击新冠肺炎疫情表彰大会上的讲话 [N] . 人民日报，2020-09-09（02）.

[10] 习近平在中央党校（国家行政学院）中青年干部培训班开班式上发表重要讲话强调年轻干部要提高解决实际问题能力想干事能干事干成事 [N] . 人民日报，2020-10-11（01）.

[11] 习近平 . 坚持中国特色世界一流大学建设目标方向为服务国家富强民族复兴人民幸福贡献力量 [N] . 人民日报，2021-04-20（01）.

[12] 中国共产党普通高等学校基层组织工作条例 [N] . 人民日报，2021-04-23（003）.

[13] 习近平. 在庆祝中国共产党成立 100 周年大会上的讲话 [N]. 人民日报，2021-07-02（02）.

[14] 中共中央国务院印发《关于新时代加强和改进思想政治工作的意见》[N]. 人民日报，2021-07-13（01）.

[15] 中共十九届六中全会在京举行 [N]. 人民日报，2021-11-12（01）.

[16] 中共中央政治局召开专题民主生活会强调弘扬伟大建党精神坚持党的百年奋斗历史经验增加历史自信增进团结统一增强斗争精神中共中央总书记习近平主持会议并发表重要讲话 [N]. 人民日报，2021-12-29（01）.

[17] 习近平. 在二十届中共中央政治局常委同中外记者见面会上的重要讲话 [N]. 人民日报，2022-10-23（01）.

[18] 习近平. 坚守初心使命发挥自身优势为建设教育强国科技强国作出新的贡献 [N]. 人民日报，2024-06-13（01）.

[19] 习近平. 紧密围绕立德树人根本任务朝着建成教育强国战略目标扎实迈进 [N]. 人民日报，2024-09-11（01）.

[20] 习近平. 必须坚持守正创新 [N]. 人民日报，2024-12-01（01）.

附录：《中国共产党普通高等学校基层组织工作条例》

第一章 总则

第一条 为了深入贯彻习近平新时代中国特色社会主义思想，贯彻落实新时代党的建设总要求和新时代党的组织路线，坚持和加强党对普通高等学校（以下简称高校）的全面领导，加强和改进高校党的建设，扎根中国大地办好中国特色社会主义大学，根据《中国共产党章程》和有关法律，制定本条例。

第二条 高校党组织必须高举中国特色社会主义伟大旗帜，以马克思列宁主义、毛泽东思想、邓小平理论、"三个代表"重要思想、科学发展观、习近平新时代中国特色社会主义思想为指导，增强"四个意识"、坚定"四个自信"、做到"两个维护"，全面贯彻党的基本理论、基本路线、基本方略，全面贯彻党的教育方针，坚持教育为人民服务、为中国共产党治国理政服务、为巩固和发展中国特色社会主义制度服务、为改革开放和社会主义现代化建设服务，坚守为党育人、为国育才，培养德智体美劳全面发展的社会主义建设者和接班人。

第三条 高校实行党委领导下的校长负责制。高校党的委员会（以下简称高校党委）全面领导学校工作，支持校长按照《中华人民共和国高等教育法》的规定积极主动、独立负责地开展工作，保证教学、科研、行政管理等各项任务的完成。

高校党委实行民主集中制，健全集体领导和个人分工负责相结合的制度。凡属重大问题都应当按照集体领导、民主集中、个别酝酿、会议决定的原则，由党委集体讨论，作出决定；党委成员应当根据集体的决定和分工，切实履行职责。

第四条 高校党组织工作应当遵循以下原则：

（一）坚持党管办学方向、党管干部、党管人才、党管意识形态，领导改革发展，把党的领导落实到高校办学治校全过程各方面，确保党的教育方针和党中央决策部署得到贯彻落实；

（二）坚持全面从严治党，以党的政治建设为统领，把政治标准和政治要求贯穿党的思想建设、组织建设、作风建设、纪律建设以及制度建设、反腐败斗争始终；

（三）坚持高校党的建设与人才培养、科学研究、社会服务、文化传承创新、国际交流合作等深度融合，为高校改革发展稳定、完成党和国家重大战略任务提供思想保证、政治保证、组织保证；

（四）坚持把思想政治工作作为开展高校党的建设的重要抓手，把立德树人成效作为检验高校党的建设工作的根本标准；

（五）坚持抓基层强基础，健全高校党的组织体系、制度体系和工作机制，全面增强高校基层党组织生机活力。

第二章　组织设置

第五条　高校党委由党员大会或者党员代表大会选举产生，每届任期 5 年。党委对党员大会或者党员代表大会负责并报告工作。

党员代表大会代表实行任期制。

第六条　规模较大、党员人数较多的高校，根据工作需要，经上级党组织批准，党委可以设立常务委员会（以下简称常委会）。常委会由党委全体会议选举产生，对党委负责并定期报告工作。设立常委会的党委每半年至少召开 1 次委员会全体会议，遇有重要情况可以随时召开。

设立常委会的高校党委，一般设党委委员 15 至 31 人，常委会委员 7 至 11 人；不设常委会的，一般设委员 7 至 11 人。根据学校实际，经上级党组织批准，可以适当增减常委会委员或者不设常委会的委员职数。

第七条　高校院（系）级单位根据工作需要和党员人数，经学校党委批准，设立党的基层委员会、总支部委员会、支部委员会。党的基层委员会由党员大会或者党员代表大会选举产生，党的总支部委员会、支部委员会由党员大会选举产生。院（系）党组织每届任期一般为 5 年。

第八条　有正式党员 7 人以上的党支部，应当设立党支部委员会；正式党员不足 7 人的党支部，设 1 名书记，必要时可以设 1 名副书记，由党支部党员大会选举产生。党支部委员会和不设支部委员会的支部书记、副书记每届任期一般为 3 年。

第九条　高校院（系）级以下单位设立党支部，应当与教学、科研、管理、服务等机构相对应。教师党支部一般按照院（系）内设的教学、科研机构设置，学生党支部一般按照年级班级或者学科专业设置。可以依托重大项目组、科研平台或者学生社区等设置师生党支部，注重在本专科低年级建立党的组织、开展党的工作。管理、后勤等部门的党支部一般按照部门设置。将离退休教职工党员编入党的组织，开展党的活动。

注重选拔党性强、业务精、有威信、肯奉献的党员学术带头人担任教师党支部书记。注重从优秀辅导员、骨干教师、优秀学生党员中选拔学生党支部书记。管理、后勤等部门党支部书记一般由本部门主要负责人担任。

第三章　主要职责

第十条　高校党委承担管党治党、办学治校主体责任，把方向、管大局、作决策、抓班子、带队伍、保落实。主要职责是：

（一）宣传和执行党的路线方针政策，宣传和执行党中央以及上级党组织和本组织的决议，坚持社会主义办学方向，依法治校，依靠全校师生员工推动学校科学发展，培养德智体美劳全面发展的社会主义建设者和接班人。

（二）坚持马克思主义指导地位，组织党员认真学习马克思列宁主义、毛泽东思想、邓小平理论、"三个代表"重要思想、科学发展观、习近平新时代中国特色社会主义思想，学习党的路线方针政策和决议，学习党的基本知识，学习业务知识和科学、历史、文化、法律等各方面知识。

（三）审议确定学校基本管理制度，讨论决定学校改革发展稳定以及教学、科研、行政管理中的重大事项。

（四）讨论决定学校内部组织机构的设置及其负责人的人选。按照干部管理权限，负责干部的教育、培训、选拔、考核和监督。加强领导班子建设、干部队伍建设和人才队伍建设。

（五）按照党要管党、全面从严治党要求，加强学校党组织建设。落实基层党建工作责任制，发挥学校基层党组织战斗堡垒作用和党员先锋模范作用。

（六）履行学校党风廉政建设主体责任，领导、支持内设纪检组织履行监督执纪问责职责，接受同级纪检组织和上级纪委监委及其派驻纪检监察机构的监督。

（七）领导学校思想政治工作和德育工作，落实意识形态工作责任制，维护学校安全稳定，促进和谐校园建设。

（八）领导学校群团组织、学术组织和教职工代表大会。

（九）做好统一战线工作。对学校内民主党派的基层组织实行政治领导，支持其依照各自章程开展活动。支持无党派人士等统一战线成员参加统一战线相关活动，发挥积极作用。加强党外知识分子工作和党外代表人士队伍建设。加强民族和宗教工作，深入开展铸牢中华民族共同体意识教育，坚决防范和抵御各类非法传教、渗透活动。

第十一条　高校院（系）级单位党组织应当强化政治功能，履行政治责任，保证教学科研管理等各项任务完成，支持本单位行政领导班子和负责人开展工作，健全集体领导、党政分工合作、协调运行的工作机制。主要职责是：

（一）宣传和执行党的路线方针政策以及上级党组织的决议，并为其贯彻落实发挥保证监督作用。

（二）通过党政联席会议，讨论和决定本单位重要事项。召开党组织会议研究决定干部任用、党员队伍建设等党的建设工作。涉及办学方向、教师队伍建设、师生员工切身利益等事项的，应当经党组织研究讨论后，再提交党政联席会议决定。

（三）加强党组织自身建设，建立健全党支部书记工作例会等制度，具体指导党支部开展工作。

（四）领导本单位思想政治工作，加强师德师风建设，落实意识形态工作责任制。把好教师引进、课程建设、教材选用、学术活动等重要工作的政治关。

（五）做好本单位党员、干部的教育管理工作，做好人才的教育引导和联系服务工作。

（六）领导本单位群团组织、学术组织和教职工代表大会。做好统一战线工作。

第十二条　教职工党支部围绕本单位改革发展稳定等开展工作，落实立德树人根本任务，发挥教育管理监督党员和组织宣传凝聚服务师生员工的作用。主要职责是：

（一）宣传和执行党的路线方针政策以及上级党组织的决议，团结师生员工，在完成教学科研管理任务中发挥党员先锋模范作用；

（二）参与本单位重大问题决策，支持本单位行政负责人开展工作，对教职工职称评定、岗位（职员等级）晋升、考核评价等进行政治把关；

（三）做好党员教育、管理、监督和服务工作，定期召开组织生活会，开展批评和自我批评；

（四）培养教育入党积极分子，做好发展党员工作；

（五）加强师德师风建设，有针对性地做好思想政治工作；

（六）密切联系群众，经常听取师生员工意见和诉求，维护他们的正当权利和利益。

第十三条 学生党支部应当加强思想政治引领，筑牢学生理想信念根基，引导学生刻苦学习、全面发展、健康成长。主要职责是：

（一）宣传和执行党的路线方针政策以及上级党组织的决议。

（二）加强对学生党员的教育、管理、监督和服务，定期召开组织生活会，开展批评和自我批评。发挥学生党员先锋模范作用，影响、带动广大学生明确学习目的，完成学习任务。

（三）组织学生党员参与学生事务管理，维护学校稳定。支持、指导和帮助团支部、班委会以及学生社团根据学生特点开展工作，充分发挥保留团籍的学生党员的带动作用。

（四）培养教育学生中的入党积极分子，按照标准和程序发展学生党员。

（五）根据学生特点，有针对性地做好思想政治教育工作。

第四章　党的纪律检查工作

第十四条 高校设立党的基层纪律检查委员会（以下简称高校纪委）。高校纪委由党员大会或者党员代表大会选举产生，在同级党委和上级纪委双重领导下进行工作。上级纪委在监督检查、纪律审查等方面强化对高校纪委的领导。

实行向高校派驻纪检监察机构的，派驻纪检监察机构根据授权履行纪检、监察职责，代表上级纪委监委对高校党委进行监督。

第十五条 高校纪委设立专门工作机构，配备必要的工作人员。

高校党委视具体情况在院（系）级单位党委设立纪委或者纪律检查委员。党的总支部委员会和支部委员会设纪律检查委员。

第十六条 高校纪委是高校党内监督专责机关，履行监督执纪问责职责。主要任务是：

（一）维护党章和其他党内法规，检查党的路线方针政策和决议的执行情况，协助高校党委推进全面从严治党、加强党风建设和组织协调反腐败工作。

（二）经常对党员进行遵守纪律的教育，作出关于维护党纪的决定。

（三）对党的组织和党员领导干部履行职责、行使权力进行监督，受理处置党员群众检举举报，开展谈话提醒、约谈函询。

（四）检查和处理党的组织和党员违反党章和其他党内法规的比较重要或者

复杂的案件，决定或者取消对这些案件中的党员的处分；进行问责或者提出责任追究的建议。

（五）受理党员的控告和申诉，保障党员权利不受侵犯。

高校纪委应当严格按照职责权限和工作程序处理违犯党纪的线索和案件，把处理特别重要或者复杂案件中的问题和处理结果，向同级党委和上级纪委报告。

第五章　党员队伍建设

第十七条　高校党组织应当构建多层次、多渠道的党员经常性学习教育体系，加强政治理论教育和党史教育，突出政治教育和政治训练，强化党章党规党纪教育、党的宗旨教育、革命传统教育、形势政策教育和知识技能教育，推进"两学一做"学习教育常态化制度化，建立和落实不忘初心、牢记使命的制度。

第十八条　严格党的组织生活，坚持开展批评和自我批评，提高"三会一课"质量，开好民主生活会和组织生活会，健全落实谈心谈话、民主评议党员、主题党日等制度，确保党的组织生活经常、认真、严肃。

第十九条　强化党员日常管理，及时转接党员组织关系，督促党员按期足额交纳党费。加强流动党员管理和服务，做好毕业生党员、出国（境）学习研究党员组织关系和党籍管理工作。关心党员思想、学习、工作和生活，健全党内关怀、帮扶长效机制。搭建党员发挥先锋模范作用平台，健全党员联系和服务群众工作体系。妥善处置不合格党员，严格执行党的纪律。

第二十条　尊重党员主体地位，发扬党内民主，保障党员权利，推进党务公开。高校党组织讨论决定重要事项前，应当充分听取党员的意见，党内重要情况及时向党员通报。

第二十一条　按照坚持标准、保证质量、改善结构、慎重发展的方针和有关规定，把政治标准放在首位，加强对入党积极分子的教育、培养和考察，加强在高层次人才、优秀青年教师和优秀学生中发展党员工作。建立党员领导干部和党员学术带头人直接联系培养教师入党积极分子制度。将团组织推优作为确定学生入党积极分子的重要渠道。建立从高中到大学、从大学到研究生阶段入党积极分子接续培养机制，加大在高校低年级学生中发展党员力度。

第二十二条　高校党委应当设立党校。党校的主要任务是培训党员、干部和入党积极分子。

第六章　干部和人才工作

第二十三条　高校党委应当坚持党管干部原则，按照干部管理权限对学校干部实行统一管理。选拔任用干部，必须突出政治标准，坚持德才兼备、以德为先，坚持五湖四海、任人唯贤，坚持事业为上、公道正派，坚持注重实绩、群众公认，努力实现干部队伍革命化、年轻化、知识化、专业化，建设忠诚干净担当的高素质专业化干部队伍。

选拔任用学校中层管理人员，由高校党委及其组织部门按照有关规定进行分析研判和动议、民主推荐、考察，充分听取有关方面意见，经高校党委（常委会）集体讨论决定，按照规定程序办理。

第二十四条　高校院（系）级单位党组织在干部队伍建设中发挥主导作用，同本单位行政领导一起，做好本单位干部的教育、培训、选拔、考核和监督工作，以及学生辅导员、班主任的配备、管理工作。

对院（系）级单位行政领导班子的配备及其成员的选拔，本单位党组织可以向学校党委提出建议，并协助学校党委组织部门进行考察。

第二十五条　高校党委应当建立健全优秀年轻干部发现培养选拔制度，制定并落实年轻干部队伍建设规划，大胆选拔使用经过实践考验的优秀年轻干部。统筹做好女干部、少数民族干部和党外干部的培养选拔工作。

第二十六条　高校党委应当坚持党管人才原则，贯彻人才强国战略，实施更加积极、更加开放、更加有效的人才政策，健全人才培养、引进、使用、评价、流动、激励机制，大力弘扬科学家精神，营造潜心育人、潜心科研、激发创造活力的工作环境，用好用活党内和党外、国内和国外等各方面优秀人才，形成人才辈出、人尽其才的良好局面。加强对人才的政治引领和政治吸纳，健全党组织联系服务专家工作制度，不断提高各类人才的思想政治素质和业务素质。

第七章　思想政治工作

第二十七条　高校党委应当牢牢掌握党对学校意识形态工作的领导权，统一领导学校思想政治工作。发挥行政系统、群团组织、学术组织和广大教职工的作用，共同做好思想政治工作。

第二十八条　高校党组织应当把理想信念教育放在首位，对师生员工进行马克思列宁主义、毛泽东思想和中国特色社会主义理论体系的教育，推动习近平新时代中国特色社会主义思想进教材、进课堂、进头脑，做好党的基本路线教育，爱国主义、集体主义和社会主义思想教育，党史、新中国史、改革开放史、社会主义发展史教育，中华优秀传统文化、革命文化、社会主义先进文化教育，国情教育、形势政策教育、社会主义民主法治教育、国家安全教育和民族团结进步教育。把培育和践行社会主义核心价值观融入大学生思想政治教育工作和师德师风建设的全过程，帮助广大师生员工树立正确的世界观、人生观和价值观，坚定中国特色社会主义道路自信、理论自信、制度自信、文化自信。

第二十九条　高校党组织应当把立德树人作为根本任务，构建思想政治工作体系，加强意识形态阵地管理。充分发挥课堂教学的主渠道作用，办好思想政治理论课，推进课程思政建设，拓展新时代大学生思想政治教育的有效途径，形成全员全过程全方位育人的良好氛围和工作机制。

第三十条　思想政治工作应当坚持理论联系实际，定期分析师生员工的思想动态，坚持解决思想问题与解决实际问题相结合，注重人文关怀和心理疏导，区别不同层次，采取多种方式，推动思想政治工作传统优势和信息技术高度融合，增强思想政治工作的针对性、实效性。

第八章　对群团组织的领导

第三十一条　高校党委应当研究工会、共青团、妇女组织等群团组织和学生会（研究生会）、学术组织工作中的重大问题，加强学生社团管理，支持他们依照法律和各自章程开展工作。

第三十二条　高校党委领导教职工代表大会，支持教职工代表大会正确行使职权，在参与学校民主管理和民主监督、维护教职工合法权益等方面发挥积极作用。

第九章　领导和保障

第三十三条　各级党委及其有关部门、有关国家机关党组（党委）应当把高校基层党组织建设作为党建工作的重要内容，摆在突出位置，纳入整体部署，坚持属地管理原则，坚持管班子管业务与管党建管思想政治工作相结合，形成党委统一领导，教育工作领导小组牵头协调，纪检机关和组织、宣传、统战、教育工作等部门密切协作、齐抓共管的工作格局。

第三十四条　各级党委及其有关部门、有关国家机关党组（党委）应当合理设置负责高校党建工作的部门和机构，各级党委教育工作部门应当有内设机构具体承担高校党建工作职能，配齐配强工作人员。

高校党委根据工作需要，本着精干高效和有利于加强党建工作的原则，设立办公室、组织部、宣传部、统战部和教师工作、学生工作、保卫工作部门等机构。

第三十五条　按照社会主义政治家、教育家标准，选好配强高校党委书记、校长，把政治过硬、品行优良、业务精通、锐意进取、敢于担当的优秀干部选配到学校领导岗位。学校行政领导班子成员是党员的，一般应当进入党委常委会或者不设常委会的党委。纪委书记、组织部长、宣传部长、统战部长一般应当由党委常委或者不设常委会的党委委员担任。

高校应当按照专职为主、专兼结合、数量充足、素质优良的要求，将党务工作和思想政治工作队伍建设纳入学校人才队伍建设总体规划，完善选拔、培养、激励机制。专职党务工作人员和思想政治工作人员应当在编制内配足，总数不低于全校师生人数的 1%，每个院（系）至少配备 1 至 2 名专职组织员。专职辅导员岗位按照师生比不低于 1：200 的比例设置，专职思想政治理论课教师岗位按照师生比不低于 1：350 的比例核定。完善保障机制，为学校党的建设和思想政治工作提供经费和物质支持。

第三十六条　高校党的建设和思想政治工作情况应当纳入巡视巡察，作为学校领导班子综合评价和领导人员选拔任用的重要依据，作为"双一流"建设等工作成效评估的重要内容。开展党组织书记抓基层党建述职评议考核工作，强化考核结果运用。对党的建设和思想政治工作重视不够、落实不力的，应当及时提醒、约谈；对出现严重问题的，按照有关规定严肃追责问责，督促抓好问题的整改落实。

第十章　附则

第三十七条　本条例适用于国家举办的普通高等学校。

军队系统院校党组织的工作，按照中共中央、中央军事委员会有关规定执行。

第三十八条　本条例由中央组织部负责解释。

第三十九条　本条例自发布之日起施行。

来源：中华人民共和国中央人民政府网 2021-04-22